A consciência do impacto
nas obras de Cruz e Sousa e de Lima Barreto

Coleção Cultura Negra e Identidades

Cuti

A consciência do impacto
nas obras de Cruz e Sousa e de Lima Barreto

autêntica

Copyright © Luiz Silva, 2009

COORDENADORA DA COLEÇÃO CULTURA NEGRA E IDENTIDADES
Nilma Lino Gomes

CONSELHO EDITORIAL
Marta Araújo – Universidade de Coimbra; Petronilha Beatriz Gonçalves e Silva – UFSCAR; Renato Emerson dos Santos – UERJ; Maria Nazareth Soares Fonseca – PUC Minas; Kabengele Munanga – USP.

CAPA
Alberto Bittencourt
(Sobre imagem de Sxchng)

EDITORAÇÃO ELETRÔNICA
Tales Leon de Marco
Christiane Morais

REVISÃO
Vera Lúcia de Simoni Castro
Revisado conforme o Novo Acordo Ortográfico.

Todos os direitos reservados pela Autêntica Editora. Nenhuma parte desta publicação poderá ser reproduzida, seja por meios mecânicos, eletrônicos, seja via cópia xerográfica, sem a autorização prévia da editora.

AUTÊNTICA EDITORA LTDA
Rua Aimorés, 981, 8º andar . Funcionários
30140-071 . Belo Horizonte . MG
Tel: (55 31) 3222 68 19
Televendas: 0800 283 13 22
www.autenticaeditora.com.br

Dados Internacionais de Catalogação na Publicação (CIP)
(Câmara Brasileira do Livro, SP, Brasil)

Cuti
    A consciência do impacto nas obras de Cruz e Souza de Lima Barreto / Cuti. – Belo Horizonte: Autêntica Editora, 2009. – (Coleção Cultura Negra e Identidades)

    Bibliografia
    ISBN 978-85-7526-416-4

    1. Afro-brasileiros 2. Barreto, Lima, 1881-1922 - Crítica e interpretação 3. Literatura comparada 4. Racismo 5. Realismo 6. Simbolismo 7. Souza, Cruz e, 1861-1898 - Crítica e interpretação 8. Sujeito (Filosofia) I. Título. II. Série.

09-07306   CDD-809

Índices para catálogo sistemático:
1. Literatura comparada 809

Para
Esmeralda Ribeiro e Márcio Barbosa,
companheiros de Quilombhoje

Este livro é resultado da tese de doutoramento defendida no Instituto de Estudos da Linguagem da Unicamp, em 9/6/2005, em cuja banca estiveram presentes os professores Francisco Foot Hardman (orientador), Maria Nazareth Fonseca, Kabengele Munanga, Rita de Cássia Natal Chaves e Jonas de Araújo Romualdo, aos quais consigno meus agradecimentos, e em especial ao meu orientador, pelo quanto me permitiu ousar.

Meus agradecimentos também aos professores Antonio Arnoni Prado, que, com muita generosidade, supriu uma lacuna importante no momento da qualificação; Vilma Sant'Anna Areas e Maria Betânia Amoroso, que se dispuseram a permanecer na retaguarda como suplentes por ocasião da defesa.

Agradeço à Ayodele Floriano Silva, Marinete Floriano Silva e Eliane Maria Severo Gonçalves, pela paciência com que suportaram minhas reclusões necessárias para estudar. À Eliane agradeço ainda pela orientação e correção da normatização bibliográfica. Estendo meu agradecimento aos amigos Nilton Naoto Okamoto, que, com exaustiva dedicação, se empenhou na revisão dos originais, e Maria das Dores Fernandes, pela contribuição efetiva para que eu pudesse imprimir e distribuir exemplares da tese.

Do texto inicial para o livro houve uma alteração terminológica do conceito de sujeito étnico, de afro-brasileiro para negro-brasileiro, por ser este último um neologismo adjetivo que não afasta a manifestação existencial geradora do texto literário da postura assumida (a consciência do "impacto") pelos autores estudados, bem como por melhor caracterizar a aproximação dos traços fundamentais de suas obras com as vivências e conquistas que os povos escravizados e sua descendência realizaram no contexto social brasileiro por meio de um processo de organização e luta que, a partir da ação de seus próprios agentes, resultou na ressemantização ou ressignificação do termo "negro", por isso agregador de maior e mais substancial conteúdo histórico, social, político e cultural que qualquer outro termo congênere, ainda que a academia reaja a ele por considerar ser a sua rica polissemia um dado prejudicial à reflexão crítica, matéria que este estudo também aborda, em especial no tópico do embranquecimento.

[...] *mas há essa dor de outros tempos*
e corpos
essa rosa dos ventos sem norte
na memória sitiada da noite

embora o gesto possa ser
no mais todo ternura
o poema continua um quilombo
no coração
Paulo Colina – "Forja",
A noite não pede licença

o angoleiro
se tira pelo tombo
do ombro
do jongo
da ginga

...e não houve atlântico que apagasse tais pegadas...
Lande Onawale – *O vento*

Lista de abreviaturas utilizadas

BR – Broquéis
BZ – Os Bruzundangas
CA – Clara dos Anjos
COap2 – Correspondência Ativa e Passiva 2° Tomo
CV – O Cemitério dos Vivos
DI – Diário Íntimo
DIs – Dispersos
EV – Evocações
FA – Faróis
GS – Vida e Morte de M. J. Gonzaga de Sá
HSi – Histórias Simples
HSo – Histórias e Sonhos
IC – Recordações do Escrivão Isaías Caminha
IL – Impressões de Leitura
LD – O Livro Derradeiro
MA – Marginália
MC – O Subterrâneo do Morro do Castelo
MI – Missal
NN – Numa e a Ninfa
OE – Outras Evocações
PQ – Triste Fim de Policarpo Quaresma
RJ – Coisas do Reino do Jambon
TF – Tropos e Fantasias
US – Últimos Sonetos (US)
VU – Vida Urbana

Sumário

Introdução 13
Exclusão Histórica 17
Eventos, ideias e violência 21
O racismo e seus métodos 27
O estreito corredor das letras 53
    O prestígio desde que romântico 56
    Pele, escrita e enfrentamento 62
    Pretensões de realidade 65
    Brasilidade exclusiva de brancos 67
    Autor para que te quero 73
    Gosto e desgosto do leitor 76
O sujeito étnico 85
O ventre livre das obras 96
A ficção e a poesia 103
    Considerações sobre os paralelos 104
Uma polarização possível 109
    Com a vara curta 113
    Tangenciando 119
    Convite para o "eu" desconhecido 124
    Loucura e cura 130
    A morte adversária 141
    Literatura e literatos 154
    O desejo e a censura 160
A encenação da memória 187
    Ventura 210
    Desventura 215
    Enlace memorial negro-brasileiro 224

IMPACTO E FORMA	235
Poema em prosa.	242
Sátira	251
O BECO E A SAÍDA	265
Identidade despojada	271
Consciência racial possível contra o recalque	279
CONCLUSÃO	281
REFERÊNCIAS	287
O AUTOR	294

Introdução

Quando os parâmetros da interpretação textual encontram-se tão questionados e em situação visivelmente cambiante, levantar hipóteses sobre obras literárias é uma tarefa temerária que, habitualmente, vai buscar o seu consolo na adoção declarada de uma vertente como se fosse uma armadura cujos dados de sua resistência constituíssem *a priori* uma salvaguarda contra a amplitude dos limites.

Que a Literatura e a Realidade tenham se dissociado e, consequentemente, a busca do significado secreto de uma determinada obra tenha perdido o sentido dado pela "caça ao tesouro", que tanto serviu de plataforma de lançamento para as investidas críticas contra os textos, tudo isso constitui matéria sabida. Se isso, entretanto, redundou em certo desânimo advindo da desilusão com a pergunta "o que o autor quis dizer?", equivalente ao passo para a busca da verdade subjacente ao texto, por outro lado, o indivíduo, em sua singularidade, foi valorizado enquanto leitor e instância autônoma de fruição literária. Contudo, o grande desafio passou a ser o "como" tornar possível a comunicação dessa fruição, pois o caminho do discurso não literário sobre o discurso literário tornou-se bastante sinuoso e marcado por uma necessidade de questionamento de seus propósitos. O fim da literatura, propalado em vários momentos históricos, passou. O fim da crítica, entretanto, parece estar em curso. Os próprios escritores do século XX lançaram as bases para a morte da crítica, não apenas através da contracrítica, mas, sobretudo, através de obras que faziam ruir os pressupostos tradicionais de análise.

Comunicar, pois, uma leitura situa-se no bojo de certa falência, no qual tudo parece redundar em um exercício contínuo de tentar o caminho estreito deixado pelas diferenças de paradigmas teóricos.

Por outro lado, quanto mais amplo apresenta-se o objeto da tentativa de comunicação analítico-interpretativa, mais problemática ela se torna. E ainda, caso tenhamos um objeto que implica a reunião de obras de autores diversos, tudo pareceria apontar para o caos da impossibilidade, tão recomendável é a redução especializadora nos vários campos da atividade humana, inclusive no da cultura, ainda que seja ressaltado o paradoxo de estarmos em uma época na qual a comunicação humana tem sido cada vez mais intensa, envolvendo as mais profundas diferenças. A compartimentação do saber, em face da totalidade da vida, situa-se na base desse paradoxo. A autonomia das partes (sejam elas unidades, sejam elas sistemas) diante do todo vê seu território ameaçado. Os gêneros e as formas literárias demarcaram territórios a tal ponto de a poesia ter deixado o âmbito da Literatura para, situando-se à parte, aproximar-se das artes menos palpáveis pelo discurso referencial que medeia os negócios da vida prática cotidiana. A tentativa de reaproximar poesia e prosa enfrenta, pois, a tradição de se marcar a diferença de ambas.

Mas, se há certa preocupação para com o estreitamento dos objetos de análise, desde o século XIX, vem crescendo as pesquisas no campo da Literatura Comparada, cujas instituições têm, cada vez mais, traçado aproximações inusitadas no âmbito da cultura global. As demarcações não escondem mais as zonas fronteiriças a problematizar os limites.

Além disso, desde os primeiros estudos em torno de raça e literatura no Brasil, a tônica sociológica tem negligenciado a abordagem estética das obras, como se tão somente as questões temática e biográfica pudessem dar conta do fenômeno literário.

Ciente de tais dificuldades que envolvem o objeto deste trabalho, a obra de Cruz e Sousa e a de Lima Barreto, é necessário frisar que a delimitação de um propósito nas duas obras não restringe a abordagem de outros aspectos nelas reiterados. Enquanto tese, este trabalho se propõe comunicar uma leitura, não uma verdade (o tesouro atrás do texto), mas uma "ilação", no sentido primitivo de transportar e trazer aproximações das duas obras. O que se pretende mostrar é que, considerando não terem as obras, dos referidos autores, trafegado à margem do campo minado pela escravidão e pelo racismo, o sujeito étnico percorre seus textos criando uma tensão com o discurso racial dominante, uma oposição direta ou indireta. Essa tensão caracteriza um momento importante da evolução de uma negrobrasilidade literária, implicando também uma superação significativa de padrões estéticos, constituindo dois grandes desafios ao cânone.

A sociedade brasileira, sua evolução histórica e os valores predominantes, no final do século XIX e começo do século XX, constituirão a porta de entrada para as reflexões aqui desenvolvidas, na perspectiva da abordagem da exclusão social, que redundou no desenvolvimento de um profundo senso de missão artística, cujo mote principal foi buscar o "eu" autoral negro e mulato, pela constituição diferenciada de um sujeito étnico do discurso.

A seguir, o vetor deste trabalho aponta para as semelhanças da funcionalidade do sujeito étnico nas obras dos dois autores, destacando trechos de maior relevância para o debate racial e refletindo como a ausência aparente deste não exclui sua presença metaforizada, mas latente.

A terceira parte cuida das resultantes formais das duas obras e o debate estético que elas colocam, como manifestação de posicionamentos fronteiriços na cultura brasileira e no que eles implicaram e implicam.

À guisa de conclusão, pretende-se chegar à importância do sujeito étnico negro-brasileiro para a evolução da Literatura Brasileira, no sentido da realização de um diálogo estético e ideológico com as concepções predominantes, em especial com aquela concernente à formação étnica da população e suas relações com o desenvolvimento do País.

Parte I
Exclusão histórica

Cruz e Sousa nasceu em 1861 e faleceu em 1896. Lima Barreto viveu de 1881 a 1922. A partir de 1890, ambos viveram durante 6 anos na cidade do Rio de Janeiro, sem contato. O poeta chegara à cidade aos 29 anos, quando o romancista era uma criança de 9 anos de idade. Ao morrer o primeiro, o outro contava 15 anos.

Esse período, de 1861 a 1922, apresenta eventos nacionais nos campos da economia, da política e das letras, que serão basilares para a reflexão acerca de processos de exclusão social, que envolveram a produção de ambos. Desse lapso temporal, é importante situar as variantes das relações em sociedade com as quais dialogarão os livros dos dois autores, e que definirão também como eles foram recebidos pela crítica e pelo público. A exclusão social que atingiu Cruz e Sousa e Lima Barreto, condicionando o desenvolvimento de suas estratégias de sobrevivência, tem uma longa trajetória, que coincide com a própria história do Brasil.

Uma ligeira retrospectiva permitirá que situemos a literatura de ambos em face dos valores cristalizados na sociedade brasileira em seu longo percurso, além de possibilitar a desconexão com o habitual da crítica relativa a eles, que os toma como casos de patologia do indivíduo em vez de analisar a patologia da sociedade com qual suas obras dialogaram e digladiaram.

EVENTOS, IDEIAS E VIOLÊNCIA

Do início da colonização até a Primeira República, o Brasil, um vasto território de regiões quase autônomas a princípio, passou lentamente por um processo de centralização econômica, política, administrativa e cultural. O estatuto da barbárie colonial empregaria vários métodos de violência física e mental para atingir seus objetivos. Mesmo que o regionalismo tentasse redirecionar o desenvolvimento institucional do País, a hegemonia do Sudeste foi mais significativa para a consolidação da nacionalidade. A capital do Primeiro Império chamou para si a incumbência de produzir a autoimagem do Brasil.

Ainda que o Rio de Janeiro tenha tido o seu período de mineração pouco destacado na História, a sua posição geográfica foi estratégica para o escoamento das riquezas no rumo da metrópole. Assim, em 1763, com o propósito de alcançar maior controle da produção das minas, por determinação do marquês de Pombal, aquela cidade foi transformada em capital colonial, que até então era Salvador, na Bahia. No ano anterior, como medida administrativa do mesmo marquês, o Brasil tornara-se vice-reinado, com vice-reis diretamente ligados ao Conselho Ultramarino. Essa transferência do centro administrativo de uma cidade para outra, além de contribuir para a melhoria urbanística do Rio de Janeiro, é a preparação para o futuro próximo de então, quando receberá o dinamismo representado pela vinda da família real.

Os inconfidentes deixaram a dor de sua humilhação e o sangue de seu mártir pelas ruas cariocas. O julgamento dos envolvidos na Inconfidência Mineira durou três anos, tendo o processo tramitado no Rio de Janeiro, onde também se deu a execução de Tiradentes em 1792. O Rio foi o palco da expectativa do veredicto acerca da conspiração e onde a atitude vingativa da metrópole ia cravar, com requintes de crueldade, sua presença. Se em 1695, morto Zumbi, sua cabeça foi enviada para o Recife e exposta publicamente, quase um século depois o mesmo ocorreria com Tiradentes. Esquartejado no Rio de Janeiro, a cabeça foi levada para exposição em Vila Rica e partes do corpo distribuídas pelas cidades por onde ele havia pregado ideias de insurreição. A obrigatoriedade de a população manifestar alegria constituiu o lado perverso da humilhação.[1]

O refinamento da crueldade era uma mensagem do poder. Muito antes, na Revolta de Beckman, no Maranhão, em 1685, os líderes haviam sido enforcados. O mesmo aconteceu na Revolta de Felipe dos Santos, em Vila Rica, em 1720. De forma semelhante, na sequência do processo dos inconfidentes, um discurso para ser interpretado e resultar no silêncio regido pelo medo. Enforcar é destruir pelo impedimento da respiração, abafar, sufocar. O corpo inerte, depois, ainda guardando a sua inteireza, representa uma ameaça significativa. Desmembrá-lo pelo esquartejamento é atentar contra sua possibilidade discursiva, impedir a reverência que o féretro pode lhe atribuir e, posteriormente, a potencialidade do túmulo como local de inspiração para novas gerações. A cabeça separada do corpo, esvaziada, portanto, da capacidade de pensar, precisa ser exposta para que os vivos compreendam o perigo das ideias opostas ao poder controlador.

Se Portugal violentava a população livre do Brasil, quando de suas manifestações de revolta, ela, por sua vez, violentava barbaramente os trabalhadores escravizados sob seu jugo. Nos latifúndios, os assassinatos e os espancamentos só dependiam da vontade do proprietário e faziam parte do cotidiano.

Impregnada dessa simbologia do medo, 45 anos depois de consagrada centro administrativo colonial, a cidade segue sua trajetória para, após ter sido o mais importante canal de escoamento de riquezas minerais, tornar-se

---

[1] Para o dia da execução de Tiradentes, conforme Dimas Perrim: "Por determinação do Conde de Resende e do Senado da Câmara do Rio de Janeiro, ao mesmo submisso, a cidade fora ornamentada como se se tratasse de um dia de festa. O povo havia sido obrigado a enfeitar as frentes de suas casas, sendo que a ordem a esse respeito, nas ruas pelas quais o cortejo deveria passar, fora levada de casa em casa. Colchas vistosas pendiam das janelas. Movimentavam-se as tropas militares. Soavam cornetas e clarins. Entoavam-se músicas de guerra. Por toda parte, viam-se oficiais e soldados, com uniformes de gala, coloridos e bizarros. A cidade estava enfeitada, mas os rostos das pessoas do povo não demonstravam nenhuma alegria, mas uma profunda amargura" (PERRIM, 1969, p. 401). "O povo, intimado a comparecer, vem de todos os cantos. Outros regimentos formam na praça vazia onde se armou o patíbulo, cujo piso se alçou por uma escada de vinte degraus, até a forca, armação mais alta que de costume" (GRIECO, 1990, p. 96).

também o refúgio da corte lusitana, em fuga da invasão napoleônica e da revolução burguesa. As minas já mostram sinais de escassez. O trabalhador escravizado começa a ser vendido para o Vale do Paraíba, onde o café desponta. Com a chegada da corte, os portos brasileiros são liberados de Portugal, já que o Estado luso se faz presente em solo brasileiro. Dinamizam-se os significados da troca com outras nações. Afinal, o porto colonial é lugar da negociação, o limite, onde a mercadoria transforma-se em divisas através da discussão em torno do seu valor. Aí outras atividades necessárias de mediação também buscam extrair do produto o seu quinhão. É também o lugar em que a novidade deslumbra os olhos e os sentidos, o estrangeiro produz o estranhamento e a admiração, ao mesmo tempo em que consolida o complexo de inferioridade do colonizado. O porto colonial é o lugar do cotejo. Aí são medidos e comparados os padrões de civilização. Nele chega o sentido do mundo, da cultura e da história da humanidade, através da manufatura e, sobretudo, das armas. Silenciosamente, também chegam os livros com a sua infinita potencialidade discursiva e transformadora.

Quando a realeza lusitana aporta, no dia 7 de março de 1808, malgrado muitas famílias bem postas terem de se retirar do orgulho que as distinguia – as melhores moradias do Rio de Janeiro[2] –, o deslumbramento marca a população. Chega não um carregamento de produtos manufaturados. Chega uma realeza, com aproximadamente 10.000 pessoas e todo o aparato estatal português. O Brasil deixa de ser colônia (vice-reinado em 1762), para ser o Reino Unido ao de Portugal e Algarve. Singular na História, a vinda do aparato estatal português representou forte impacto nos hábitos e costumes. "Esse foi o único caso moderno de transmigração de grande parte do segmento superior de uma classe dominante" (MAESTRI, 1997, p. 20). Abrigar o príncipe regente D. João e sua corte se trata de um privilégio, sobretudo para os portugueses que residem no Brasil. Enquanto Portugal fica órfão, tendo de receber os invasores franceses – que expulsaria, ao comando inglês, em sucessivas batalhas até 1811 –, o Brasil ganha um "pai" todo-poderoso, austero, mas também benevolente para os "filhos" que lhe renderem obediência e souberem adular a sua pessoa.

A cidade precisa adaptar-se às novas exigências de uma corte que, entre outras atividades, necessita urgentemente ostentar a sua posição, mostrar

---

[2] O privilégio dos portugueses em face dos brasileiros atinge seu ponto culminante que só a República, bem mais tarde, seria capaz de amenizar: "A Família Real e seus 10 mil acompanhantes ocuparam as melhores moradias cariocas, abandonadas às pressas pelos proprietários enfurecidos. Residências foram reformadas. Prédios foram construídos. A presença da corte européia introduzia novos e mais modernos modismos no Brasil" (MAESTRI, 1997, p. 95, grifo do autor).

a sua superioridade, diferenciar-se dos cidadãos da terra e receber deles a máxima admiração. Também se instaura para os cariocas o desejo de imitar, pois já não se trata mais de tentar copiar, de seres distantes, figuras literárias ou noticiadas, a maneira de ser e comportar-se, mas copiá-la de seres presentes, que podem ser vistos e, em relação aos quais, com todo respeito, é possível até se aproximar e tocar. A corte, representada anteriormente com tintas imaginárias pelas elites locais, está em terra. D. João aproximará o português do brasileiro, mantendo, contudo, a superioridade daquele.

Ganha a cidade do Rio de Janeiro não apenas inovações urbanas, mas também um ideal de classe a ser atingido. Ainda que fechada, a corte de D. João possibilitou que sua vida social fosse usufruída por membros da elite colonizada. É hora de sonhar, não apenas com o dinheiro que o escravizado produz com o custo da diminuição de sua expectativa de vida. Para os donos da economia local, é hora também de sonhar mais com o prestígio.

Os senhores do ouro tinham, havia uma década, traído os inconfidentes, sobretudo o mais pobre deles, único a pagar com a própria vida o sentido da conspiração. Assim, aplacaram a ira da Coroa, impedindo-a de cair sobre eles. Por ocasião da chegada da nobreza, aqueles produtores das minas, juntos com os senhores do açúcar – apesar do declínio do produto –, com os futuros barões do café em expansão e seus respectivos descendentes podem então almejar vida que se assemelhasse à da corte, ornamentada com a figura máxima do regente, e tendo no horizonte a possibilidade dos títulos de nobreza.

Por mais de 10 anos, a corte portuguesa consegue empreender um processo de centralização do poder contra o ímpeto autonomista das capitanias, que ameaçava esfacelar a unidade do Brasil.

Por outro lado, encontrando no Rio de Janeiro a ausência de importantes elementos para uma vida cortesã, coube à Coroa Portuguesa desenvolver esforços para que a cidade se expandisse e se aparelhasse com serviços e inovações. Caminhos, ruas, prédios e iluminação pública, praças, Jardim Botânico, biblioteca, teatros e, principalmente, o incentivo ao comércio com o exterior, sem mais a necessidade de prestar contas a Portugal, intermediário, até então, para o contato com outras nações europeias. Afinal, o aparato estatal português faz-se presente e é desse comércio que o fausto da corte será nutrido. O fisco local, pois, aumenta sua eficiência, o que produz, pouco a pouco, o descontentamento das elites produtoras. Os portugueses da corte não pretendem igualdade com os colonizados, como também o nepotismo, nessa época, já iniciara a sua longa trajetória na vida pública brasileira, então privilegiando os lusos.

Contudo, o Rio aprende facilmente os ademanes e as posturas para reverenciar a nobreza. O jogo das influências define como cada segmento populacional deve se comportar. Os costumes que vinham sendo impostos, aos poucos, pelas diversas caravelas que no Brasil chegaram desde o século XVI, com D. João – coroado rei em 1818, com o título de D. João VI – são melhor assumidos pela população local. Cada um vai sabendo melhor o "seu lugar" e, para os que insistem em hábitos primitivos, é preciso perguntar: "Você não se enxerga?" E, se insistir, quem de mais prestígio perguntará: "Sabe com quem está falando?"

A par do aspecto desenvolvimentista de D. João VI, o processo de silenciar os descontentamentos coloniais prosseguiu. As iniciativas locais de aderir à revolução burguesa que se operava em Portugal, na cidade do Porto, foram abafadas pelas forças do rei.

> Como decorrência dos sucessos do Porto, deflagraram-se movimentos constitucionalistas e formaram-se Juntas Governativas no Pará, em 1° de janeiro, e na Bahia, em 1° de fevereiro de 1821. Estes novos governos independentizaram-se da província do Rio de Janeiro e ligaram-se diretamente às Cortes. Em Pernambuco, fortemente guarnecido, desde 1817, as tropas realistas, sob as ordens de Dom João VI abafaram a adesão à Revolução. (MAESTRI, 1997, p. 30)

O ideário de revolução aclimata-se às terras brasílicas, desde as primeiras manifestações inspiradas na luta da burguesia europeia contra a nobreza. Aqui, o que se tem é uma elite agrária e escravagista descontente com os impostos e a falta de poder político no conjunto do território. Contudo, "a ideia de revolução esbarrava sempre no receio de uma revolta de escravos. O comportamento dos revolucionários, com exceção de poucos, era frequentemente elitista, racista e escravocrata" (COSTA, 1999, p. 30).

Passados 13 anos da presença de D. João VI no Brasil, aumenta a exigência das cortes portuguesas, após a Revolução do Porto, para que se operasse o retorno da família real. Tal fato vai ao encontro do renascimento independentista das elites brasileiras, que viam o esforço da produção escravista ser esbanjado na corte, sem que, em troca, suas posições na sociedade fossem asseguradas e levadas em consideração pelo poder centralizador.

Pilhando os cofres da nação, a família real e seus quatro mil acompanhantes embarcam, por fim, partindo de volta para Portugal, no dia 26 de abril de 1821.

> O soberano levava com ele o que pudera arrancar do Tesouro brasileiro – 200 milhões de cruzados – e seus 4.000 acompanhantes haviam

trocado no Banco do Brasil o desvalorizado papel-moeda por metais preciosos. As finanças brasileiras ficavam literalmente quebradas com a liberalidade determinada por dom João, para si e seus associados. (MAESTRI, 1997, p. 31)

Episódios como esse demonstram o sentido de pilhagem que se vai cristalizando na relação governo/erário. Isso também contribui para que se entenda a relação de *autocolonização* para com o País, que norteou as camadas dominantes. Extrair o máximo da terra e do bem público para a acumulação pessoal, como também sugar até a última gota de suor e sangue do trabalhador escravizado, pois ele também, como a terra, é uma propriedade. Mas a acumulação ganha, com a família real, um significado profundo: a ostentação, já que através dela se consolida o prestígio.

Com o fim da era D. João VI no Brasil, a perspectiva de maior lucratividade faz com que os donos da monocultura e os grandes comerciantes retomem o apoio aos movimentos independentistas, como forma de evitar o processo de recolonização levado a efeito pelas cortes portuguesas, em sua tentativa de retomar o controle comercial da produção brasileira. A classe senhorial da colônia vê em D. Pedro de Alcântara o caminho para viabilizar seus anseios de impedir o escoamento do lucro das riquezas pelo caminho do mar.

O príncipe regente vai assumindo posições rebeldes contra os ditames portugueses para que regresse a Portugal. Contra as investidas da metrópole, reage com a veemência do evento que se chamou *Dia do Fico* (9/1/1822).

O império, no entanto, continua a ser de concentração absolutista de poder, restando às elites agrárias o mandonismo regional, relativizado pelos tentáculos da corte. A maioria da população, entretanto, não só está alijada do poder, mas, sobretudo, desprovida de humanidade: os escravizados. Para esses, só 66 anos depois a ação de submetê-los terá fim, pelo menos oficialmente. As relações sociais terão na independência escravista um símbolo fortemente acentuado de uma das características do discurso oficial: a hipocrisia. "Juridicamente, a nação estava livre. Novas perspectivas se abriam, mas as estruturas tradicionais persistiam inalteradas. Herdara-se uma economia: o latifúndio exportador e escravista, e uma tradição cultural: a mentalidade senhorial" (COSTA, 1999, p. 274). Para a cultura política que se desenvolve no período, fica o recado: é possível independência sem abolição. É instituída a farsa como manifestação oficial de grande envergadura. A expressão "independência" distancia-se, pois, da liberdade e recusa se envolver com a noção de democracia.

A independência é feita para os senhores da produção agrícola que darão as cartas por longos anos na política nacional, mesmo porque, até então, a presença imperial colocava demasiados limites em seu abuso. "Feita a Independência, o mandonismo local poderá afirmar-se e obter legitimação formal mediante a presença dos bacharéis nos parlamentos e nas assembléias provinciais" (Bosi, 1998, p. 24). A forma de desvinculação entre a colônia e a metrópole e a instituição de uma data comemorativa, sem maiores distensões sociais, não eram caso singular na História. Os Estados Unidos, por exemplo, haviam feito algo semelhante, em 1776, proclamando sua independência, incluindo uma constituição, em 1787, também incapaz de abolir a escravização.

Contudo, se há a busca de interesses da classe senhorial do campo, a arraia-miúda não deixa de envolver-se na paixão de pertencer a uma coletividade difusa, na sagração de ideais perdidos, na recuperação de seus mártires, enfim no ideal pálido de povo e nação, mas será, sobretudo, joguete dos poderosos.

No cotidiano das massas, a humilhação sofrida pelo acinte dos filhos de Portugal chega à necessidade íntima do revide. "O nacionalismo brasileiro manifestava-se, sobretudo, sob a forma de um antiportuguesismo generalizado" (Costa, 1999, p. 33). Tal situação também reforça o desejo legítimo de liberdade entre os trabalhadores escravizados. A população livre do período, sendo paupérrima, convive, na sua vida diária, com os não livres. É normal que estes últimos recebam os influxos noticiosos do que ocorre no âmbito da política longínqua.[3] Na área urbana as notícias pela comunicação oral correm menos demoradas, pois "isolada pelas dificuldades de comunicação e meios de transporte, a maioria da população parecia mal informada e indiferente aos acontecimentos" (Costa, 1999, p. 44). Na cidade

---

[3] A vida cotidiana da sociedade brasileira ensejou, com o grande influxo de Casa Grande & Senzala, de Gilberto Freyre, importantes abordagens históricas. O contato entre os vários segmentos da população é bastante enfatizado por Denise Moura no livro *Saindo das sombras*: "Desde os idos da colônia, escravos e homens livres mantiveram estreita sociabilidade. A vida urbana favorecia esse contato, sendo impossível alhearem-se uns aos outros, pois, nas andanças pelas ruas da cidade, frequentemente estabeleciam-se laços. A frouxidão desse convívio fundia seus mundos, tornando-o único e perpassado por relações amorosas, concubinatos, solidariedades, tensões, desentendimentos e afetos. [...] Essa convivência íntima e familiar possibilitou ao escravo um referencial de comparação social que não deve ser desprezado. Nas urdiduras dessa existência mútua, uns e outros ambientaram-se com mundos distintos. O cativo percebia ao lado de si um indivíduo que, apesar de estar inserido numa condição de marginalização em relação à sociedade da época, como ele próprio, era dono de si, não estando sujeito às ordens absolutas de um senhor, pois tinha a liberdade de deixá-lo quando bem entendesse e não era vendido como objeto. Observações como essas deveriam acirrar-lhes os ânimos, fazendo germinar a indignação e a própria resistência manifestada de diversas formas" (MOURA, 1998, p. 216, 232).

os ânimos populares têm seus contornos próprios, e os conflitos realçam contradições diversas.

> Não raro as hostilidades contra Portugal tomaram o aspecto de uma luta racial entre "mestiços" e os "branquinhos do reino" [...] Abolir as diferenças de cor branca, preta e parda, oferecer oportunidades a todos sem nenhuma restrição era o principal ideal das massas mestiças que viam nos movimentos revolucionários a oportunidade de viverem em "igualdade e abundância". Para estas, a Independência configurava-se como uma luta contra os brancos e seus privilégios. (COSTA, 1999, p. 33-34)

A área urbana é o cenário onde camadas médias da população começam a ensaiar autonomia de opinião. A imprensa data de 1808, logo após a chegada da família real. A cidade seduz o senhor rural e, principalmente, seus filhos.

Com a independência, também se insinua uma simbologia de choque de gerações. O filho D. Pedro de Alcântara contra o pai Dom João VI. Na negociação de ambos, a marcação de cena imposta pela burguesia portuguesa e pela elite rural. No primeiro ato, a rebeldia filial desempenha a sua façanha, deixando para o público que a assiste a sensação de que é preciso lutar contra o patriarcalismo. Mas tudo ainda será muito débil. A fragilidade de organização dos despossuídos não garantirá o mínimo de mobilização de grande porte. Ainda assim, trabalhadores escravizados e os pobres livres povoam constantemente, como ameaça, o imaginário das elites. "O horror às multidões e o receio de um levante de negros levariam essas elites a repelir as formas mais democráticas de governo e a temer qualquer mobilização de massa, encarando com simpatia a ideia de conquistar a Independência com a ajuda do príncipe regente" (COSTA, 1999, p. 31).

A intransigência das cortes se dá através de intimações e ameaças.

> Nos últimos dias de agosto chegaram notícias das recentes decisões das Cortes reduzindo o príncipe a um mero "delegado temporário do Soberano Congresso", de ação circunscrita às províncias onde exercia autoridade, com secretários de Estados nomeados em Lisboa, que passava a ser a verdadeira sede do governo do Brasil. (COSTA, 1999, p. 74)

A pressão para que D. Pedro retorne a Portugal serve como pretexto para a rebeldia do príncipe, o que vai ao encontro do objetivo dos grandes proprietários de terra em ter mais poder político, bem como traduz o interesse do filho do rei em não perder a colônia. Aceitar ser um imperador constitucionalista é, mais que uma concessão, uma manobra do herdeiro da coroa no Novo Mundo. Entretanto, também representa uma manobra da classe senhorial, que, apoiando-se no príncipe, avança em duas frentes: ter maior poder de barganha política, impedindo a recolonização, e livrar-se da ameaça de rebeldia escrava, bem como da dos demais despossuídos, que constantemente ampliam para si a simpatia social e impulsionam as frágeis ideias abolicionistas, também com a noção diferenciada de independência. O entendimento dos fazendeiros e dos grandes comerciantes prevalece, em detrimento dos anseios populares.

O Primeiro Império, de 1822 a 1831, acirra os ânimos da população, recrudescendo a animosidade entre brasileiros e portugueses, sobretudo pela maneira despótica com que D. Pedro I passa a governar, traindo os propósitos constitucionalistas acalentados pelas elites brasileiras, entre as quais as das províncias da Bahia, do Piauí, do Maranhão e do Pará foram contra a independência, para continuar obedecendo tão somente às ordens diretamente das cortes portuguesas. O perfil do monarca não tarda a expor seus verdadeiros propósitos. D. Pedro dissolve a primeira Assembleia Constituinte e impõe, em 1824, uma constituição com a qual centraliza mais ainda o poder. Além disso, há o envolvimento do País na guerra da Cisplatina, que vai até 1828. D. Pedro também faz um acordo economicamente desastroso para a obtenção do reconhecimento da independência por Portugal e, com a morte de D. João VI, sendo o sucessor direto, tenta nova aproximação com seu país de origem, o que leva sua impopularidade a um patamar insuportável. O Rio de Janeiro desse período já está caracterizado como centro das polarizações políticas e local de violência urbana. A *noite das garrafadas* é um exemplo de manifestação popular contra o imperador e os portugueses. Aclamado pelos seus patrícios, D. Pedro I, em seu retorno de Minas Gerais, onde fora tentar apaziguar os ânimos contra as medidas de seu governo, recebe o protesto dos brasileiros. Dá-se um violento conflito de rua caracterizado por ser também um conflito de nacionalidades, baseado nos privilégios que o poder monárquico estendia a uma parcela da população e negava a outra. Após tentativas de ceder (pois percebe o desgaste de sua popularidade), com a nomeação de um ministério composto de brasileiros, que depõe em seguida, D. Pedro I não suporta a pressão e abdica em favor de seu filho. A pressão das oligarquias rurais, juntamente com as manifestações populares, fora capaz de abrir espaço na esfera de poder. O início da Regência representa o controle do aparato estatal pelas elites agrárias do Brasil. O ano de 1831 marca a consolidação da independência política, selando o afastamento de Portugal. E a cidade do Rio de Janeiro descurva a espinha para o poder real português e passa a receber da camada dominante a manifestação de certa empáfia patriótica que, apesar de toda a importação de forma nas relações sociais, vai buscar sua autenticidade, fazendo ressoar no horizonte futuro os conflitos de classe não mais caracterizados pela antinomia colônia/metrópole.

A herança político-social de D. Pedro I – a Constituição de 1824 – para a elite brasileira norteará o descompasso entre a lei e a realidade. As ideias liberais se, por um lado, galvanizam os anseios de liberdade, por outro, demonstram ser a tessitura de um mascaramento ideológico que instituiria no País o descompasso entre o que se postula e a vida real da população; as contradições de uma pátria que se quer e a que existe de fato.[4]

Se no Primeiro Império a unidade nacional tem de enfrentar oposições armadas, como a Confederação do Equador (PERNAMBUCO, 1824), no período regencial ela é ameaçada por inúmeras revoltas.

O processo de conscientização política das camadas populares se dá, nesse período, na medida da violência, cada vez maior, da classe dominante contra os trabalhadores escravizados e os trabalhadores livres. Com o declínio da produção de açúcar, borracha, ouro e diamantes, o fenômeno da miséria torna-se mais agudo. Dá-se o recrudescimento no trato com o escravizado e reinicia-se o seu deslocamento, mais uma vez como mercadoria, do Nordeste e da região das minas para o Sudeste, onde se dá a ascensão do café.

Nas províncias, as razões que desencadeiam os movimentos de revolta aliam interesses das camadas dominantes, contrárias às indicações feitas para seus governos, pelo centro político e decisório do Rio de Janeiro, e das camadas populares, comprimidas pela condição precária de vida.

---

[4] Profundas contradições, sintetizadas por Emília Viotti da Costa, são a própria progressão da farsa da independência: "A flagrante contradição entre o estatuto legal e a realidade brasileira não parece preocupar os legisladores que depois de incluírem na carta os preceitos do liberalismo passaram a declamá-lo em frases sonoras e vazias na Câmara e no Senado. Para estes homens, educados à européia, representantes das categorias dominantes, a propriedade, a liberdade, a segurança garantidas pela Constituição, eram reais. Não lhes importava se a maioria da nação se constituía de uma massa humana para a qual os preceitos constitucionais não tinham a menor eficácia. Afirmava-se a liberdade e a igualdade de todos perante a lei, mas a maioria da população permanecia escrava. Garantia-se o direito de propriedade, mas 19/20 da população, segundo calculava Tollenare, quando não era escrava, compunha-se de 'moradores' vivendo nas fazendas em terras alheias, podendo ser mandados embora a qualquer hora. Garantia-se a segurança individual, mas podia-se matar impunemente um homem. Afirmava-se a liberdade de pensamento e de expressão, mas não foram raros os que como Davi Pamplona ou Líbero Badaró pagaram caro por ela. Enquanto o texto da lei garantia a independência da justiça, ela se transformava num instrumento dos grandes proprietários. Aboliam-se as torturas, mas, nas senzalas, os troncos, os anjinhos, os açoites, as gargalheiras, continuavam a ser usadas, e o senhor era o supremo juiz decidindo da vida e da morte de seus homens. A elite de letrados, porta-voz das categorias socialmente dominantes, forjaria uma ideologia mascarando as contradições do sistema e ignorando a distância entre as disposições jurídicas e a realidade" (COSTA, 1968, p. 136-139).

A Regência, pelas inúmeras revoltas ocorridas ainda no Primeiro Império, busca aliviar as tensões alterando a constituição através do *Ato Adicional* de 12 de agosto de 1834. Mas as medidas são letras muito econômicas na divisão do poder, sobretudo para as camadas populares. Contudo há avanços que também acenam para a possibilidade de reivindicações mais profundas de mudança. Como estratégia político-administrativa da Regência, a cidade do Rio de Janeiro é transformada em município neutro, subordinada diretamente ao poder central, isolada, pois, do restante da província do Rio de Janeiro. Impõe-se mais controle sobre a cidade para que o fogo das revoltas – alastrado no Norte, Nordeste e Sul – não ponha em risco o centro das decisões.[5]

A carnificina que ocorre no período regencial, tendo como exemplo máximo a Cabanagem (1835-1840), com cerca de 30.000 mortes, equivalente a mais de um terço da população do Pará, efetiva a noção moderna do projeto liberal: a violência vai cada vez mais se consolidando como um aparato do Estado.[6] O governo prossegue no seu discurso centralizador e, com a crueldade, tenta fazer valer o terror. Entretanto, a violência continua não sendo monopólio absoluto do governo e da classe dominante. "Todo escravo que mata o seu senhor comete um ato em legítima defesa", teria afirmado, mais tarde, Luiz Gama. Se o poderio repressor do Estado é capaz de intimidar, com sua truculência, não consegue zerar os efeitos das contradições do próprio sistema socioeconômico de que faz parte, mesmo porque as explosões de revolta já são resultados de relações cotidianas violentas, em especial no trabalho, que geram indignação, ânsia de liberdade e desejo de vingança. Revoltar-se contra o poder central faz perceber que é necessário revoltar-se contra o poder local. A máxima "Eu me revolto, logo existimos"[7] tem em

---

[5] O amplo espectro das insatisfações torna insuficiente qualquer análise reducionista: "Conflitos raciais e de classe, tensões entre ricos e pobres, estrangeiros e naturais da terra, brancos e pretos; recusa por parte das elites regionais em se submeter ao governo do Rio de Janeiro, a luta pelo poder entre vários segmentos das elites no nível regional, todas essas razões motivaram os levantes que mantiveram o governo central em estado de permanente alerta por um período de cerca de vinte anos a partir da abdicação de Pedro I. Frequentemente, as linhas de conflito eram difíceis de ser traçadas em razão do sistema de clientela e patronagem que tornava aliados os mais improváveis companheiros" (COSTA, 1999, p. 156).

[6] No segundo período regencial, "Diogo Feijó, então ministro da Justiça, ordenou ao chefe de polícia do Rio de Janeiro que distribuísse armas aos comerciantes interessados em manter a ordem, bem como a três mil cidadãos que preenchessem os requisitos de eleitores; em outras palavras, que dispusessem de renda anual de 200$000 ou mais. Essa foi a origem da Guarda Nacional, que viria a se tornar nas mãos do governo uma arma política usada contra a oposição" (COSTA, 1999, p. 152).

[7] Ainda que aponte para outro contexto, a frase de Camus ilustra bem o estágio inicial da revolta, em que o indivíduo busca identificar-se a um ideal que ainda não tem bem nítido para si, como observa o autor: "Na nossa provação diária, a revolta desempenha o mesmo papel que o *cogito*

sua recíproca uma verdade. Cabanagem, Balaiada e Guerra dos Farrapos, todas essas revoltas contavam com a participação das camadas populares, ainda que tenham, em princípio, sido usadas pelo segmento dominante. A Sabinada, de certa maneira, também pode ser incluída, pela presença dos militares, ainda que associados aos fazendeiros. Contudo, já estava em curso a elaboração ideológica de uma imagem de povo, bem ao sabor das camadas dirigentes.

> Reprimidos os levantes, Feijó afirmou que "o brasileiro não foi feito para a desordem, que o seu natural é o da tranquilidade e que ele não aspira a outra coisa além da constituição jurada, do gozo de seus direitos e de sua liberdade" – afirmação que, se bem que desmentida muitas vezes pelos fatos, tornou-se uma das crenças que, juntamente com o mito da democracia racial e da benevolência das elites, vieram a constituir o núcleo da mitologia social que perdurou até o século XX. (COSTA, 1999, p. 153)

Os portugueses, com a morte de D. Pedro I, em 1834, são afastados da cena da disputa política enquanto segmento cuja pretensão era a de restaurar a monarquia. A classe dominante está dividida pelo viés do conservadorismo e do reformismo, mas unida para impedir que os fundamentos principais de sua sustentação sejam atingidos, principalmente a exploração do trabalho escravo.

O Brasil, em particular o Rio de Janeiro, assiste à dominação da manufatura inglesa, que, impedindo o nascimento da indústria brasileira, desequilibra a balança comercial. Produtor de algodão, o país do final da Regência tinha mais de 40% de suas importações constituídas de produtos têxteis.

Após o golpe da antecipação da maioridade de D. Pedro II (1840), promovido pelo Partido Liberal, tem início o Segundo Império, com grande promessa de apaziguamento nacional. Afora a Revolução Farroupilha, que se estende até 1845, e a Balaiada, até 1841, as demais revoltas já se acham controladas no início de Segundo Império e, no plano econômico, o café atuando, para equilibrar a balança comercial, representa mais de 40% das exportações. O Estado do Rio de Janeiro, em particular o Vale do Paraíba, é o grande produtor. O porto da capital continuará sendo o de maior movimento. A cidade acompanha tal dinamização.

O Partido Liberal sustenta-se no poder durante oito anos, mesmo após os abusos eleitorais do início do Segundo Império, com o emprego de

---

na ordem do pensamento: ela é a primeira evidência. Mas essa evidência tira o indivíduo de sua solidão. Ela é um território comum que fundamenta o primeiro valor dos homens. Eu me revolto, logo existimos" (CAMUS, 2003, p. 35).

marginais para fraudar as eleições e intimidar os adversários conservadores a golpes de porretes. Os pobres da cidade, que passam a compor o exército da vadiagem, produzido pelo desemprego, serão utilizados como instrumento da violência na disputa política. Cabo eleitoral, a princípio, é metáfora de valentão instrumentalizado pelos políticos.

No âmbito de um regime parlamentarista à inglesa, o poder moderador, representado por D. Pedro II, e o Conselho de Estado, instâncias restabelecidas com o fim da Regência, fazem retornar à posição principal o Partido Conservador, em 1848. Seu ministério, no mesmo ano, enfrentará a revolta, denominada Praieira, cujo programa retoma ideais das lutas do passado pernambucano e inclui propostas avançadas como a Abolição da Escravatura e o regime republicano, dois temas que serão reiterados durante todo o período e constituirão o eixo central do processo de transformação histórica do Brasil. É uma revolta de pouca duração. Em menos de um ano, é dominada pelas forças imperiais. Seu programa, que apresentava pontos fundamentais acalentados em várias partes do País, acena com as grandes manifestações que se seguirão. Contudo, a Guerra do Paraguai, pela sua durabilidade, violência e endividamento do País, retarda a mobilização popular para as mudanças estruturais da sociedade brasileira. Além disso, a semelhança íntima, entre os dois partidos que disputam o poder,[8] garante a permanência da exploração dos trabalhadores escravizados e a orientação da economia para a monocultura de exportação. Contudo, se por um lado o café atua como dinamizador da economia, tendo como o principal parceiro os Estados Unidos, que chegam a consumir 50% da produção brasileira, o governo sofre, após o Bill Aberdeen (8/8/1845), a pressão da Inglaterra, seu maior credor, para abolir o tráfico de africanos e tem de ceder. Em 1850 o governo é obrigado a proibir a importação de africanos, atividade que envolvia alto volume de capital. Inicia-se a crise entre o Segundo Império e sua própria sustentação política – os grandes fazendeiros –, a princípio os que cultivam cana-de-açúcar, depois os fazendeiros do Vale do Paraíba, cuja produção de café é suplantada pela do Oeste paulista, mais moderna no beneficiamento do produto. A estratégia do governo é a de procrastinar o máximo que puder a abolição, bem como a de procurar outros meios para amenizar as consequências da escassez de trabalhadores.[9] O processo gradativo

---

[8] Um exemplo disso, mesmo com a constante mudança de gabinetes, que atuavam no máximo, em média, um ano e meio, é a criação do Gabinete da Conciliação, em 1853.

[9] Objetivando impedir o acesso à terra por mais pessoas, o governo apela para um projeto regulamentador que aumenta o preço e impõe maior imposto territorial: "Não foi por acaso que a

dos instrumentos legais (Lei do Ventre Livre – 1871 – e a dos Sexagenários – 1885) não conseguirá, contudo, evitar que a estrutura imperial venha a ruir com o fim do trabalho escravo, sistema que desafiava os interesses da grande potência da época, a Inglaterra, desejosa de mercado, bem como outras nações produtoras de bens manufaturados. O caráter protelatório do processo de libertação dos escravizados, por quase 40 anos, resultou em grande atraso para o desenvolvimento industrial do País, que, só no final do Império, conheceu grande dinamismo, sobretudo na produção têxtil.

O propósito de ampliar seu território levou o Brasil a um período de cinco anos de guerra contra o Paraguai, na qual inúmeras vidas, sobretudo de trabalhadores escravizados, foram dizimadas. Esse uso do africano e afro-descendente em conflitos bélicos demonstra como a camada do poder os encara. Ou trabalha de graça sob o chicote ou dá a vida em defesa dos brancos dominantes. Essa expectativa explicará o processo de genocídio gradual da população negra e sua continuidade, através da marginalização no período pós-Abolição, parte integrante de um ideal de nação desenvolvido pela elite intelectual e baseado nas teorias racistas de importantes nomes europeus, entre os quais o conde Gobineau, amigo de D. Pedro II, que chegou a visitar o Brasil a convite do monarca. Concorreu para isso também o grande complexo de colonizado que, desde os tempos iniciais da chegada dos portugueses, primeiro com seus degredados e depois com a sua corte, foi impingido aos nascidos no Brasil de forma geral. A elite brasileira, com a educação de seus filhos na Europa, almejando situar o País no patamar de civilização que lhe servia de referência, desenvolve, inclusive no campo da mão de obra, uma desvalorização do nacional e traça um recorte racista na composição populacional do País, reservando ao segmento africano o desaparecimento e ao indígena o confinamento distanciado. A imigração europeia para o Brasil, além de atender à necessidade de mão de obra, atende também ao projeto de um país embranquecido.[10] Daí o fato de a lei, assinada pela princesa Isabel, ser composta de dois artigos, de uma frase curta cada um, totalizando apenas 13 palavras para, tão somente, o dia 13. Para o dia 14, restaria a mesma estratégia de D. Pedro I quando da Constituição de 1824,

---

Lei de Terras de 1850 foi decretada no mesmo ano da lei que aboliu o comércio de escravos" (COSTA, 1999, p. 191).

[10] Tal fato não garantiu bons tratamentos para todos os imigrantes. O processo de endividar o trabalhador livre para mantê-lo preso à terra era uma prática consolidada. Nos primeiros tempos, em São Paulo, muitos conflitos de adaptação foram registrados: "Os colonos sentiam-se reduzidos à situação de escravos e os fazendeiros, por seu lado, consideravam-se burlados nos seus interesses" (COSTA, 1999, p. 219).

em que não fez nenhuma referência aos escravizados no País: o silêncio, não apenas da omissão, mas também o do projeto de genocídio em curso.[11] Afinal a falta de ética escravista pressupunha que, exaurida a capacidade do trabalhador escravizado, esse podia ser descartado. E se vencesse seu estado de escravizado, pelos ditames da lei, seu destino deveria ser o mesmo. Para explicar o laconismo da lei principesca, ficou à vista apenas o debate sobre a indenização aos proprietários, para a qual até houve propositura apresentada na Câmara dos Deputados.

Última nação a abolir a escravidão, o Brasil seria levado à República um ano e meio depois da Lei Áurea, sem nenhuma hecatombe. O ideal republicano, gerado havia décadas e levado à tribuna pelos membros de seu partido, criado em 1870, iria chegar ao seu ápice. O Império rui por falta de sustentação, mas foram os militares que primeiro assumiram o comando do País, incentivados principalmente pelos grandes fazendeiros de café, sobretudo do Oeste paulista, que viam na república a possibilidade de terem sua representação política compatível com sua importância econômica, que até então era muito defasada. Contudo, uma vez no poder, coube aos militares, desconfiados dos políticos e suas falcatruas, e convictos de seu ideal de farda, diante das várias correntes civis que visavam ao poder, empregar o consolidado atributo do Estado: a violência.

---

[11]Nas primeiras décadas do século XIX, "o meretrício era formado apenas por escravas, cujos rendimentos iam direto para os baús dos sinhôs, muitos deles vivendo exclusivamente dessa gigolotagem. A incidência de sífilis era altíssima" (MACHADO, 2001, p. 180).

O RACISMO E SEUS MÉTODOS

A histórica violência da escravidão projetou-se, após a Lei Áurea, como controle social, simultaneamente de classe e raça. Seu primeiro aspecto, por ser genérico, nega aparentemente o segundo. O reiterado silêncio é funcional, atua para negar a progressão no tempo do estatuto da escravidão[12]. A realidade, no entanto, confirma o dado. Muitos foram os escravizados que prosseguiram trabalhando nas fazendas, em especial aqueles que nelas nasceram e tinham-na como o único horizonte possível de sobrevivência. As opções na área urbana eram bastante limitadas.

> As cidades eram frequentemente palco de lutas de famílias. As relações pessoais de parentesco, clientela e patronagem e as formas autoritárias de poder geradas pelo regime de propriedade, com a consequente desmoralização das práticas de *self government* e a marginalização da maioria da população livre do processo político, reforçam o caráter absoluto do poder do grande proprietário. (COSTA, 1999, p. 237)

---

[12] Há um encaixe das perspectivas dominantes no processo da abolição, que favorecerá ainda mais uma idealização do passado e do futuro: "Era assim que o processo de abolição brasileiro carregava consigo algumas singularidades. Em primeiro lugar, a crença enraizada de que o futuro levaria a uma nação branca. Em segundo, o alívio em face de uma libertação que se realizou, no limite, sem lutas e conflitos e, sobretudo, que evitou distinções legais baseadas na raça. Diferentemente do que ocorrera em outras nações, onde o final da escravidão desencadeara um processo acirrado de debates intensos ou mesmo lutas internas, no Brasil a Abolição, representada como dádiva, gerou certa resignação. De um lado, a ideia de que o ato veio como um presente por parte do grupo dominante; de outro, a noção de 'fidelidade' ante uma hierarquia social cada vez mais naturalizada, corolário inconteste de uma aceitação da ideia da existência de diferenças raciais e biológicas entre os grupos. Não foi coincidência o fato de os abolicionistas jamais terem se pronunciado sobre as teorias raciais, que separavam os grupos tal qual espécies" (SCHWARCZ, 2001, p. 46-47).

Por outro lado, as estratégias da camada dominante, em seu sonho de brancura, receberam o influxo da mentalidade do imigrante. Como ele via o africano escravizado e sua descendência? Os europeus pobres, que tiveram de buscar novas oportunidades nas Américas, conheceram nas pátrias de origem a realidade sofrida dos africanos. Dela se beneficiaram e tinham para si a superioridade racial como fator indiscutível. Ao chegarem ao Brasil, traziam tal convicção não apenas em relação ao trabalhador escravizado, mas também ao brasileiro livre. Tais fatores psicossociais influíram fortemente para reafirmar a exclusão dos afrodescendentes do mercado de trabalho e da perspectiva de cidadania. Sempre fez parte da referida estratégia a humilhação. Humilhar é uma forma de destruir no outro o amor-próprio. Assim, a branquitude (silenciosa sempre, pois se pronunciar é revelar-se e correr o risco de ser colocada em dúvida) foi um dado apriorístico inculcado no estabelecimento da relação branco/senhor/patrão/superior/bom. Desde os filósofos da Ilustração, as ideias sobre a superioridade da raça branca foram sendo disseminadas e desenvolvidas, partindo-se a princípio da consideração climática para atingir, em Gobineau, as formulações sobre qualidades inerentes.

> É bastante adequado supor que a ideologia racista alimentou-se dos valores estéticos em relação ao negro, do fascínio e mistério que a África e seus habitantes exerciam transformando diferença e mistério em anormalidade e monstruosidade. Não parece errôneo pensar que a construção da racionalidade e da cultura européia e os interesses de dominação, conquista, usurpação das riquezas encontradas no continente africano fossem os pilares sobre os quais se edificaram as teorias racistas em relação aos povos negros. (SANTOS, 2002, p. 60-61)

Em sua trajetória ideológica, o racismo foi amoldado e readaptado exaustivamente por intelectuais brasileiros, em especial aqueles diretamente ligados à estrutura escravista do latifúndio. A produção teórica racista, com selo "científico", foi diversificada e ampla, com intensa divulgação. E, como constata Alfredo Bosi:

> Se deixamos de lado algumas opiniões peculiares aos comtianos ortodoxos, que relativizavam o fator racial e encareciam as forças ambientais e culturais da Humanidade com H maiúsculo, não encontraremos na literatura científica do fim do século [XIX] uma corrente bastante poderosa para contradizer os preconceitos étnicos dessa era de imperialismos brancos. (BOSI, 2002, p. 173)

Se para os europeus era importante justificar a dominação do branco sobre os povos não brancos, para os brasileiros brancos aquelas ideias teriam o mesmo propósito no âmbito interno, até irem se aclimatando para dar sustentação à necessidade de consolidar a nacionalidade, sem perder a perspectiva de manter as desigualdades raciais. Humilhada durante o processo de colonização e mesmo durante o Primeiro Império, as elites agrárias e intelectuais brasileiras e mesmo os brancos pobres tinham, no segmento africano e afrodescendente, a possibilidade de sua remissão. Sobre ele puderam extravasar a humilhação sofrida, aproveitando para exercer a violência que o sistema escravista exigia para conter as revoltas e garantir a produção. Entretanto o racismo persistente no Brasil obedece ao teor de melanina da pessoa a ser humilhada, pois, com a mestiçagem, muitos indivíduos da elite, caso fosse a origem o dado único a ser considerado, não poderiam, a rigor, sequer aderir à ação de discriminar. Reflexões bem posteriores à abolição contribuem para se perceber as raízes e a durabilidade do problema:

> Na atual fase de desenvolvimento econômico-social do Brasil [1957], não existem mais suportes concretos que permitam a nossa minoria de "brancos" sustentar suas atitudes arianizantes. [...] O que, nos dias de hoje, resta de brancos puros em nosso meio é uma quota relativamente pequena. O Brasil é, pois, do ponto de vista étnico, um país de mestiços. [...] Os fatos da realidade étnica no Brasil, eles mesmos, estão iluminando a consciência do mestiço brasileiro e o levam a perceber a artificialidade, em nosso meio, da ideologia da brancura. (Ramos, 1995, p. 231)

Entretanto, a artificialidade a que se refere Guerreiro Ramos contou com toneladas de tinta impressa em papel para calcar fundo tal ideologia, no campo da educação e da comunicação.

Um indício do poderio desse recalque ficou na expressão "problema do negro" ou "questão do negro".[13] Assim como apagar a "mancha negra da escravidão" é uma metáfora que os ideólogos do embranquecimento souberam retrabalhar em sua perspectiva de construção da nacionalidade, também aquelas expressões revelam a perspicácia ideológica do discurso racial dominante no Brasil. "Apagar a mancha negra da escravidão",[14] escondeu, no propósito

---

[13] Alertando para as razões do emprego de tal terminologia, Guerreiro Ramos adverte: "[...] o que se tem chamado de 'problema do negro' é reflexo da patologia social do 'branco' brasileiro, de sua dependência psicológica. Foi uma minoria de 'brancos' letrados que criou esse 'problema', adotando critérios de trabalho intelectual não induzidos de suas circunstâncias naturais diretas" (RAMOS, 1995, p. 236).

[14] Controversa a efetividade na gênese de tal expressão, o certo é que: "Em 14 de dezembro de 1890, Rui Barbosa (então ministro das Finanças) ordenou que todos os registros sobre escravidão existentes em arquivos nacionais fossem apagados, em meio a um duplo ato falho: afinal, o ministro teria dito

de atentar contra a memória da escravidão – o discurso aparente –, a prática racista contra o ex-escravizado e sua descendência – o subtexto –, o que foi confirmado com as teorias de Oliveira Viana, Nina Rodrigues e Gilberto Freyre, entre outros, nas quais está presente a perspectiva de dissolução do negro pelo processo da mestiçagem. De outro modo, o conectivo "do" na expressão "problema do negro" sustenta duas facetas. Uma significando "a respeito de", e a outra, "dele". Esta última é que passou a definir o descaso político pelos ex-escravizados e sua descendência. Os efeitos do racismo e da discriminação seriam de responsabilidade exclusiva do próprio discriminado. Aí, camufla-se a figura do discriminador. Por isso o silêncio sobre o "branco":

> Evitar focalizar o branco é evitar discutir as diferentes dimensões do privilégio. Mesmo em situação de pobreza, o branco tem o privilégio simbólico da brancura, o que não é pouca coisa. Assim, tentar diluir o debate sobre raça analisando apenas a classe social é uma saída de emergência permanentemente utilizada, embora todos os mapas que comparem a situação de trabalhadores negros e brancos, nos últimos vinte anos, explicitem que entre os explorados, entre os pobres, os negros encontram um déficit muito maior em todas as dimensões da vida, na saúde, na educação, no trabalho. (BENTO, 2002, p. 27)

A citação, embora atual, ilustra em retrospectiva a tessitura racial do arrivismo na sociedade urbana brasileira, arrivismo gerado em especial no Rio de Janeiro do final século XIX e que se, por um lado, até o término do Segundo Império, é uma consequência da hegemonia portuguesa nas relações comerciais, culturais e sociais, como também da elite agrária local, torna-se mais impulsivo pelas relações capitalistas e encontra terreno fértil em uma sociedade patriarcal, onde o clientelismo já havia se tornado a forma consagrada de ascensão, pois os blocos que disputavam o poder o faziam sem tanta preocupação ideológica.[15]

---

que pretendia apagar 'nosso passado negro'. Se a empreitada não teve sucesso absoluto, o certo é que procurava dissimular um determinado passado e que o presente significava um começo a partir do zero. Desde então, uma narrativa romântica, que falava de senhores severos, mas paternais, e escravos submissos e serviçais, encontrou terreno fértil, ao lado de um novo argumento, que afirmava ser a miscigenação alargada, existente no território brasileiro, um impedimento para as classificações muito rígidas e apenas bipolares" (SCHWARCZ, 2001, p. 48-49).

[15]"Considerando que tanto liberais como conservadores eram porta-vozes dos grupos sociais bastante semelhantes, não é de surpreender que a filiação partidária fosse geralmente mais uma questão de família e parentesco do que de ideologia. Até as últimas décadas do Império, a luta política era pouco mais que uma luta pelo poder entre facções lideradas pelas famílias mais prestigiosas. Isso não diminuía em nada a intensidade da competição política nem a paixão da disputa eleitoral" (COSTA, 1999, p. 161).

Ora, o clientelismo pressupõe uma troca de favores. O patriarca (e suas múltiplas reconfigurações), sendo a figura central do poder, distribuirá benefícios somente àqueles que lhe interessam, junto aos quais estabelecerá um crédito a ser saldado de várias maneiras: bajulação (que atua no sentido de elevar o prestígio do patriarca), ações que lhe possibilitem aumentar seu poder (serviços ilícitos), defesa física e moral contra seus adversários, etc. À medida que o Estado vai sendo consolidado, com a formação das instituições, bem como do erário, o patriarca, apoderando-se do mesmo, dele fará uso para formar o seu exército de devedores de favor. Do patriarca para o político, seu representante, e para as mais diferentes instâncias de poder, o esquema se repetirá. A gratidão, portanto, insere-se no contexto da manutenção do poder. A branquitude (silenciosa sempre) compõe o poder patriarcal, pois ele foi forjado durante os séculos em que a polarização entre senhor e escravo era medida e balizada pela cor da pele. Nesse contexto, a gratidão, dado o seu comprometimento, bloqueará no favorecido qualquer hipótese de crítica ao seu benfeitor. A ingratidão, popularmente, é uma grande falta de ética, passível de um revide vingativo. As expressões populares que a caracterizam dão a dimensão de sua gravidade: "Cuspiu no prato em que comeu", é uma delas. O alimento, no caso, metaforiza o patamar básico da sobrevivência. A população pobre no Brasil viveu e ainda vive essa relação de subserviência para com os poderosos e, consequentemente, também para com o Estado, pois "a sociedade brasileira estava permeada de alto a baixo pela prática e pela ética da patronagem e seus manipuladores" (COSTA, 1999, p. 165). O sentido de política, na vida cotidiana, está calcado sobre o favorecimento pessoal. Ao político as reivindicações são em sua maioria neste diapasão. Quando se diz "quem não tem padrinho morre pagão", a ideia de busca de proteção nos remete a uma das configurações do relacionamento entre o patriarca e o favorecido: o compadrio, uma forma de sacramentar a dependência. Ser apadrinhado significa ser protegido por alguém que tem interesse no protegido.

No final da campanha abolicionista, o ex-cativo ficou sem proteção no estatuto da lei.[16] Para as camadas dominantes, média e baixa não negra o que ele representava? Último patamar da escala social, o ex-cativo significava serviço

---

[16] O autor contemporâneo Carlos de Assumpção, em seu poema *Protesto*, ilustra o processo levado a termo para marginalizar a massa recém-liberta e sua descendência: "Um dia sob ovações e rosas de alegria/Jogaram-me de repente/Da prisão em que me achava/ Para uma prisão mais ampla/Foi um cavalo de Tróia/A liberdade que me deram/Havia serpentes futuras/Sob o manto do entusiasmo/Um dia jogaram-me de repente/Como bagaços de cana/Como palhas de café/Como coisa imprestável/Que não servia mais pra nada/Um dia

manual, ameaça física (por vingança das humilhações sofridas), referência de origem desprezível (o conhecimento acerca do continente africano limitava-se ao Saara e aos animais selvagens) e a constatação culposa da espoliação praticada, tendo em vista os privilégios raciais auferidos ao longo da escravidão. O segmento social negro-brasileiro chegava à abolição com alto índice de mortalidade e baixo índice de natalidade, pelas condições vividas extremamente difíceis.[17] Dessa forma, passou a ser visto, afora as funções de servir, como um estorvo social a ser banido, inclusive pelo uso pejorativo do termo que o caracterizava – negro – gradativamente assumido afirmativamente pelas organizações negras.[18]

Apesar de a maioria da população ser rural até a metade do século XX, nas grandes cidades, o segmento negro-brasileiro foi-se acumulando nos cortiços e nas periferias, sem perspectiva de melhora de vida.

---

jogaram-me de repente/Nas sarjetas da rua do desamparo/Sob ovações e rosas de alegria" (ASSUMPÇÃO, 1982, p. 46).

[17] Duas décadas antes da Abolição, os números indicam o desastre coletivo e as reações que provocavam: "A força de trabalho, entre os escravos, na década de 1860, durava cerca de quinze anos e a mortalidade infantil atingia a cifra de 88%... [...] Insurreições, crimes, fugas, trabalhos mal executados, ordens não cumpridas, pachorra e negligência eram a maneira de o escravo protestar. Essas formas de comportamento compunham o quadro usual da escravidão" (COSTA, 1999, p. 287, 295).

[18] Nas organizações católicas criadas para os escravizados, como a Irmandade de Nossa Senhora do Rosário dos Homens Pretos, que remontam o século XVII, até agremiações como a Frente Negra Brasileira (1931), o Movimento Negro Unificado contra a Discriminação Racial (1978), além de inúmeras entidades atuais, a palavra "negro" (ou sua congênere, preto, em menor escala) vem sendo assumida. O termo "afro-brasileiro" teve seu realce inicial nos Congressos Afro-Brasileiros do Recife (1934) e da Bahia (1937). Tais eventos foram assim questionados pelos organizadores do I Congresso do Negro Brasileiro, promovido pelo Teatro Experimental do Negro, no Rio de Janeiro, em 1950: "Esses foram Congressos acadêmicos, repetimos – mais ou menos distantes da cooperação e da participação popular. [...] Sem colocar em causa a boa vontade, a generosidade dos organizadores e participantes dos congressos nordestinos afro-brasileiros, podemos afirmar, sem cometer injustiça, que, de nossa perspectiva prática, esses certames pouco adiantaram ao negro. Sua marca fundamental assentava-se na fruição estético-epicurista do estudo descritivo. Postura quietista e alienada – ainda que humanitária e plena de filantropismo. A repercussão nacional de tais estudos, já disse Guerreiro Ramos, responde, aliás, a um não formulado propósito de desviar a atenção do País e do próprio negro dos problemas emergentes de sua nova condição de cidadão" (NASCIMENTO, 1968, p. 44). O uso da expressão afro-brasileiro, assim como os referidos congressos, serve para que se desvie o olhar da zona de conflito (a discriminação), silenciando-a, em nome de uma concepção de arte distanciada da realidade, elaborada com o objetivo único de divertir e alienar. Agentes do meio acadêmico, negros e brancos, vêm reforçando, através de publicações e ensino, o uso daquele termo, alguns sem sequer ponderar que, enquanto combatem o que chamam de "essencialismo negro" (a mesma postura dos detratores do Movimento da Negritude, da década de 30, em Paris), reforçam o mito da democracia racial brasileira ao promoverem a visão de um pluralismo cultural isento de conflitos. Assim, travam uma luta, muitas vezes invisível, contra a maior parte das entidades organizadas do Movimento Negro, assim denominado pelos seus agentes.

Ao rejeitar a possibilidade futura para o ex-escravizado, a perspectiva do branco dominante era a de se ver livre do peso do passado. Os brancos brasileiros, beneficiários de todo o violento processo da escravidão, beneficiar-se-iam também com a discriminação racial, ao custo de uma culpabilidade coletiva que se constituiria em recalcar a discussão acerca do assunto, atribuindo aos próprios negros a causa de suas vicissitudes. A ação de discriminar passa a ser da "sociedade",[19] da "classe dominante", do "sistema". Os brancos, em especial as elites, contavam também com a precariedade das condições de vida dos descendentes de africanos enquanto fator de destruição genocida.

> Atirando os africanos e seus descendentes para fora da sociedade, a abolição exonerou de responsabilidades os senhores, o Estado, e a Igreja. Tudo cessou, extinguiu-se todo o humanismo, qualquer gesto de solidariedade ou de justiça social: o africano e seus descendentes que sobrevivessem como pudessem. (NASCIMENTO, 1978, p. 65)

No contexto do clientelismo, a capacidade do ex-escravizado de dar um retorno ao benfeitor era reduzida, e muitas vezes nula (no caso dos idosos). Ser bajulado por um ser desprezível, em especial no espaço urbano, onde ostentar posição era um propósito corrente nas classes abastadas e médias, não era desejável, além de ser temível. O medo das elites brancas fora uma constante em todo o período da escravidão, quando a violência gerava rancor, ódio, desejo de vingança que a máscara da obediência e a postura subserviente nem sempre conseguiam disfarçar. O número de africanos e descendentes no "censo de 1872 chegava a 55% do total de brasileiros" (BENTO, 2002, p. 47). Além disso, os casos de revolta, nas fazendas, quase sempre seguidos de atitudes violentas dos escravizados contra seus senhores e capatazes, tornavam-se crônicas de pânico que invadiam a casa-grande e aceleravam os ânimos, aumentavam a vigilância e a violência preventiva:

> Esse medo assola o Brasil no período próximo à Abolição da Escravatura. Uma enorme massa de negros libertos invade as ruas do país, e tanto eles, como a elite, sabiam que a condição miserável dessa massa de negros era fruto da apropriação indébita (para sermos elegantes), da violência física e simbólica durante quase quatro séculos, por parte dessa elite. (BENTO, 2002, p. 36)

---

[19] "Empregando-se um eufemismo de linguagem, poder-se-ia dizer que a sociedade de classes abriu as suas portas aos 'homens de cor', sob a condição de que se mostrassem capazes de enfrentar e de resolver os seus problemas de acordo com o código ético-jurídico que ela instituía. Mas, na realidade, ela transferiu para os ombros deles a pesada tarefa de preparem, sozinhos, a '*redenção da raça negra*'" (FERNANDES, 1978, p. 245).

No entanto, a tradição colonial lentamente mudava sua perspectiva quanto ao fim do cativeiro.[20] Além do mais, durante todo o processo da escravidão, apesar de seu código comportamental rígido, no cotidiano da ordem patriarcal, estava implícita a transgressão sexual e a afetiva entre negros, indígenas e brancos; a primeira, em geral, pela violência do estupro da mulher escravizada,[21] ou, por outros motivos, atrás da moita ou das portas, pois a "fachada", com a qual se ornamentavam as moradias ricas e remediadas, era "para inglês ver". Quanto ao envolvimento afetivo, a precariedade da condição humana perante a existência não deixou de atuar, de forma ambígua, nos instantes de intimidade, quando se tornava impossível sustentar o código de separação étnica do mundo colonial. Assim, na escala dos benefícios do apadrinhamento, houve indivíduos ex-escravizados ou descendentes que encontraram alguma fenda para atravessar o bloqueio estabelecido na estruturação das relações arrivistas. A estes também o silêncio sobre a escravidão e o racismo será de muito interesse. Não se pode desconsiderar também o papel desempenhado pela família no contexto da população escravizada. Aqueles que conseguiam formar um núcleo familiar nas fazendas se, por um lado, desenvolviam laços de solidariedade mais fortes, por outro, ficavam mais submissos aos domínios da casa-grande, pois a quebra do grupo era uma ameaça nas mãos do escravizador. Esses núcleos, entretanto, favoreciam seus membros nas negociações com o poder estabelecido e tinham grande significado para se conseguir alforria e, muitas vezes, pela possibilidade de certa privacidade, contraditoriamente atuavam para a organização de revoltas.[22]

---

[20] O empenho em manter o poderio estava associado à falta de visão de futuro e progresso, pois "[...] o medo que havia em relação às insurreições escravas na primeira metade do século XIX não levava a maiores questionamentos a respeito da própria instituição da escravidão. Não se concebia, na realidade, outra forma de organizar as relações de trabalho, e o problema das revoltas escravas era aparentemente um assunto a ser contornado com um 'redobrar de vigilância', como recomendava o ministro brasileiro em Londres. As hesitações em relação ao término do tráfico negreiro ilustram exemplarmente esta incapacidade de pensar fora dos quadros da escravidão" (CHALHOUB, 1990, p. 194).

[21] Ainda que por uma motivação ideológica de amenizar a violência da casa-grande contra a senzala, Gilberto Freyre é enfático: "Não há escravidão sem depravação sexual. É da essência mesma do regime. Em primeiro lugar, o próprio interesse econômico favorece a depravação criando nos proprietários de homens imoderado desejo de possuir o maior número possível de crias" (FREYRE, 2001, p. 372).

[22] As pesquisas concernentes à família de escravizados vêm atestando que: "De fato, ao formarem tais laços, os escravos aumentaram ainda mais sua vulnerabilidade, transformando-se em 'reféns', tanto de seus proprietários quanto de seus próprios anseios e projetos de vida familiar. Isto não quer dizer, no entanto, que foram necessariamente impedidos de criar uma comunidade de interesses e sentimentos e virar um *perigo* para os senhores" (SLENES, 1999, p. 50, grifo do autor).

Contudo, quanto ao conjunto da população ex-escravizada, as restrições continuariam drásticas e cruéis.[23] A injustiça social praticada pelo branco, no período pós-Abolição, continuaria perversa, em contradição com os pressupostos teóricos da corrente política predominante,[24] desde o final do período escravista. Através da discriminação racial, o branco vai atuar, então, para barrar o acesso dos ex-escravizados e sua descendência à zona de competição da sociedade, privilegiando os de seu grupo étnico, ou assemelhados, de todas as classes sociais, inclusive os imigrantes que afluíam em número expressivo ao porto carioca.

> A Abolição e a crise da economia cafeeira que se lhe seguiu – a qual significou o golpe de misericórdia aplicado na grande lavoura do vale do Paraíba carioca – desencadeou uma enorme mobilização (85.547 pessoas) da massa humana outrora presa àquela atividade e que em boa parte iria afluir para a cidade do Rio, fundindo-se ali com o já volumoso contingente de escravos recém-libertados, que, em 1872, chegara a constituir 18% (48.939 pessoas) da população total da capital do Império. Vêm somar-se a essa multidão os sucessivos magotes de estrangeiros, que a previdência dos proprietários pressagiosos da Abolição e as vicissitudes européias arrastaram vacilantes para o porto do Rio, os quais somaram

---

[23] A visão edulcorada da escravização dos africanos e de sua descendência já foi bastante criticada: "As afirmações sobre a suavidade do sistema escravista no Brasil ou sobre a atitude paternalista dos fazendeiros, os retratos do escravo fiel e do senhor benevolente, que acabaram fixando-se na literatura e na história, não passam de mitos forjados pela sociedade escravista para defesa de um sistema que julgava imprescindível. Essas idealizações persistiram mesmo depois do desaparecimento da instituição. As gerações posteriores à Abolição herdaram do passado a visão que a sociedade senhorial criou" (COSTA, 1999, p. 289). Contudo, é necessário que se dê o devido valor ao racismo, em sua continuidade após a Abolição, como um fator de incremento daquela visão. Herança que não serve é descartada. Cristalizar uma visão amena do passado escravista é uma das formas de se associar um mito a outro, ou seja, escravidão suave e racismo cordial, minimizando-se o estudo sobre as revoltas de escravizados e desqualificando-se as reivindicações de seus descendentes.

[24] A incorrespondência das ideias de renovação política, no contexto colonial e pós-colonial, demonstra o fato de que a escravização criou concepções rígidas para a manutenção do poder, estabelecendo, desse modo, o distanciamento entre o plano do discurso e o da realidade como um dado cultural, situação assim demonstrada por Emília Viotti da Costa: "Os valores associados ao liberalismo: valorização do trabalho, poupança, apego às formas representativas de governo, supremacia da lei e respeito pelas Cortes de justiça, valorização do indivíduo e da sua autonomia, a crença na universalidade dos direitos do homem e do cidadão, todos esses dogmas típicos do credo liberal tinham dificuldade em se afirmar numa sociedade escravista que desprezava o trabalho manual, cultivava o ócio e a ostentação, favorecia os laços de família, afirmava a dependência, promovia o indivíduo em razão de seus laços de parentesco e amizade em vez de seus méritos e talentos como rezava a Constituição, instituía o arbítrio, fazia da exceção a regra e negava os direitos do homem e do cidadão à maioria da população" (COSTA, 1999, p. 166).

70.298 pessoas de 1890 a 1900, 88.590 de 1900 a 1920, perfazendo um total de 158.888 imigrantes de 1890 a 1920. (SEVCENKO, 1999, p. 51)

Em uma sociedade arrivista, todos os expedientes são empregados para alijar os concorrentes. Para aqueles negros ou mulatos que, por algum efeito do clientelismo, obtêm um ingresso na possibilidade de ascensão, resta enfrentar a ferocidade, por vezes sutil, dos brancos concorrentes, composta de desprezo e rancor. "A discriminação racial tinha como função manter intransponíveis as distâncias sociais que separavam um mundo de privilégios e direitos de um mundo de obrigações" (COSTA, 1999, p. 291). O interesse na disputa aciona o preconceito como um gatilho. A munição constitui o que a cultura erigiu em forma de convicção coletiva de superioridade étnica. E:

> O primeiro passo da exclusão moral é a desvalorização do outro como pessoa e, no limite, como ser humano. Os excluídos moralmente são considerados sem valor, indignos e, portanto, passíveis de serem prejudicados ou explorados. A exclusão moral pode assumir formas severas, como o genocídio; ou mais brandas, como a discriminação. (BENTO, 2002, p. 30)

No Brasil, a severidade ficou por conta da sutileza das políticas públicas[25] e por conta do aparato policial, enquanto a discriminação para os ideólogos do branqueamento – reforçados pela mídia e pela produção artística – e para as atitudes cotidianas de rejeição.

Todo o período da escravidão gera um processo de intimidação profunda nos africanos e sua descendência no Brasil, especialmente pelo teor de violência empregado. "Na história das senzalas há muitos casos de mortes e deformações por excesso de castigos e espancamentos" (COSTA, 1999, p. 293). Além disso, quanto à justiça da época colonial e imperial, "via-se o escravo como culposo permanente. O senhor, aos olhos do júri, parecia sempre ter razão. Se a legislação era pouco eficaz na defesa do escravo, revelava-se atuante na defesa dos interesses senhoriais" (COSTA, 1999, p. 293). A mentalidade de escravizado, reduzindo a ideia de mundo, de humanidade e de sentido de existência, passou de geração para geração, cabendo, assim, à capacidade de rebelar-se contra a opressão escravista atualizar-se no novo contexto. Porém, para quem fora escravizado, põe-se o autoquestionamento de quem será a partir da alforria ou da abolição. Se no período pós-Abolição

---

[25] Estudando as atividades do Conselho de Imigração e Colonização (CIC), já no Estado Novo, Carlos B. Vainer observa que "[...] o estado não esteve à margem, mas atuou, com os instrumentos de que dispunha, para implementar uma política inequivocamente racista" (VAINER, 1990, p. 111).

os abolicionistas deram sua missão por encerrada, as consequências sociais dos três séculos de crime da escravização estavam intactas, tanto no ex-escravizado quanto no branco, que a partir de então teria de tolerar um contingente muito maior pleiteando a igualdade de oportunidades, o desafio que chegaria aos nossos dias com a mesma lentidão com que foi atingida a Lei Áurea. Mesmo Nabuco sonhava com a imigração, em sua obra-prima *O Abolicionismo*, e considerava que o pior obstáculo para concretizá-la era a escravidão. O aproveitamento dos ex-escravizados como mão de obra livre, embora cogitado, inclusive com exemplos do processo estadunidense, não seria matéria de legislação.

No contexto da escravização, o liberto não ficaria livre do estigma. Estigmatizar significa, no caso do ex-escravizado, uma salvaguarda de privilégios. Para quem seriam resguardados tais privilégios? Em princípio para os escravizadores, sua descendência e suas proximidades. As características físicas, sobretudo a cor da pele – que Joaquim Nabuco considerava a base da escravidão – seriam fator decisivo para demarcar o estigma.

A vida do liberto, desde a sua carta de alforria, estava limitada. Liberto não significava livre, nem tampouco cidadão. Para o trabalhador livre em geral a realidade era adversa, como demonstra Joaquim Nabuco: "o trabalhador livre não tinha lugar na sociedade, sendo um nômade, um mendigo, e por isso em parte nenhuma achava ocupação fixa; [...] são milhões que se acham nessa condição intermédia, que não é escravo, mas também não é o cidadão" (NABUCO, 2000, p. 115-116).

Contudo, ao liberto, mesmo pela via legal, os grilhões continuariam nos punhos. Ao comentar a Lei do Ventre Livre em relação ao Alvará de 1773, Nabuco destaca: "[...] a nossa lei de 1871 não se lembrou de apagar tal nódoa [o estigma de 'liberto'], e sujeitou os *libertos* de qualquer de seus parágrafos por cinco anos à inspeção do governo e à obrigação de exibir contrato de serviço sob pena de trabalhar nos estabelecimentos públicos" (NABUCO, 2000, p. 39, grifo do autor).

Tal preconceito com relação ao liberto é basilar para se entender a atitude defensiva dos brancos em relação aos negros no período pós-1888. A noção de liberdade condicional para os ex-escravizados passa a permear as relações interétnicas. Para as camadas dominante e média eles constituíam ameaça ao patrimônio, à segurança física, à reserva de ilusão de superioridade racial, pois as impossibilidades sociais dos libertos faziam de sua sobrevivência um desafio à beira da delinquência. Para as camadas brancas pobres, o liberto entrava na disputa pelas migalhas caídas da mesa das duas camadas referidas.

Fazer do passado do ex-escravizado um fardo, pela cristalização dos estereótipos, significava retardar o processo de mudança social, frustrando aspirações e expectativas. Tal cristalização é possível por um processo de contínua manutenção para gerar o que L. A. Costa Pinto chamou de "inferiorização circular do negro", cujo funcionamento é explicado nos seguintes termos:

> [...]: o negro, historicamente colocado em posição econômica e social inferior, tem essa posição social explicada e justificada, pelos portadores do preconceito, como sendo um produto da inferioridade *racial*; essa opinião, por outro lado, gera e mantém estereótipos que funcionam como barreiras, quer de ordem objetiva, quer de ordem subjetiva, que impedem ou dificultam a ascensão social do negro, fazendo com que produtos do preconceito e da desigualdade de oportunidades sejam utilizados para a sua própria justificação. (PINTO, 1998, p. 187, grifo do autor)

Nesse processo circular de pressão social e psicológica, o afrodescendente, com relação ao passado terá a tendência de um movimento de recusa interior para com seu grupo de origem. Isso até o ponto em que as ilusões de inserção social, ao menos nas camadas médias, não se dissiparem nas decepções. Por outro lado, os brancos, e mesmo os mestiços, sentem-se mais seguros em sua ilusão de superioridade, respectivamente, congênita e de aprimoramento biológico. Sua identidade com o passado, sendo positiva em termos de noções de poder, é, no entanto, precária, pela crueldade e injustiça – ou "crime", como propunha Joaquim Nabuco – com que é feita a representação do escravismo. Tal precariedade é a razão fundamental de se escamotear ou minimizar a influência da violência racista nas relações sociais do Brasil. A própria construção da ideia de "branco" – em relação ao negro – é uma construção ideológica que se mantém pela realimentação de seu discurso, como prevenção ao discurso contrário, da igualdade e reivindicação de oportunidades. O estereótipo é, essencialmente, "o retrato que o grupo faz de si e dos outros grupos" (PINTO, 1998, p. 188). E chegará mesmo a ser fator importante na concepção de mundo. Assim, há estremecimentos e reações ao menor atentado contra ele: "Se se põe em dúvida o estereótipo que temos e cultivamos, isto representa uma ameaça ao 'nosso mundo'; e como 'nosso mundo', para nós, é 'o mundo', a defesa dos nossos estereótipos sempre se nos afigura como a defesa de algo necessário à permanência do 'mundo'" (PINTO, 1998, p. 188).

Portanto, a preservação, propagação e recriação dos estereótipos não constituem descuidos ou gratuidades de todos os seus agentes, mas interesse em manter o mundo concebido e confortável, a despeito de todas as suas ilusões e arbitrariedades.

As formas de discriminar – enquanto legado escravista – retardarão a solidariedade entre os ex-escravizados, bem como a sua conscientização acerca da sociedade circundante, já que o individualismo entre os oprimidos concorre para a noção de que não há uma causa coletiva, ou, se há, ela pertence a um segundo plano.

Após o término da escravidão, as práticas culturais da tradição africana continuarão exercendo a unção de bálsamo para os sofrimentos, quando, então, podem ser exercidas com maior desenvoltura, e a perseguição torna-se um pouco abrandada. Ainda assim: "As autoridades zelam na perseguição aos candomblés, enquanto João Luso, nas crônicas dominicais do *Jornal do Comércio*, manifesta o seu desassossego com a popularização crescente desse culto, inclusive dentre as camadas urbanizadas" (SEVCENKO, 1999, p. 33, grifo do autor).

Mas se os valores culturais e suas manifestações, apesar das restrições, sustentam o espírito aproximando as pessoas, a sobrevivência física torna-se um desafio diário, tanto para desvencilhar-se da maneira de ser e pensar pelo diapasão da subalternidade quanto no sentido de disputar a oportunidade de trabalho. "A arena passa da senzala ao mercado de trabalho" (BOSI, 1998, p. 270).

No campo, a continuidade da escravidão estava no cabo da enxada e, na cidade, apresentava-se na marginalidade social, na qual o enfrentamento com a miséria e a polícia redundou em um círculo vicioso difícil de ele se desvencilhar. A situação para os ex-escravizados e sua descendência, como também para os demais contingentes de brasileiros e estrangeiros lançados na pobreza, era a de prisioneiros a céu aberto, sem direito a reivindicação, pois, quando ocorria, o céu fechava com o desabamento da violência oficial.[26] As prisões não obedeciam ao critério da culpabilidade. Quando do Regulamento da Vacina Obrigatória, em 1904, e as determinações de prender e examinar fisicamente as pessoas, além de propósitos de destruir

---

[26] O longo período da escravização projetaria a truculência, para além de seus limites, como forma de o Estado tratar as camadas populares: "Cerceados nas suas festas, cerimônias e manifestações culturais tradicionais, expulsos de certas áreas da cidade, obstados na sua circulação, empurrados para as regiões desvalorizadas: pântanos, morros, bairros coloniais sem infra-estrutura, subúrbios distantes, matas; discriminados pela etnia, pelos trajes e pela cultura; ameaçados com os isolamentos compulsórios das prisões, depósitos, colônias, hospícios, isolamentos sanitários; degradados, social e moralmente, tanto quanto ao nível de vida, era virtualmente impossível contê-los quando explodiam os motins espontâneos. [...] De fato, assim se definiu a forma de o poder institucional tentar controlar as turbulências recorrentes da população da cidade e impor um limite à extensão dos motins: o uso indiscriminado da violência e da brutalidade na repressão policial" (SEVCENKO, 1999, p. 66-67).

moradias consideradas prejudiciais ao combate da varíola, houve motins que redundaram na prisão em massa e na aplicação de espancamentos em alta escala, incluindo o envio para a Ilha das Cobras e para o Acre, em embarcações que faziam lembrar a travessia do Atlântico de milhões de africanos para serem escravizados. Os motivos para a revolta popular eram maiores: carestia, desemprego, modernização do Rio com a expulsão de moradores de cortiços e a falta de esclarecimentos à população quanto à necessidade da vacina (SEVCENKO, 1999, p. 66-67).

Não podendo contar com as instituições sociais para escorar-se, pois a própria Igreja católica havia corroborado o sistema escravista e se omitira após, além de praticar a discriminação religiosa, restava aos ex-escravizados e sua descendência o longo e tortuoso processo de, pelas brechas do sistema, ir aprendendo e fazendo no cotidiano a própria abolição, já que, do topo da Lei Áurea, não vislumbraram terra à vista. Quanto às ideias, a elite elaborava, desde a época da escravidão, o mito da democracia racial que, nos novos tempos, ia atuar no sentido de impedir que as diferenças raciais fossem motivos de crítica ao sistema e de arregimentação negro-brasileira. E passou a atuar como um freio ideológico de grande eficácia, fazendo com que até as correntes progressistas vissem com suspeita qualquer manifestação coletiva no sentido reivindicatório baseada na histórica experiência vivida pelos escravizados, bem como que encarassem com maus olhos aqueles que trilhassem a ascensão social, atribuindo-lhes a pecha de embranquecimento: "Branqueamento e ascensão social aparecem como sinônimos quando relacionados ao negro. Parece-nos que isso decorre do fato de que essa sociedade de classes se considera, de fato, como um 'mundo dos brancos', no qual o negro não deve penetrar" (BENTO, 2002, p. 52).

Os números da participação social, entretanto, nunca deixariam o mito da democracia racial fazer prosperar seu processo de alienação em completa tranquilidade, pois ele foi inventado para defender " [...] a crença dissimulada ou explícita na superioridade branca [...]" (BENTO, 2002, p. 44) e defender os privilégios advindos da escravização, bem como da discriminação em uma estrutura capitalista que, no final do século XIX e nas primeiras décadas do século XX, impunha novas realidades nas relações raciais sem, contudo, abandonar antigos métodos.

> No mercado capitalista de força de trabalho, a demanda é sempre seletiva, ou estratificada, segundo critérios econômicos, políticos e sócio-culturais. Na indústria, por exemplo, a demanda se organiza em função da qualificação profissional, nível de instrução, idade, sexo, etnia, raça, religião, e outros atributos. Quanto mais graus de liberdade tiver, em função do

excesso da oferta de trabalhadores, relativamente à demanda, esta tende a tornar-se mais seletiva, econômica, política e socialmente. [...] Nessas condições, os trabalhadores são divididos em negros, mulatos, índios, mestiços, brancos e outras gradações. Apenas formalmente todos são cidadãos, iguais perante a lei. (IANNI, 1978, p. 126)

Arma na disputa, "o preconceito de cor e de raça irrompe, cruel, quando surge algum risco de concorrência na luta pelo dinheiro e pelo prestígio. O que era latente e difuso torna-se patente e localizado" (BOSI, 1998, p. 106). E entranha-se nas racionalizações mais assépticas e aparentemente imparciais para, muitas vezes, fundamentar um prejulgamento daquilo que se esforça para provar.

O ESTREITO CORREDOR DAS LETRAS

Ler seria um grande passo para o trabalhador libertar-se do regime escravista, por intermédio do conhecimento de normas e leis que possibilitasse atingir a aquisição de uma alforria incondicional, ou mesmo aquelas expedidas com um rosário de condições.[27] Nas questões jurídicas contra os escravizadores, o enfrentamento, quase sempre com o vislumbre tão somente de uma pálida acolhida, era feito entre brancos através da escrita. Nem sempre o dito coincidia com o escrito. Além disso, contratos de negociações, notícias de fugas e perseguições poderiam entusiasmar e mesmo orientar os escravizados no sentido da elaboração de estratégias para enfrentar a violência do cativeiro. O caráter utilitário da leitura, enquanto facilitadora da vida, era o principal aspecto que levava o poder escravista a manter o trabalhador forçado longe dela e da escrita. Transgredir o impedimento a ambas chegava, em alguns casos, a redundar em pancadas e até mesmo mutilações. Aliás, um dos traços marcantes da escravidão foi o de roubar a palavra do trabalhador forçado:

---

[27]Comentando as alforrias condicionais concedidas por Perdigão Malheiros, Sidney Chalhoub explica a convicção do concedente: "Ele comparava a situação dos alforriados condicionalmente com a dos menores, isto é, indivíduos que ainda não estavam preparados para exercer plenamente seus direitos civis. O sentido dessa comparação não era apenas legal: Perdigão achava efetivamente que os negros egressos do cativeiro eram moralmente incapazes de viver numa sociedade livre. Daí as alforrias condicionais; a intenção era prover um período de transição no qual os libertos ascenderiam à sua nova condição devidamente orientados pelos senhores." (CHALHOUB, 1990, p. 141). É de se imaginar que orientações poderiam ser dadas por proprietários aos seus pertences para que deixassem de ser seus. O temor da desagregação social, certamente, não era preocupação dos escravizados, cujo desejo de ir e vir livremente estava na pauta mental de suas revoltas e agressões.

> Perdido o lugar de origem, o lugar de produção de sua palavra também é transferido: o outro, o branco, tem o domínio do lugar de produção linguística. E esse poder significa transformar a palavra africana não só no silêncio, mas na ausência da palavra, da palavra enquanto criação ideológica. (MOYSÉS, 1998, p. 97)

Manter o escravizado na ignorância fazia parte do processo de mantê-lo cativo, pois se essa ordem fosse superada seria desbancado um importante sustentáculo do mito da superioridade racial.[28] Os africanos e seus descendentes desenvolverem aptidões intelectuais seria um fato contrário ao monopólio da manifestação da inteligência pelos brancos. As ideias de superioridade racial funcionavam como importante suporte para a "justificativa" do sistema escravista.

Se ler situava-se em tal contexto adverso como ousadia, escrever seria, pois, um ato rebelde um tanto extremo para um escravizado. A ameaça de escrita no âmbito da senzala, tendo em vista a sua gravidade, nem sequer passava pelo horizonte da casa-grande. Escrever, nos primeiros tempos coloniais era uma atividade, quando não oficial, tida como uma prerrogativa das famílias nobres. Fora desse nicho, podia ser tida facilmente como subversiva, já que, para o colonizador, sobretudo nos primeiros tempos, a escrita era um atributo de poder que não deveria ser dividido. Do colonizado para o escravizado, a visão era a mesma, acrescida de uma necessidade a mais: manter a ilusão da incapacidade inata do segundo, de sua deficiência mental congênita, concepções enfim que atuassem nele para cristalizar a própria subjugação, que deveria ser tida como uma consequência natural, um bem para o País, além de se constituir um ato de civilização.

É certo que o teor de tais perspectivas variou muito no decorrer dos quatro séculos, não só pela evolução do sentido de brasilidade na população branca, como também no contingente dos mestiços, dos ladinos e daqueles africanos que trabalhavam havia muito tempo no Brasil.

A escrita, de oficial, passaria também a ser admitida na colônia como uma forma de deleite artístico. Assim, por exemplo, o aspecto místico da obra de um Gregório de Matos. Quanto ao seu caráter mundano (as sátiras), demonstrava o risco da escrita para os donos do poder. Além disso, as

---

[28]Tanto o escravizado quanto a população livre e pobre e até mesmo mulheres da classe dominante sofreram o afastamento da cultura escrita, pois no período escravista: "A cultura letrada é rigorosamente estamental, não dando azo à mobilidade vertical, a não ser em raros casos de apadrinhamento que confirmam a regra geral. O domínio do alfabeto, reservado a poucos, serve como divisor de águas entre a cultura oficial e a vida popular. O cotidiano colonial-popular se organizou e se reproduziu sob o limiar da escrita" (BOSI, 1998, p. 25).

duas vertentes marcam a ambivalência do espírito barroco dividido entre a insatisfação e o conformismo. Ainda quanto à insatisfação, a Literatura Brasileira inicia seu desconforto com a presença social africana, um traço que a acompanhará por vários séculos. Mesmo com a ideologização da mestiçagem,[29] tornar-se-á uma questão áspera e ambígua, com referência aos textos e à atitude de seus autores, seus posicionamentos ante o escravismo que se operava em todo o País e, posteriormente, em face do destino da descendência dos escravizados e a continuidade do racismo.

Gregório de Matos é um dos mais remotos exemplos. Em suas sátiras, ridicularizando o mulato, o fazia do ponto de vista de quem pretendia manter intacta a própria branquitude.[30]

A chegada do trabalhador escravizado, e sua descendência, à escrita dar-se-á quase sempre através da oralização. Na casa-grande, ia, quando lhe era permitido, participando da audição de leitura de textos escritos, um hábito difundido nas famílias ricas e médias. Assim, o escravizado: "Configura-se um leitor ouvinte, ou um leitor que escuta uma oralização de uma escrita, mas que sabe que essa leitura não é feita para ele" (MOYSÉS, 1998, p. 103).

A par desse contato, um reduzido número de escravizados tinha acesso à alfabetização, por intermédio de pessoas que lhes ensinavam uma profissão, de proprietários interessados em lucrar mais com o cativo alfabetizado, além daqueles que chegavam alfabetizados da África pelo contato com mercadores portugueses e daqueles que tinham sido alfabetizados em árabe. Quanto à aprendizagem pelos métodos escolares, uma ínfima minoria tinha acesso.[31]

---

[29]Kabengele Munanga, comentando o processo da mestiçagem visto pelos intelectuais brasileiros das últimas décadas do século XIX, observa: "Todos, salvo algumas exceções, tinham algo em comum: influenciados pelo determinismo biológico do fim do século XIX e início deste [XX], eles acreditavam na inferioridade das raças não brancas, sobretudo a negra e na degenerescência do mestiço" (MUNANGA, 1999, p. 52).

[30]Enfatizando o tratamento racial diferenciado contido nos textos do "Boca do Inferno", Alfredo Bosi assinala: "Mais delicada, se não espinhosa, é a questão do negro e, dentro desta, a questão do mulato. A ojeriza que o último inspira a Gregório faz entrever uma sociedade onde o grau de mestiçagem era já bastante alto para que se destacasse do conjunto da população um grupo de pardos livres. [...] Em Gregório de Matos, o discurso nobre e o impropério chulo não são duas faces da mesma moeda, não são o lado sério e o lado jocoso do mesmo fenômeno erótico. Representam duas ordens opostas de intencionalidade, porque opostos são os seus objetos. A dignificação ou o aviltamento da mulher tem cor e tem classe neste poeta arraigado em nossa vida colonial e escravista" (BOSI, 1998, p. 106 e 109).

[31]Na cidade do Rio de Janeiro, por exemplo, em 1834, havia nove negros matriculados e 187 pardos (KARASCH, 2000, p. 296). A autora observa, entretanto que: "Embora os nove negros livres e os 187 pardos livres pudessem ser descendentes de escravos, é também

Assim, será, para o branco, difícil tolerar um escravizado ou descendente letrado, pois irromperá como um fator surpresa no horizonte das expectativas clamando sua humanidade. Mesmo na produção ficcional e poética, até o Romantismo, são raras as personagens negras com densidade humana.

O prestígio desde que romântico

A figura do escritor durante o século XIX estava coberta com uma brilhante aura de relativo prestígio. Seu reflexo máximo foi a criação da Academia Brasileira de Letras, em 1896. Entretanto não havia no tempo do Império uma consideração de total respeito por parte da classe dirigente:

> Nas décadas de 50 e 60, romancistas e poetas são figuras obrigatórias nos salões. Não conseguem superar, porém, o menosprezo e a desconfiança com que são tratados por algumas camadas sociais: a burguesia endinheirada, os comerciantes, a classe médica, a maioria dos políticos. (MACHADO, 2001, p. 17)

A atividade de escritor era considerada uma veleidade da juventude, admitida nessa fase, porém considerada imprópria para a fase adulta. Os que persistissem teriam que enfrentar ironias e sarcasmos, além de se verem prejudicados em suas futuras profissões.[32] A busca do serviço público era, pois, uma possibilidade de continuar desenvolvendo o talento literário, com um emprego, na época, vitalício, apesar de o salário ser baixo, na maioria dos

---

possível que alguns deles fossem africanos. Alguns pardos talvez fossem filhos de famílias pardas de Angola ou Moçambique, enquanto os negros poderiam ser filhos de soberanos africanos." Por outro lado, mesmo os programas de governo vetavam a presença do escravizado nos bancos escolares, como, por exemplo, o "Regulamento da Instrução Publica da Provincia de S. Paulo confeccionado pelo Exm. Sr. Presidente Barão de Itaúna", de 1869, que, em seu artigo 92, dispunha: "Não serão admitidos á matrícula ; § 1º As meninas nas escolas do sexo masculino, e os meninos nas escolas do sexo feminino. § 2º Os menores de cinco annos de idade. § 3º Os que padecem de molestia contagiosa. § 4º Os escravos. [...]" (ITAÚNA, 1869, p. 13).

[32]Certamente a luta pelo prestígio estava em jogo, pois uma grande parte dos políticos, em especial os da área rural, tinham formação cultural precária. Como exemplo: "Na Câmara dos Deputados, José de Alencar sofreu os mais violentos sarcasmos por ser romancista, sobretudo por parte de Zacarias de Góes e Vasconcelos" (MACHADO, 2001, p. 171). "A atitude deste último, apelidando José de Alencar de 'Fanadinho' é coisa que, além de não ter graça, só pode ressaltar a distância que ia do romancista para o velho político baiano." (BROCA, 1991, p. 26). Sobre o poeta e médico Luís Delfino, Ubiratan Machado cita que: "Uma bela noite, o poeta recitou em público, em um sarau do Grêmio Literário Português. A colônia em peso estava na festa. Um escândalo. Como confiar no diagnóstico de um médico que fazia versos e ainda por cima ia recitá-los em público, como um ator qualquer? A debandada foi geral. Da noite para o dia, os pacientes sumiram" (MACHADO, 2001, p. 171).

casos. Um trabalho como o de jornalista seria outra maneira alternativa para se manter a liberdade de criação artística e certa respeitabilidade social, pois um escritor da imprensa chegava a ser temido, em especial pelos políticos.

O monarca, não obstante, era um admirador e incentivador dos artistas e da vida intelectual da corte. A geração romântica conheceu seus préstimos:

> O mecenato de D. Pedro II era exercido por meio de bolsas de estudos, edições de livros e subsídios. Difícil determinar o número de beneficiados, nos mais diversos ofícios. Ofereceu subsídios ao editor Paula Brito, assim como à revista *Guanabara*, de Gonçalves Dias, financiou viagens de estudo de dezenas de escritores, pintores e músicos, concedeu pensões especiais, algumas vitalícias, como a que recebia a poetisa gaúcha Delfina Benegna da Cunha. (MACHADO, 2001, p. 99, grifo do autor)

O envolvimento de D. Pedro II na vida intelectual e artística do Rio de Janeiro chegou a ser de importância fundamental. Para o Instituto Histórico e Geográfico Brasileiro, com o título de protetor, ele chegou a presidir 506 sessões, garantindo apoio material e prestígio à entidade. A partir da metade do século, o monarca envolve-se mais diretamente com os literatos, através da promoção de saraus no paço. Apesar desse envolvimento, do ponto de vista pessoal, soube manter a distância, entabulando amizade com raros escritores, pois seu apoio visava também à estabilidade das relações sociais e não à rebeldia romântica. O imperador granjeou a simpatia do meio intelectual,[33] embora no seio do povo pobre imperasse o ceticismo diante daquelas demonstrações paternalistas que incluíam diversos tipos de condecoração. A gratidão ao poder imperial ia sendo construída entre os intelectuais, cooptando-lhes o senso crítico.

O escritor teve seu estrelato nos salões, nos quais buscava o reconhecimento público imediato, apresentando, em contrapartida, a sua produção afinada com o gosto da clientela, procurando, assim, atender às expectativas. Como a consideração pelo escritor não se revestia de seu reconhecimento profissional, pois nem sequer se cogitava da propriedade intelectual, incluindo nesse descaso textos de autores estrangeiros, ele era tido na maior parte dos salões como um elemento decorativo de uma sociedade calcada sobre a violência escravista e a miséria da maioria da população livre, sociedade que buscava seus nichos de prazeres mundanos. É pelo viés laudatório e patriótico que a literatura da primeira metade do século XIX vai buscar seu

---

[33] A atenção do imperador para com os escritores era retribuída com os devidos salamaleques literários, pois "quase todos os grandes e pequenos nomes da literatura romântica dedicaram poesias ou louvores em prosa ao monarca" (MACHADO, 2001, p. 95).

modo de adequação ao ambiente dos salões e abrir caminho para outros espaços de convivência social, chegando mesmo a atingir as ruas. A teatralidade dos declamadores os conduzirá à arte da representação e à tribuna política. Quanto às temáticas, os escritores procurarão fugir dos conflitos mais intestinos da nação. Contradições estruturais serão relegadas, na primeira metade daquele século, ao segundo plano. É com os românticos, contudo, que será formado um público para a literatura, composto em sua maioria de mulheres e estudantes, apesar de a oposição conservadora ver nos livros de poesia e prosa literária um risco à moralidade da família patriarcal. No ambiente destituído de atrativos mundanos, o livro e, sobretudo, o folhetim românticos constituíram os primeiros passos para o incentivo à leitura, que era muitas vezes feita para uma audiência coletiva.

Além dos salões, escritores românticos criaram o hábito de reunirem-se em livrarias. Na metade do século, a cidade do Rio de Janeiro possuía quinze, que não vendiam apenas livros, sendo nem sempre o item mais importante. O preço do exemplar era elevado, e as tiragens, mínimas.

É nas décadas de 60 e 70 que, através da atividade profissional do editor e livreiro Baptiste Louis Garnier, autores brasileiros passam a receber os primeiros direitos autorais, apesar de continuar a declamação um importante veículo de difusão da poesia e a "inflação de poetas" permanecer em alta, sobretudo no meio estudantil.[34] O grupo de escritores a atingir direitos autorais será, contudo, extremamente reduzido. A maioria ficará restrita às páginas dos jornais e às manifestações da oralidade, quando não se aventuravam em alguma publicação particular, para as quais até os escravizados eram usados na comercialização de exemplares.

Quanto à oralidade, no Romantismo surgiram os desafios entre poetas, inclusive os repentistas. A popularização da poesia implicou o uso do acróstico, da paródia, do poema-charada, da sátira, do bestialógico, do poema obsceno e de outras formas e temáticas que dinamizavam a aproximação com o público.

Os salões, ainda que permeados de futilidades,[35] serviram como uma instância de legitimação do escritor brasileiro do período, além de cumprir

---

[34] Forma de obter notoriedade e manifestar galanteio, a poesia era uma atividade dos jovens: "Sem receio de exagero, podemos afirmar que os autores de 80% dos livros de poesia, publicados durante o romantismo, estavam na faixa dos 18 aos 25 anos" (MACHADO, 2001, p. 105).

[35] Tobias Barreto, da cidade de Escada, interior da província de Pernambuco, escreveria: "O canto, a dança, a maledicência, o jogo são ainda, por ora, as únicas ou pelo menos as preocupações preponderantes do salonismo brasileiro. O que entre nós se conserva é somente por amor da própria conversação que deste modo, como alvo em si mesma, não como meio de um fim superior, torna-se puro ruído e fumaça inútil" (*apud* MACHADO, 2001, p. 133).

também sua função social, destacando aí a presença da mulher das elites e das camadas médias, que se serviu de tais reuniões para dar os primeiros passos em busca de sua emancipação, pois, reduzida ao estado servil, tinha, para alcançar a leitura e a escrita, de romper os tabus e as proibições do estatuto patriarcal da família. "E até o fim do século discutia-se a oportunidade ou a inoportunidade das mulheres na Literatura, incorrendo frequentemente na acusação de rebeldia, de condenável independência às que teimavam em escrever nos jornais ou publicar livros" (BROCA, 1991, p. 39). As fugas, em nome do arrebatamento amoroso, constituem a radicalização feminina que, certamente, carreava outras tantas necessidades de busca de liberdade. No campo estritamente das letras, as dificuldades não foram poucas. A feminista Nísia Floresta Brasileira Augusta, que propugnava também pela Abolição da Escravatura e pela República, já em 1840, foi motivo de grande escândalo no Rio de Janeiro. Contudo, só em 1850 que a mineira Beatriz Brandão, já com 60 anos, consegue publicar seus trabalhos. E ainda assim teve seu nome vetado para se tornar membro do Instituto Histórico e Geográfico Brasileiro. Outras viriam em sua esteira, como Joaquina Paula Manso de Noronha, editora do *Jornal de Senhoras*, no Rio de Janeiro, em 1852, Violante de Bicar, redatora do mesmo periódico, Maria Ribeiro, autora de *Gabriela*, primeira peça a ser encenada, de autoria de uma mulher, que também se destacou por combater os preconceitos machistas. É de ser destacar também Narcisa Amália, a primeira profissional de imprensa (MACHADO, 2001, p. 260-261).

Os salões também desempenharam sua função no campo da política[36] e das relações amorosas, oportunizando os flertes e inspirando temas para a literatura. Pode-se dizer que os salões inspiraram outros espaços e, através da convivência entre os estudantes, a própria vida boêmia. Nesta, os românticos conseguiram revitalizar a música popular. Poetas do período, como Bernardo Guimarães, Tobias Barreto, Laurindo Rabelo e outros intelectuais como Paula Brito dedicaram-se também à divulgação e composição de modinhas, lundus e polcas. A partir desse movimento, surgiram importantes nomes na música, como Xisto Bahia, e foram popularizados diversos instrumentos como o piano, o violão, a flauta e o cavaquinho, os três últimos a princípio pouco considerados, pois eram característicos da boêmia, mas que paulatinamente

---

[36] Outras necessidades sociais, além da ostentação, exigiam um ambiente amistoso, assim: "Os salões do Segundo Reinado exerceram esse grande papel de moderadores do canibalismo das facções, e não poucas vezes favoreceram, dentro dos partidos, as conciliações, prevenindo rompimentos, cicatrizando dissidências, mantendo a unidade disciplinada dos grandes corpos políticos, sem a qual não era possível o regime representativo parlamentar" (PINHO, [1970], p. 12).

foram adentrando os lares e recebendo respeitabilidade social. É também o tempo da expansão do canto lírico e da serenata. As associações literárias e aquelas com outras finalidades foram bastante impulsionadas pelos românticos. As exclusivamente literárias tiveram grande desenvolvimento a partir da década de 40 do século XIX, nos grandes centros urbanos, criadas por estudantes, como se deu em São Paulo, mas nem sempre, como ocorreu na corte, onde o perfil dos fundadores era outro.

Um aspecto importante do período romântico, que vai influenciar profundamente a cultura literária brasileira, será a polêmica. Ela delineará o nascimento e o desenvolvimento da crítica, como também influenciará na receptividade das obras:

> Ciúmes, inveja, mas, sobretudo, melindres feridos, foram os principais pretextos para polêmicas. Os românticos tinham a epiderme fina. Qualquer restrição, mesmo entre elogios rasgados, provocava mal-estar. A crítica era identificada com despeito, mesquinharia ou apenas estupidez, como Castro Alves classifica a análise de um de seus poemas, empreendida por alguém que se assinava Túlio. (MACHADO, 2001, p. 247)

O comprometimento ideológico dos tais polemistas (nem sempre fácil de detectar) é um aspecto importante a ser considerado. Um exemplo disso foi a crítica ferrenha do escravocrata José de Alencar ao livro *Vítimas algozes*, de Joaquim Manuel de Macedo, que, discutindo os males da escravidão, apesar de seu viés racista, atribuía aos escravizados a ação da maldade arquitetada, comportamento resultante do próprio escravismo. O potencial destrutivo dos escravizados de Macedo se, por um lado, os faz quase caricaturas do mal, por outro os humaniza, atribuindo-lhes sentimentos diversos, que os habitam e acionam a capacidade de planejar a destruição do opressor. Eram personagens, neste aspecto, superdimensionadas se compararmos com as personagens das peças *O demônio familiar* e *Mãe*, de Alencar. Além do mais, Macedo declarava-se abolicionista e, portanto, Alencar era seu oposto.

Já aí se vai formando o componente racista da recepção literária. O tema da escravidão, além de econômico, abriga os conflitos atinentes às ilusões sobre as características das "raças".

Nos salões de maior prestígio da época, o escritor deverá atender à expectativa de apresentação. Nenhuma tabuleta na porta, mas nas mentes longe a ideia de um literato com evidentes traços africanos fazer parte do convívio. Afinal, o prestígio de escritor era um trunfo para a ascensão social, que, por sua vez, guardava barreiras de preconceitos.

Ainda que, no Primeiro e no Segundo Impérios, os salões tenham sido, na maior parte, não propriamente literários (BROCA, 1960, p. 24), serviram para permitir a convivência das elites, possibilitar-lhes os contatos que aparassem as arestas das disputas políticas e das vaidades. Neles, o literato faria cena no capítulo destas últimas, pois trazia, como atributo, a aura do conhecimento e a bênção das musas.

Além do convívio dos salões como um ambiente de promoção e autopromoção para os escritores, entre os avanços sociais que os valorizaram, a imprensa no Brasil foi o mais significativo. Apesar do caráter oficial da Imprensa Régia, em 1808, já naquele mesmo ano, mas alguns meses antes, em Londres, Hipólito José da Silva fazia circular o *Correio Braziliense*, sugerindo o desejo acalentado pelos brasileiros de escreverem as próprias ideias e consolidarem o sonho de emancipação política. O século XIX viu nascer e desaparecer centenas de órgãos de imprensa escrita que, além de permitirem um contato abrangente de escritores com o público, possibilitaram, nas últimas décadas dos Oitocentos, o surgimento do profissional das letras. E os que ficaram na periferia do profissionalismo, ainda assim puderam contar com a divulgação de suas obras, através da crítica nascente e da publicação esporádica. Mas isso já no período em que o prestígio do trono estará em decadência, e o movimento abolicionista arrebatará as multidões, levando em seu bojo o projeto republicano.

Ainda na época romântica, a recusa íntima, por parte dos brancos, de reconhecer a humanidade dos africanos e seus descendentes é muito forte. Não somente pelo fato da ameaça de a abolição quebrar o sistema econômico escravista e causar prejuízos diretos na vida cotidiana e as revoltas ameaçarem a integridade física dos brancos. O racismo circulava pelas artérias e veias culturais, incluindo a literatura, e já havia gerado aversões intestinais, atitudes de muita violência, e concepções acerca de quem era o africano e seus descendentes, que de tão negativas tornar-se-iam manifestações defensivas arraigadas nas relações sociais. Até no âmbito da saúde pública, como, por exemplo, no primeiro surto da febre amarela, em 1850, e o segundo, em 1870, a atribuição da doença aos homens e mulheres trazidos da África[37] foi um fator de acirramento dos ânimos contra a população escravizada e seus descendentes.

---

[37] Culpabilizar o africano e sua descendência pelas mazelas do País vai se constituir uma das formas de esteriotipá-los. Com relação à febre amarela, Sidney Chalhoub esclarece: "Na verdade, como os africanos e seus descendentes sofriam a doença com menor gravidade, e considerando que a maioria dos escravos da capital nesse momento havia nascido na África, os doutores logo chegaram à hipótese de que os africanos resistiam melhor ao flagelo por terem se aclimatado a ele em suas regiões de origem. Em outras palavras, os africanos

Pele, escrita e enfrentamento

Um dos primeiros autores negros a encarar a recusa racista foi Luiz Gama (1830-1882). Com apenas um livro (*Trovas burlescas de Getulino*, 1859), o filho de Luiza Mahin dirigiu por diversas vezes os seus versos satíricos contra a opressão racial, não poupando o mulato, desnudando a discriminação e seu processo escalonado,[38] sem deixar de apontar para sua contrapartida genérica, a discriminação de classe, como no poema "Sortimento de Gorras para a Gente de Grande Tom":

> Se os *nobres* d'esta terra, empanturrados,
> Em Guiné têm parentes enterrados;
> E, cedendo à prosápia, ou duros vícios,
> Esquecem os negrinhos seus patrícios;
> Se mulatos de cor esbranquiçada,
> Já se julgam de origem refinada,
> E, curvos à mania que os domina,
> Desprezam a *vovó* que é preta-mina:
> Não te espantes, ó Leitor, da novidade,
> Pois que tudo no Brasil é raridade!
> (GAMA, 2000, p. 18, grifo do autor)

Esse autor, zeloso de suas origens africanas, assume atitude importante que imprimirá uma marca positiva no tocante àquele desconforto da maioria dos autores brancos para lidar com a presença africana na vida brasileira: o "eu" lírico negro. Nos versos acima, desprezar é o verbo usado por Luiz Gama. Recusar, rejeitar, não levar em conta, não incluir no cômputo, tais noções fazem parte da sinonímia de origem colonial em relação ao trabalhador escravizado.

---

poderiam ser excelentes portadores e transmissores da febre amarela, estando, contudo, protegidos de achaques mais sérios por possuírem alguma experiência prévia com a doença. É claro que essas reflexões pressupunham a possibilidade de a doença ser transmitida segundo o paradigma médico do contágio" (CHALHOUB, 1996, p. 75).

[38] A busca de aproximação com o padrão branco, feito excelência, atingirá os diversos níveis e campos de atividade na sociedade brasileira. Nos período pós-Abolição, "as relações entre brancos, negros e mestiços ressentiam-se da influência da escravidão. A ascensão social foi sempre mais fácil para o mulato do que para o negro. Quanto mais clara sua pele, quanto menos estigmatizado pelas características raciais, tanto mais fácil seria sua ascensão social. [...] Durante a vigência da escravatura, no entanto, o liberto seria frequentemente confundido com o cativo. Às vezes, até mesmo a lei o discriminava" (COSTA, 1999, p. 247). Lima Barreto, em carta de 4/1/1919 a Monteiro Lobato, diz acerca do também mulato João do Rio e do disfarce da identidade deste: "Por falar em semelhante paquiderme... Eu tenho notícias de que ele já não se tem na conta de homem de letras, senão para arranjar propinas com os ministros e presidentes de Estado ou senão para receber sorrisos das moças botafoganas daqui – muitas das quais, como ele, escondem a mãe ou o pai. É por causa dessa covardia idiota que 'essa coisa' não acaba..." (BARRETO, COap2, 1956, p. 56).

Da primeira Constituição, passando pela Lei Áurea, a literatura árcade, a prosa romântica até a mídia atual, a técnica da invisibilização funciona associada a uma fala de entrelinhas e entredentes, que atribui negatividade para realimentar uma positividade que, de tão prepotente, chegou a se pretender ciência, com pouca contestação, até a Segunda Guerra Mundial.

Luiz Gama, assim, antecede Cruz e Sousa naquele aspecto de revelar sua subjetividade enquanto negro. A história do "Orfeu da Carapinha"[39] – como ele próprio se intitulava – é a daqueles que, no tocante à leitura e à escrita, se tornaram ousados e rebeldes.[40] Apesar disso, entretanto, foi obrigado a trilhar o fio da navalha constituído pelos limites estabelecidos para um liberto e, enquanto escritor, estar consciente de que escrevia para um público branco, nas piores condições de publicação. Dependia sempre do apadrinhamento, do beneplácito ou da tolerância de pessoas com quem mantinha relações, diante das quais era tido como pertencente ao grupo de deficientes históricos, sendo dele uma exceção.[41] Mesmo atingindo o respeito de um determinado grupo de amigos conquistados, a estratégia de não aprofundar a identidade racial em seus escritos, mas deixá-la ocasional, obedecia não apenas à personalidade aberta do autor em busca de novos e variados temas, mas também, e, sobretudo, ao fato de que escrevia para brancos, sem nenhuma perspectiva de um leitor capaz de ser receptivo ao seu mergulho na atmosfera densa de sofrimentos que os escravizados viviam, incluindo a experiência do próprio autor, que vivenciou o cativeiro dos 10 aos 18 anos de idade. A tensão entre a vivência e a reduzida possibilidade de transfigurá-la em literatura, em face da recepção adversa, certamente operou profundamente na perspectiva literária de Luiz Gama. Sabia que a temática advinda das experiências negro-brasileiras, por um negro brasileiro, não só não encontraria guarida nos meios literários, como também poderia barrar-lhe ainda mais o caminho das ideias e a participação político-social. Um livro, com pseudônimo de Getulino, e não mais veleidades literárias! O fato de Luiz Gama ser comedido em sua

---

[39] Luiz Gama no poema "Lá vai verso", assim se expressa: "Quero que o mundo me encarando veja, / Um retumbante *Orfeu da carapinha,* / Que a Lira desprezando, por mesquinha, / Ao som decanta da Marimba augusta" (GAMA, 2000, p. 11, grifo do autor).

[40] Essa posição singular de Luiz Gama é realçada por Ligia Ferreira: "No momento em que o negro-escravo começava a despontar como tema na poesia ou no romance, Gama fincaria uma voz diferenciada, a do 'negro-autor', até então ausente na literatura brasileira, antecipando-se a Cruz e Sousa e Lima Barreto" (FERREIRA, 2000, p. XV).

[41] Sartre, quase um século depois, em outro contexto, ao abordar a ambiguidade do autor negro de escrever para um público majoritariamente branco, baseando-se na obra de Richard Wright, observa: "Mas, qualquer que seja a boa vontade dos leitores brancos, estes representam o *Outro* para um autor negro. Não viveram o que ele viveu, não podem compreender a condição dos negros senão no limite de um esforço extremo e apoiando-se em analogias que a cada instante correm o risco de traí-los" (SARTRE, 1999, p. 64, grifo do autor).

abordagem da temática racial, por conta da expectativa do público leitor, estender-se-ia a outros escritores até nossos dias, quando ainda, em atitude defensiva, pesquisadores e críticos literários brandem a palmatória – quando não o ferro em brasa – para impingir-lhes a pecha de ressentidos contra os brancos, definindo assim a desvalorização artística pelo viés de um suposto racismo às avessas. A representação literária realizada por autores negros estará, desta forma, comprometida desde o seu nascedouro por uma necessidade de ser universal distanciando-se daquelas vivências, para atender ao olhar vigilante de seu público leitor e crítico, epidermicamente coeso e, neste aspecto, também ideologicamente. Haverá, pois, uma idealização na busca do universal pelo escritor negro-brasileiro. Aqui, a limitação, pelo entranhamento da ideologia racista, propõe que um texto terá características negras apenas quando se referir às mazelas da escravidão e do racismo, em atitudes choramingas ou denunciantes. O reducionismo semântico do termo "negro" e sua sinonímia estabelecida para com a palavra "escravo" impedirão que se reconheça na experiência negro-brasileira o universal, como se as vivências dos africanos e sua descendência no Brasil apontassem tão somente para um particularismo estreito e estéril. Embora o ser negro tenha extrapolado a noção racista, revelando sua dimensão de humanidade, a palavra "negro" continuou sendo remetida para a semântica dos estereótipos negativos. Pelo processo de polarização, negar o universal para o outro é preservá-lo para si. Neste caso, o branco é o universal. Os demais são singulares. Essa é a viga mestra da cultura ocidental, erguida pela invasão expansionista e escravista.

Para o segmento negro-brasileiro, em busca de emancipação de sua cidadania, à vista da condição oprimida, a conquista da escrita ganha o sentido de uma carência dramática, pois

> Em geral, a visão de mundo predominante em dada língua e em dada época pouco expressa do que se pode considerar a perspectiva de grupos sociais e classes sociais subalternos. Os subalternos, para se manifestarem e revelarem as suas visões alternativas ou não, precisam apropriar-se não só das formas mas também dos segredos da linguagem dominante. (IANNI, 2000, p. 249-250)

Retornando a Luiz Gama, pode-se dizer que, apesar de, em vários momentos de sua obra, ter construído uma poesia de afirmação do orgulho racial e crítica ao racismo, ele não fez poesia abolicionista que traduzisse a sua militância no mesmo sentido. Para tanto a sua sátira não serviu. Cabe indagar o que teria sido uma sátira abolicionista. O sentido trágico da escravidão talvez tivesse inibido tal vertente de surgir, tanto em Luiz Gama como em outros poetas.

Ainda assim, a recuperação, pelo teor de seu "eu" poético, da humanidade negro-brasileira foi fundamental para o processo da literatura nacional, encontrando em seguida um ponto alto na obra de Castro Alves. Entretanto, apesar de promover, em vários momentos de sua poesia, uma visão a partir do ponto de vista do escravizado mesmo idealizando-o, Castro Alves era branco. Estava isento da vigilância dirigida contra o ex-escravizado que utilizava a escrita como arma de ataque e defesa. Gama, por sua vez, exercendo a sua atividade intelectual de escritor durante o Segundo Império por meio, principalmente, da imprensa, foi um crítico mordaz daquele regime, satirizando diversos aspectos do cotidiano da sociedade dominante. E só o foi porque a tolerância à linguagem escrita já evoluíra com o progresso da sociedade brasileira, da qual vários setores estavam empenhados na busca de sua autodeterminação cultural e política.

Pretensões de realidade

Quando Cruz e Sousa inicia sua trajetória de autor de livros, em 1885, com a publicação de *Tropos e Fantasias*, em colaboração com Virgílio Várzea, o Realismo e o Naturalismo já haviam nas letras tentado despertar o gigante das contradições raciais, por exemplo, por meio dos irmãos Azevedo – Aluísio, através dos romances *O mulato* (1881) e *Casa de pensão* (1884), e Artur, com a peça *O liberato* (1881). A reação já vinha de bem antes, com as críticas àquelas correntes. "Desde 1859 que encontramos em jornais e revistas, do Rio e das províncias, catilinárias contra o Realismo, malsinados como uma escola de torpezas e imundícies" (BROCA, 1991, p. 63). Entretanto, é no final da década de 70, com a chegada de livros como *O primo Basílio*, de Eça de Queirós, de 1878, que a celeuma em torno da nova escola se instaura, agitando as páginas dos jornais. O "basilismo", como ficou conhecida a grande discussão sobre o livro, estender-se-á para as obras nacionais que assumissem os mesmos princípios.

É sob a égide do escândalo que as novas correntes se desenvolvem no Brasil. O propósito de desvendar os aspectos sórdidos da sociedade resulta em investigações, mesmo no campo do imaginário, acerca das conflituosas facetas das relações sociais envolvendo os diversos segmentos. E, nesse aspecto, o desnudamento da vida cotidiana dos pobres trará o grande debate em torno da moral e dos bons costumes, pois é a partir daí que o conflito de classe torna-se mais presente na literatura, ainda que os pobres fossem tão somente temas literários, objeto do discurso e não sujeitos, nem tampouco seus destinatários. Nesse ponto, cabe-nos indagar sobre quais as possibilidades de atuação se desenhariam para um autor originário das camadas mais pobres da população, incluindo nela a sua base: os escravizados. A censura contra esses autores, considerados intrusos das belas letras, é gerada pelo *modus vivendi* entre negros e brancos na história colonial e pós-colonial, traduzindo as tensões mais viscerais da luta abolicionista, em ascensão no final dos anos 70 e início dos anos 80 do século XIX. Se um abolicionista do porte de Joaquim Nabuco era contra o envolvimento dos escravizados no processo da própria libertação, em nome de um propósito legalista e de suposta proteção aos mesmos, no cotidiano as fugas se operavam, quilombolas incendiavam fazendas, matavam senhores. As restrições da vida brasileira expandiam seus tentáculos silenciosos em várias direções, por meio de um processo de cristalização de estereótipos que comporiam as várias formas de linchamento psicológico através da vergasta erigida, sobretudo, pela linguagem.[42]

A atividade literária, com seu pressuposto de acúmulo de conhecimento para um saber básico, o que implica meios disponíveis (tempo, acesso à informação e recursos para a sobrevivência) era (e continua sendo) um atributo de classe com recorte racial. As exceções confirmam a regra. Portanto, àqueles negros brasileiros que conseguiram furar o bloqueio inicial, restará a aventura de descobrir estratégias eficazes para adentrar e permanecer no mundo literário, onde também não faltarão as expectativas e as regras para melhor se conseguir o sucesso. A relação dos escritores com o público leitor e a crítica alterou-se muito pouco do tempo em que Luiz Gama lançou suas *Primeiras trovas burlescas* (1859)[43] até os debates sobre o Realismo em fins dos anos 70. Se houve a ampliação numérica de pessoas envolvidas com a literatura, o perfil de classe continuou o mesmo, e também a sua extração étnica. Portanto, adequar-se ao gosto dominante será a atitude mais coerente

---

[42] Analisando a discriminação na linguagem cotidiana, Edimilson de Almeida Pereira e Núbia Pereira de Magalhães Gomes observam: "A violência contra negros e seus descendentes é praticada de maneira ostensiva, mas o mecanismo que a promove se apresenta protegido por subterfúgios gerados na oficina da própria sociedade. Diante disso, o que se observa são os laços de conivência social com a discriminação, evidenciando a eficácia do terrorismo ideológico na elaboração dos discursos de segregação" (PEREIRA; GOMES, 2001, p. 130).

[43] Ligia Ferreira apresenta como hipótese que: "[...] *la première édition n'a problablement pas dépassé les 100-150 exemplaires. Cette suggestion se fonde sur au moins deux critères: d'une part, ce recueil de 130 pages fut publié aux frais d'un auteur débutant, donc inconnu, de surcroît aux ressources modestes; d'autre part, le public visé était, dans un premier temps, les seuls lecteurs de São Paulo*" (FERREIRA, 2001, p. 189-190). "[...] a primeira edição provavelmente não ultrapassou os 100 a 150 exemplares. Essa hipótese obedece pelo menos a dois critérios: por um lado, essa seleção de 130 páginas foi publicada às expensas de um autor estreante, portanto desconhecido, de recursos modestos, supõe-se; por outro lado, o público visado era a princípio somente os leitores de São Paulo" (tradução).

com as pretensões ascensionais que a literatura permitia vislumbrar. Entretanto, o clamor das contradições sociais e das correntes do pensamento europeu atuará nos escritores, suscitando, de forma geral, e em particular naqueles oriundos das camadas pobres e miseráveis da população, a necessidade de assumir posicionamento diante dos fatos. Por outro lado, a necessidade de sobrevivência em uma sociedade excludente será de um forte impulso na correlação de forças que atuarão no sentido de nortear a produção literária. Assumir a sintonia com as ideias renovadoras da época e pagar o caro tributo dessa atitude é também uma estratégia para situar-se entre a vanguarda que luta para definir os novos caminhos da valorização estética, sem correr os riscos de cair no vazio passadista. Com relação aos afrodescendentes, no tocante à temática, quanto mais descolar o seu texto de suas origens étnicas, melhor para se trilhar os caminhos da vida literária. Entretanto, o embate cotidiano nem sempre permitirá a omissão que abafe as tensões interiores por ele geradas. A possibilidade de inovação estética abrirá uma fresta por onde a psique poderá passar com seus tumultos. Contudo, a patologia social do racismo estará na ordem do dia, e sua reação, oriunda do medo das consequências da revolta do escravizado contra a manutenção dos privilégios, já tem pronta a sua prática: patologizar os negros. As teorias evolucionistas fornecerão os fundamentos daquela prática, garantindo sua eficiência, balizando os padrões de normalidade e também construindo o arcabouço de um ideário de nacionalidade.

A relativa estabilidade social do Segundo Império, no estrito campo das letras, não encontra poucas zonas de turbulência. O universo fluido da literatura, propício às permeações de ideias e princípios estéticos, nas duas últimas décadas imperiais, exibirá amiúde textos de extração híbrida. O adultério, por exemplo, enquanto tema da literatura romântica, continuará dando seus frutos no Realismo, com as cores e os detalhes mais sangrentos, até chegar à patologia naturalista. Assim, a ambiguidade dos escritores obedecerá a diversas variantes movidas pelo repuxo da Abolição e da República.

Brasilidade exclusiva de brancos

Se nação é um agrupamento humano, mais ou menos numeroso, cujos membros, geralmente fixados num território, são ligados por laços históricos, culturais, econômicos e/ou linguísticos, como o querem os dicionários, o Brasil que a maior parte dos intelectuais pretendeu fundar, na segunda metade do século XIX, era de um imaginário grotesco, pois se projetava no futuro como uma unidade territorial unicamente povoada por descendentes de europeus, sem a menor mescla de outras etnias, sobretudo as de origem africana.

A crítica literária do período, a sociologia e a antropologia, especialmente a etnologia, nascentes no Brasil acompanhavam a fundamentação racista europeia quase sempre para adaptá-la.

Roberto Ventura, comentando os pressupostos de dois dos mais renomados críticos do período, salienta: "[Silvio] Romero relacionou a formação da literatura brasileira ao cruzamento de raças e línguas. Já Araripe [Júnior] explicou os traços nacionais pelo impacto do meio sobre as formas européias" (VENTURA, 1991, p. 50).

As duas vertentes seguem pressupostos de que há raças. Entretanto, o "impacto" com o meio seria tão somente da população de origem europeia, o que explicaria os traços nacionais. Tantos os grupos étnicos autóctones quanto os de origem africana estariam completamente fora do processo de nacionalidade literária. Silvio, em particular, ao contemplar o "cruzamento", não disfarçaria a base de suas convicções:

> Sua teoria da mestiçagem e do branqueamento parte de uma combinação de pressupostos racistas (existência de diferenças étnicas inatas) e evolucionistas (lei da concorrência vital e do predomínio do mais apto). Previa que o elemento branco seria vitorioso na "luta entre as raças", devido à superioridade evolutiva, que garante seu predomínio no cruzamento. Prevê, assim, o total branqueamento da população brasileira, em três ou quatro séculos. (VENTURA, 1991, p. 51)

Outros, como João Batista Lacerda, eram mais apressados. No caso desse, o tempo que ele estimava para o desaparecimento de negros e mestiços era de um século. Ainda sobre a noção de mestiçagem defendida por Silvio Romero, Kabengele Munanga é enfático ao dizer que "a mestiçagem, no pensamento de Romero, representa apenas uma fase transitória e intermediária no pavimento da estrada que levaria a uma nação brasileira presumidamente branca" (MUNANGA, 1999, p. 53).

Mesmo com a noção de determinismo climático e, por outro lado, de ter criticado o racismo e o eugenismo, o crítico Araripe Júnior "atribuía valor psicológico às raças" (VENTURA, 1991, p. 91), o que faz crer tratar-se de mera transposição, de um plano para o outro, da ideia de hierarquização racial.

Assim, tal conceito de nação, embora não fosse unânime, considerando o número majoritário de intelectuais que a desposavam ou silenciavam diante dela, tornou-se dominante por longo tempo.

A situação de intelectuais como Silvio Romero era ambígua, pois suas ideias, ainda que comprometidas com a brasilidade, deixavam aflorar o que representavam: o poder agrário. Quando compelidos por ideias novas para o País, essas tinham sua procedência bem determinada:

> Inebriavam-se com a literatura européia, as modas européias, fossem elas filosóficas ou políticas. Nesse sentido, a cidade teria para eles um efeito alienador. Mesmo quando estavam cientes da distância que havia entre a teoria e a prática, entre cidade e campo, iam buscar nos modelos interpretativos europeus a explicação para o que lhes parecia a "anomalia" da realidade brasileira, encontrando nas teses racistas de Gobineau e Lapouge ou nas doutrinas deterministas de Ratzel a explicação que não eram capazes de encontrar na análise da realidade brasileira. (COSTA, 1999, p. 263)

Esse momento é de fundamental importância para a literatura, pois a sua caracterização identitária está sendo definida, uma vez que os intelectuais brasileiros, em sua maioria, "[...] estavam interessados na formulação de uma teoria do tipo étnico brasileiro, ou seja, na questão da definição do brasileiro enquanto povo e do Brasil como nação" (MUNANGA, 1999, p. 52).

Ainda que novas críticas ao racismo com pretensões científicas tenham surgido, o propósito de mantê-lo intacto não arrefeceu suas ações. Novas teorias foram acobertando-o para que a concepção de superioridade racial do branco não fosse colocada em xeque. Chegou-se, então, a considerar a miscigenação como um fator positivo para a nacionalidade. Ainda assim, essa vertente de pensamento, que foi encontrar seu ponto alto na obra de Gilberto Freyre, merece alertas, como o que nos apresenta Jacques d'Adesky:

> O ideal de branqueamento, que se apresenta por meio da miscigenação como um anti-racismo, revela na realidade um racismo profundamente heterófobo em relação ao negro. De fato, ele oculta uma integração distorcida, marcada por um racismo que pressupõe uma concepção evolucionista da caminhada necessária da humanidade em direção ao melhor, isto é, em direção a uma população branca, pelo menos na aparência. (D'ADESKY, 2001, p. 68)

Os fundamentos do pensamento racista brasileiro, baseados em Montesquieu (teoria climática e tipos de escravidão), Buffon (clima temperado e superioridade europeia), Cornelius De Pauw (ação climática e inferioridade racial), Gobineau (superioridade da raça ariana e efeitos degenerativos da miscigenação), e inspirados em outros (Kant – degradação da raça superior com o cruzamento com raças inferiores; Darwin – a sobrevivência dos mais aptos; Spencer – evolucionismo das sociedades humanas; Haeckel – evolucionismo biológico; Ratzel – relação de causa e efeito entre o meio ambiente e as realizações humanas), com sua carga depreciativa a respeito dos trópicos, geraram aparentemente, nos intelectuais brasileiros, a necessidade de banir as marcas do atraso do País, adaptando aquelas teorias. Diminuir a carga de negatividade, atribuída ao cruzamento entre os europeus, africanos e indígenas, era um fator importante, pois não se podia negar uma evidência: a miscigenação. Mas poder-se-ia atribuir-lhe um conteúdo que não só correspondesse a um sentido apaziguador para os brancos, mas que alijasse completamente os não brancos da nacionalidade futura. Daí que a miscigenação, um fato concreto, torna-se conclusão falsa, distorção e propósito de camuflar um projeto de genocídio. Na impossibilidade de alterar a natureza física e seus fatores climáticos, também carregados de aspectos negativos, procurou-se teoricamente a perspectiva de alteração da presença humana futura. A miscigenação – enquanto substrato ideológico – passou a projetar um país futuramente branco, e, segundo aquelas teses, superior etnicamente. Os segmentos sociais em luta por hegemonia econômica e política – a oligarquia agrária e a burguesia – viam no ex-escravizado um risco à ordem social, tanto pela reação contra a escravização que havia resultado em revoltas, formação de quilombos, assassinatos e destruição de propriedades rurais, quanto pelo seu potencial explosivo na área urbana, dada a sua condição de marginalidade social. Contudo, não se pode deixar de lado os aspectos subjetivos da ideologia racial do final do século XIX. Afinal,

> Um racista é, em geral, alguém dominado pelo medo, pelo ódio e pela insegurança, e não uma pessoa que, imparcialmente, chegou a certos juízos intelectuais sobre outras raças, e mesmo que os seus sentimentos não sejam *motivados* por tais juízos, é provável que estejam profundamente entrelaçados a estes [...]. (EAGLETON, 1997, p. 32, grifo do autor)

A prevenção contra os negros e os mulatos implicava atitudes pessoais e coletivas, particulares e institucionais, como foi o caso de todo o processo de destruição dos cortiços da cidade do Rio de Janeiro, a partir do último decênio do século XIX. Além da especulação imobiliária, o cortiço, no imaginário dos mais abastados e das camadas médias, aflorava a ideia de reprodução do quilombo no espaço urbano, com foros de liberdade e dificuldade de controle. Durante o regime escravista, cortiços serviram para acoitar escravizados fugidos, por intermédio da ação de solidariedade dos libertos. Após a Abolição, tornara-se, naquele imaginário, um barril de pólvora, por abrigar a população mais vilipendiada pela ordem social. O viés para a destruição foi a "ideologia da Higiene" (CHALHOUB, 1996, p. 36-46), que encarava tais moradias como foco de doenças, pela situação de promiscuidade em que viviam seus habitantes. Entretanto, os cortiços tiveram sua destruição determinada, além dos fatores anteriormente citados, pelo ideal de embranquecimento, que resultara no esforço de trazer imigrantes europeus para o Brasil. O fim daquelas moradias populares também atuaria no sentido de proteger os imigrantes contra as epidemias que mais os atingiam, em detrimento das que atingiam os ex-cativos, resultado de um direcionamento racial das políticas públicas: "A destruição dos cortiços fizera-se então indispensável, entre outras coisas, porque, na imaginação de políticos e higienistas do período, essas habitações estavam irremediavelmente associadas a imigrantes morrendo de febre amarela" (CHALHOUB, 1996, p. 90). O mesmo autor destaca que tal preocupação não existia quando se tratava de proteger a população negro-brasileira que era atingida por outras doenças, sem que nesse aspecto fossem tomadas medidas saneadoras. O ideário racista permeava, dessa forma, a sociedade no seu complexo de relações e atividades, nem sempre fácil de ser identificado. E contava com o apoio dos recém-chegados imigrantes, imbuídos de sua superioridade, e os "brancos" brasileiros, interessados por afastar a ameaça social e fantasmagórica do escravizado (ou ex), e superar o complexo de inferioridade em face das nações europeias. No específico campo da saúde pública, nem sempre as práticas e os discursos revelavam as intenções. Assim, torna-se importante a advertência de Sidney Chalhoub:

> O verdadeiro desafio para o estudioso da ideologia racial no Brasil, entretanto, é reconhecer que a aparente ausência de uma terminologia racial elaborada não significa a ausência de significados raciais. Conforme nos aproximamos do fim do século XIX, torna-se cada vez mais óbvio que o pensamento médico e as políticas de saúde pública no Brasil estavam profundamente informados por uma ideologia racial bastante precisa: ao menos no Rio de Janeiro e em São Paulo, tratava-se de promover o ideal de embranquecimento da população. Todos os esforços e recursos foram dirigidos à febre amarela, enquanto doenças como a tuberculose e a varíola, ambas normalmente associadas a mestiços e pobreza, eram quase completamente negligenciadas. [...] ao combater a febre amarela e negligenciar as doenças que flagelavam a população negra, os doutores, na realidade, procuravam *mudar o ambiente com o intuito de auxiliar a natureza*. E o trabalho da natureza, coadjuvada pela imigração e pela miscigenação, era a eliminação paulatina da herança africana – isto é, a herança da "raça inferior" – presente na sociedade brasileira. (CHALHOUB, 1996, p. 94-95, grifo do autor)

No campo das artes, a complexidade de se detectar o pensamento racista aumenta, já que a ambiguidade e a polissemia favorecem a possibilidade de uma dissimulação maior de seus pressupostos. Na literatura, interessa-nos a formação da crítica e a expectativa do público leitor.

Uma das principais fontes que serviriam para inspirar a projeção racista no campo da literatura seria o conjunto das duas obras do francês Ferdinand Denis: *Cenas da natureza sob os trópicos* (1824) e *Resumo da história literária do Brasil* (1826). Ainda que defendesse a busca de uma autenticidade para a literatura brasileira, Denis estava convicto da indolência provocada pelos trópicos. Contudo, imaginava que tal influência climática levava a uma propensão meditativa e excessos de imaginação. Para a intelectualidade brasileira, tais excessos seriam associados às formas expansivas de manifestação cultural de origem africana, mormente no que se refere à música percussiva e às danças. A busca de autenticidade foi o grande estímulo das ideias de Denis. Na natureza, estaria a fonte da qual os escritores deveriam beber. Quanto aos habitantes, foi realçada a figura do indígena. Na mesma linha, seguira Ferdinand Wolf com a obra *O Brasil literário. História da literatura brasileira*, escrita em Viena, graças às informações de Gonçalves de Magalhães e Araújo Porto Alegre. O silêncio – quanto à população de origem africana – foi sintomático e deitou raízes no comportamento dos brancos. Até que o surgimento do Romantismo, do Realismo e do Naturalismo, no propósito de expressar a realidade social, dela extraísse conclusões apropriadas às adaptações das teses racistas, que contavam com importantes defensores.

> As teorias racistas se ligaram aos interesses dos grupos letrados de se diferenciarem da massa popular, cujas formas de cultura e religião eram depreciadas como atávicas, atrasadas ou degeneradas. A teoria racista não exprimiu, portanto, apenas interesses colonialistas e imperialistas, já que se articulava aos interesses de grupos nacionais identificados à modernidade ocidental. O racismo e o liberalismo foram redefinidos no Brasil [...]. (VENTURA, 1991, p. 58-59)

Quando a crítica naturalista brande suas polêmicas e valorizações, seus pressupostos estavam solidamente fincados na teoria de Taine, que preconizava os três fatores fundamentais para se apreciar a literatura: a raça, o meio e o momento. Assim:

> A crítica naturalista aborda o texto como reflexo de condições sociais e naturais e estabelece, como critério de valor, a *correspondência entre ambos*. As obras literárias são tomadas como 'documentos' que revelam a psicologia de um século ou raça, ao representar a sociedade e a natureza que as produziram. (VENTURA, 1991, p. 89, grifo do autor)

Se o texto é representação fiel, mecânica, da realidade, não deixará de expressar, explícita ou implicitamente, interpretação acerca dessa realidade. Ou seja, a realidade é, mas o artista não deixa de propor as razões de ela assim o ser. O empenho predominante de construir a nacionalidade implicará um estreitamento, contraditório, da própria realidade, pois: "Esta *visão* tem, como toda construção ideológica, a função de legitimar uma sociedade homogênea, harmoniosa e una que, como tal, não tem existência real" (CARA, 1983, p. 6, grifo da autora). O pluralismo encontrará, assim, uma restrição na rede de ideias que foi sendo estabelecida para o esboço de nacionalidade. O conceito de realidade era forjado no intuito da missão de se representar um desejo, uma expectativa da classe que dominava o país e pretendia continuar dominando, uma expectativa que também projetava a ideia de nação para o exterior e precisava, assim, aproximar-se ao máximo do que havia sido imposto como padrão de civilização.

Naquele contexto de formulações ideológicas, se negros e mestiços eram marginalizados e ridicularizados é porque eles eram marginais e ridículos. E assim o seriam porque eram inferiores. Os que se opuseram a tais inferências atuaram na contramão da história literária e, portanto, receberam o tratamento mais apropriado: a exclusão através da crítica negativa pessoal ou à obra. Daí, a importância de tratarmos dos aspectos mais gerais acerca da expectativa da crítica e do público, em seu viés racista, para com o autor e a obra.

Autor para que te quero

Intermediando obra e público, tendo como tarefa a função de educar este último[44] e promover ou banir aquela, a crítica literária não se esquece do autor. A figura desse, no contexto em que os críticos majoritariamente estão imbuídos da missão de contribuir para a construção da nacionalidade – o que implicava patriotismo e didatismo –, será considerada com base em tais pressupostos que incluíam, por sua vez, a noção de hierarquia racial, com toda a gama de seus pré-conceitos fenotípicos. A figura do autor, portanto, exercerá seu papel para os sentidos de recepção de sua obra.

---

[44] Como frisou Coelho Neto no *Momento Literário*: "O público é um animal que se educa" (RIO, [1905], p. 60). Há que se considerar que a pretensão de explicar a obra literária constituiu um traço de época, não caracterizando apenas a crítica brasileira. Quanto ao papel do crítico: "No século XIX, ele tinha a importante função de mediar entre a obra e o público, à medida que interpretava o sentido da obra de arte para o seu público, como orientação para vida" (ISER, 1996, p. 27).

Aos tidos como não brancos, a preocupação será específica, para apagar ou amenizar sua referência racial ou, então, para firmá-la, o que também contará com a participação dos próprios autores.[45] O fenótipo do autor, portanto, implicará inferências críticas.

Por outro lado, a situação econômica do escritor, a sua influência social e política também interferirão na maneira como sua obra será recepcionada, bem como sua figura será projetada como profissional das letras.

Um autor negro ou mestiço será encarado como alguém investido de uma pressuposta inferioridade. Se escrever, no período considerado, é um ato intelectual prestigiado nos salões e na imprensa, como compreender que um ser inferior seja capaz de realizá-lo? Vai-se à obra, na expectativa de lá encontrar as marcas da inferioridade, do atavismo que não permite o escape do que determina a natureza humana para além dos saberes que se possa adquirir. Mas, se pelo contrário a obra resistir em sua conformação estrutural, há que se buscar a inferioridade nos meandros do estilo. E, ainda, se o negro e o mestiço são seres destinados a desaparecer para o bem da nação, como rezava a cartilha ideológica, como aceitar que apareçam como literatos? Considerá-los exceção, contudo, pode ser uma forma de confirmar a regra. Entretanto, se enquanto exceção, além de dificultarem com seus discursos o encontro dos indícios de sua inferioridade, atentarem contra a tese dominante da hierarquização racial, ter-se-á que converter os espíritos rebeldes em um caso de patologia, pois, ao oprimido, a aceitação de que é inferior "naturalmente" pode assegurar-lhe uma tolerância adicional, desde que saiba comportar-se enquanto ausência, e não presença, naquilo que produz. O inverso significará que está propondo ser a realidade outra e não aquela proposta pela visão dominante. Além disso, estará deixando de ser objeto para ser sujeito do discurso e fazer, do sujeito que o tem como objeto, objeto de seu discurso. Tal inversão torna-se insuportável. Há que se usar os vários artifícios de banimento de rebeldes que a isso se aventurarem. E eles que se resolvam ante o isolamento e a consequente crise que ele é capaz de gerar, pela falta de reconhecimento que os há de afetar seriamente

---

[45] Significativa, por exemplo, a defesa de Joaquim Nabuco que: "[...] em carta a José Veríssimo, protestava contra o fato de se chamar Machado de Assis de mulato, dizendo: 'A palavra não é literária, é pejorativa, basta ver-lhe a etimologia. De mais, o ser mulato em nada afetava sua caracterização caucásica. Eu pelo menos vi nele o grego" (BROCA, 1960, p. 106). Também, "O próprio Tobias Barreto, já em 1862, declarava: 'Sou grego, pequeno e forte'" (BROCA, 1960, p. 106). Cruz e Sousa, em carta a Virgílio Várzea dizia sobre si mesmo ser um "pobre artista ariano, ariano sim porque adquiri, por adoção sistemática, as qualidades altas desta grande raça [...]" (SOUSA, 2000, p. 822). Lima Barreto, por sua vez, exclamaria, em seu *Diário Íntimo*: "É triste não ser branco" (BARRETO, 1956, p. 130).

na luta pela sobrevivência material e na construção de sua autoestima e identidade artística.

Acrescente-se ainda que, enquanto tipo racial, pela influência africana, o brasileiro vai sendo caracterizado como "feio". Se o ideal é o fenótipo ariano, a própria constatação de um escritor negro ou mestiço impõe o dilema de o "feio" ser capaz de criar o belo. Um trecho de carta de Monteiro Lobato, já de 1908, a Godofredo Rangel serve para se avaliar o quanto a imagem do escritor negro-brasileiro era também um signo antagônico ao que a crítica e o público leitor acalentavam como expectativa de um literato:

> Estive uns dias no Rio. Que contra-Grécia é o Rio! O mulatismo dizem que traz dessoramento do caráter. Dizem que a mestiçagem liquefaz essa cristalização racial que é o caráter e dá uns produtos instáveis. Isso no moral – e no físico, que feiúra! Num desfile, à tarde, pela horrível Rua Marechal Floriano, da gente que volta para os subúrbios, perpassam todas as degenerescências, todas as formas e más formas humanas – todas, menos a normal. Os negros da África, caçados a tiro e trazidos à força para a escravidão, vingaram-se do português da maneira mais terrível – amulatando-o e liquefazendo-o, dando aquela coisa residual que vem dos subúrbios pela manhã e reflui para os subúrbios à tarde. [...] Como concertar essa gente? Como sermos gente no concerto dos povos? Que problemas terríveis o pobre negro da África nos criou aqui na sua inconsciente vingança!... Talvez a salvação venha de São Paulo e outras zonas que intensamente se injetam de sangue europeu. (BROCA, 1960, p. 107)

Diante de semelhante apreciação estética do tipo popular brasileiro e da responsabilidade do africano na destruição da beleza física do europeu (a forma "normal" a que alude Lobato), referida no caso como o português, podemos avaliar o que significou a vida literária no Rio de Janeiro para Cruz e Sousa e Lima Barreto e o quanto suas imagens estavam preconcebidas de forma aviltante na mentalidade que reinava. A expressão "dizem", no trecho citado, exemplifica o quanto as teorias racistas estavam popularizadas.

A ojeriza aos traços étnicos do autor afrodescendente compunha, na crítica do período, a tendência prévia e negativa da crítica. Além da origem de classe da maioria dos críticos, o que enseja o potencial de uma propensão, já que eles estavam ligados aos estratos oligárquico-agrário e burguês, o cientificismo positivista impunha um arsenal de "racionalizações limitadoras" (CARA, 1983, p. 29), que raramente possibilitavam que se distinguisse a análise do texto literário daquela relativa ao projeto racista de nação, pois aquele deveria estar em função deste. Assim, o fenótipo do autor afrodescendente, sendo um dado (incômodo, como já vimos) da realidade, trazia implicações para o trabalho da crítica. Acreditava-se que seus traços raciais, de uma maneira ou de outra, determinariam traços estilísticos, pois corresponderiam à herança psíquica destoante do padrão tido como o de normalidade. Mesmo divergindo quanto à influência, maior ou menor na formação da nacionalidade, do indígena ou do negro, Araripe Júnior, Silvio Romero e outros mantinham a convicção do não branco enquanto anomalia social. As alusões à cor e à raça de Cruz e Sousa e Lima Barreto serão constantes, chegando esse vezo a se tornar uma tradição que denuncia o "lugar" epistemológico de emanação do discurso, além de revelar a vertente crítica mais empregada no caso de ambos: o biografismo.

Gosto e desgosto do leitor

O público leitor, em fins do século XIX e começo do XX, dado seu número reduzido associado ao grande índice de analfabetismo,[46] era bastante disputado pelos literatos e críticos. Estes, assumindo a missão de orientadores, imbuídos da necessidade de levar o País a um patamar do que se entendia como civilização, eram ferrenhos na disputa pela adesão dos leitores, através do único veículo para atingi-lo: a imprensa.

O papel social dos maiores jornais estava ligado à luta política dos grupos dominantes. A literatura, em suas páginas, entrará como um dado da vida mundana e da leitura de lazer, com a publicação de folhetins, poemas, crônicas e outras formas ligeiras de ficcionar a realidade. Bilac é enfático ao referir-se à imprensa: "O jornalismo é para todo o escritor brasileiro um grande bem. É mesmo o único meio do escritor se fazer ler. O meio de ação nos falharia absolutamente se não fosse o jornal – porque o livro ainda não é coisa que se compre no Brasil como uma necessidade" (RIO, [1905], p. 10).

Ainda que, ao testemunho de Bilac e de outros escritores,[47] pudessem se contrapor[48] outros tantos, no que diz respeito à importância dos jornais para a literatura, o acanhamento do meio cultural e das difíceis possibilidades de se conquistar leitores não deixa dúvidas sobre a função

---

[46] Segundo Antonio Arnoni Prado, para José Veríssimo no País tratava-se de "[...] 12.213.356 analfabetos (para um total de 14.333.915 habitantes em 1890) [...]" (PRADO, 1976, p. 24).

[47] Silvio Romero: "[...] o jornalismo tem sido o animador, o protector, e, ainda mais, o creador da literatura brasileira ha cerca de um seculo a esta parte."; Medeiros de Albuquerque: "Não é verdade que o jornalismo prejudique em nada a nossa literatura. O que a prejudica é a falta de instrucção. Sem publico que leia; a vida literária é impossivel. O jornal faz até a preparação desse publico" (RIO, [1905], p. 49 e 79).

[48] Mario Pederneiras: "a imprensa, no Brasil, é um pessimo factor para a arte literaria..." (RIO, [1905] p. 226).

e necessidade da imprensa como divulgadora das obras e animadora da vida literária.

A incipiente indústria do livro não franqueava a disseminação da leitura. Afinal, eram muito presentes no final do século XIX as consequências da longa história da proibição colonial à instalação de oficinas de imprensa no Brasil, o que perdurara até 1808. Ainda assim, à imprensa régia instalada naquele ano seguiu a restrição rígida a outras fontes de impressão, além da censura que se estendia não só aos impressos locais como à importação e exportação.[49] Tal limitação prolonga-se até 1821, ano em que a censura é abolida e é encerrado o monopólio do Estado.

A precariedade da formação escolar da população revelava no País "mais de 70% de analfabetos" (LAJOLO; ZILBERMAN, 1999, p. 64), até o final do século XIX.

O reduzido número de alfabetizados e o também reduzido número de obras disponíveis no mercado, como também o preço elevado dos volumes e a concorrência das importações, são fatores que só podiam resultar em um grupo bastante restrito de leitores e, menos ainda, daqueles voltados para a literatura.

Nesse quadro é que se delineia um gosto gerado pelo Romantismo e consolidado pelas novidades realistas e naturalistas. Considerando que "a literatura como acontecimento cumpre-se primordialmente no horizonte de expectativa dos leitores, críticos e autores, seus contemporâneos e pósteros, ao experienciar a obra" (JAUSS, 1994, p. 26), cumpre destacar que o parâmetro de consolidação literária, pelo viés do cientificismo, propõe uma verdade objetiva, existente fora do ser humano e capaz de ser captada em sua totalidade e precisão. A análise das doenças mentais explicará os desvios de conduta moral. A ciência poderá dar conta de toda a disfunção social. O futuro à razão pertence.

O sentido mimético da Literatura Brasileira, resultado da necessidade de se edificar a ideia de nação, "revelando" a realidade do País, implicará uma limitação da subjetividade, bem como uma noção do Brasil que oscilará entre o ufanismo e o derrotismo.

---

[49] Nos termos do historiador Pereira da Silva, na obra *História da fundação do Império Brasileiro*: "O receio da imprensa tanto perturbava o governo que ordenou aos juízes das alfândegas que não admitissem a despacho livros ou quaisquer impressos sem que lhes fosse apresentada a competente licença do desembargo do paço, ao qual deveriam enviar uma relação de quantos entrassem e saíssem das alfândegas. [...] Ordenou que uma inquirição ficasse aberta para se admitir em segredo as denúncias, e punir-se os transgressores" (SILVA, 1877 *apud* LAJOLO; ZILBERMAN, 1999, p. 125).

Quanto à limitação da subjetividade, as questões existenciais que envolvem aspectos metafísicos serão negligenciadas, submetidas à ironia ou surgirão como banalidades ante as urgências sociais cotidianas.

O ufanismo será o resultado da ideia e do desejo de se desenvolver o modelo de civilização trazido da Europa e atualizado pela constante assimilação de suas novidades tecnológicas e culturais. Tal expectativa constituirá a elaboração de diversas fantasias sobre a nação e projeções futuras que, além de descabidas, alimentavam, com as imitações, um progressivo descolamento da realidade brasileira, em especial de sua população. Por outro lado, do complexo de inferioridade na comparação com as nações desenvolvidas, nasceu o derrotismo e a rejeição a "este país",[50] que, em sua longa trajetória, induzirão à busca de uma correspondência fiel à expectativa estrangeira e negativa sobre o Brasil, na representação da miséria, dos miseráveis e da tragicidade social. Essa vertente de pensamento promoverá a identidade fraturada pela autonegação e também como a ufanista, pela redução do sentido da complexidade da existência humana.

Contudo, considerando que

> [...] a obra que surge não se apresenta como novidade absoluta num espaço vazio, mas, por intermédio de avisos, sinais visíveis e invisíveis, traços familiares ou indicações implícitas, predispõe seu público de uma maneira bastante definida. Ela desperta a lembrança do já lido, enseja logo de início expectativas quanto a "meio e fim", conduz o leitor a determinada postura emocional e, com tudo isso, antecipa um horizonte geral da compreensão vinculado, ao qual se pode, então – e não antes disso –, colocar a questão acerca da subjetividade da interpretação e do gosto dos diversos leitores ou camadas de leitores. (JAUSS, 1994, p. 28)

no tocante às obras dos autores objeto deste estudo, o recorte étnico, do ponto de vista de onde emana o discurso, propõe a aparição do sujeito étnico negro-brasileiro, que vai produzir uma reação conflituosa, pois as vozes literárias do negro e do mulato alterarão o paradigma identitário do leitor com o "eu" do discurso. A própria significação das relações étnicas ganhará a dimensão humana inesperada. Negros e mulatos já não serão apenas concebidos como exterioridades, objetivos, peças manipuláveis, mas sim a confirmação de uma subjetividade capaz de, ao dizer-se, estabelecer com o outro (branco)

---

[50] O uso do pronome demonstrativo, sobretudo no discurso político, tornou-se corrente no Brasil. O afastamento do falante, ao excluir-se do próprio país no seu ato discursivo, é um forte indicador de sua não identidade e da debilidade notória do patriotismo brasileiro que ultrapassou o século XX.

um diálogo intersubjetivo e levá-lo a questionamentos intrassubjetivos, em outras palavras, à possibilidade de mudança de diversas conceituações sobre a vida, calcadas na cristalização secular de valores, anseios e desejos. Com isso, as obras de nossos autores vão situar-se em uma dimensão particular no tempo, pois "[...] há obras que, no momento de sua publicação, não podem ser relacionadas a nenhum público específico, mas rompem tão completamente o horizonte conhecido de expectativas literárias que seu público somente começa a formar-se aos poucos" (JAUSS, 1994. p. 33).

Na constante manifestação do sujeito étnico branco, desde Gregório de Matos, com o ápice cambiante em Castro Alves, que assumiu o ponto de vista do escravizado, em vários momentos de sua obra, até o processo analítico de autores como Aluísio Azevedo, Adolfo Caminha, Graça Aranha, Júlio Ribeiro e outros, através dos ciclos do flagelo, da revolta e vingança do escravizado, balizados pela comiseração, pelo ódio e pelo desprezo, proliferaram os sinais do surgimento de sua contraposição. O discurso sobre o outro ensejava o discurso do outro, como um dado da maturação de ambos. Quase como uma norma, o negro e o mulato não tinham, desde dentro, voz na Literatura Brasileira, embora esta no quadro de seus autores renomados sempre apresentasse vários afrodescendentes, silenciados no que tange às questões raciais. A ficção, desta feita, limitava a realidade.[51] Brancos ouviam negros no cotidiano, percebiam uma vivência subjetiva diferente da sua, confabulações que lhes eram inacessíveis, além de sofrerem, dos negros, oposição muitas vezes violenta e, por outro lado, com eles se envolverem de várias formas, inclusive afetivamente. Os brancos, leitores de literatura, portanto, tinham no seu horizonte de expectativa aquelas outras vozes como promessa de quebrar o silêncio das letras impressas a partir de outro lugar da emanação do discurso. Sabiam que o que lhes era comumente oferecido coincidia com seu ponto de vista, com o seu lugar discursivo, mas pressupunha uma completude capaz de diminuir o fosso entre a função poética e a função prática da linguagem. Tal expectativa, entretanto, não incluía serenidade, o que, aliás, não é próprio do ato da leitura.[52] Afinal, a relação autor/texto/leitor

---

[51] Havia predominância quase absoluta de um só ponto de vista subjetivo advindo da vivência racial. Pode-se, pois, alargar ou singularizar o que escreve Luiz Costa Lima: "Sempre falamos a partir de algum ponto; numa sociedade de classes, sempre falamos a partir de uma classe. Ora, porque a experiência estética não é regulada por conceitos, ela se torna mais apta tanto a abrigar prenoções, quanto a permitir a visualização ou realização de experiências novas" (LIMA, 2002, p. 49).

[52] O ato da leitura é movido pelo empenho do leitor, pois: "Ler implica prever, esperar. Prever o fim da frase, a frase seguinte, a outra página; esperar que elas confirmem ou infirmem essas previsões; a leitura se compõe de uma quantidade de hipóteses, de sonhos seguidos de despertar,

pode ser concebida como jogo (ISER, 2002, p. 105-118), para o qual "não há um significado prévio". O significado é uma construção, levada a efeito pelo empenho do leitor que coloca seus esquemas[53] de apreensão do mundo à disposição para um confronto com as propostas do texto. "Por conseguinte, o sentido não é mais algo a ser explicado, mas sim um efeito a ser experimentado" (ISER, 1996. p. 34). Segundo Iser, podemos no jogo com o texto nos empenhar na busca de significado para nos "desviarmos do não-familiar", visando à "obtenção de experiência", abrirmo-nos exatamente para o não familiar e, para encontrarmos o deleite, constituirmos a "encenação do texto",[54] uma ilusão da qual se tem consciência e que redunda em uma transformação que

> [...] é um caminho de acesso para o inacessível, mas a transformação encenada não só torna acessível o inacessível. Seu alcance talvez seja mais prazenteiro. Concede-nos ter coisas de dois modos: por tornar aquilo que é inacessível tanto presente como ausente. (ISER, 2002, p. 118)

A armadura criativa/interpretativa para as personagens negras inventadas pelos brancos (autores e leitores), quando a escravização ainda mantinha os posicionamentos étnicos socialmente bem demarcados, obedecia à lógica de um silêncio impositivo sobre o outro. Buscava-se o "familiar" das relações sociais e, quanto à "obtenção de experiência", era a catarse que se operava no sentido de vazar as apreensões em face das mudanças que se operavam e outras que se anunciavam no campo da economia e da política e na história de cada levante.

---

de esperanças e decepções; os leitores estão sempre adiante da frase que lêem, num futuro apenas provável, que em parte se desmorona e em parte se consolida à medida que a leitura progride, um futuro que recua de uma página a outra e forma o horizonte móvel do objeto literário." (SARTRE, 1999, p. 35-36).

[53] A noção de jogo nos servirá para configurar a recepção das obras de Cruz e de Lima. Segundo Iser: "Outro espaço de jogo básico no texto [o anterior caracterizado pelo significante fraturado] é aberto pelo esquema. Um esquema, como Piaget afirma em sua teoria do jogo, é o produto de nosso constante empenho em nos adaptarmos ao mundo em que estamos. Sob este aspecto, ele não é dessemelhante da imitação, porquanto é motivado pelo desejo de sobrepujar a diferença que marca nossa relação com o mundo. Antes de tudo, é a percepção que tem de exercitar esses esquemas de adaptação. Uma vez que estes esquemas tenham sido formados, o primeiro passo vital para eles está em serem internalizados, de modo que possam funcionar subconscientemente." [...] "Assim como os esquemas nos capacitam a nos acomodarmos a objetos, assim também nos concedem assimilar objetos de acordo com nossas próprias inclinações" (ISER, 2002, p. 111).

[54] A concepção participativa de leitor, apesar de carrear um sentido lúdico, revela também a ideia de possibilidade opositiva ou manipuladora do texto por parte daquele, pois: "O jogo do texto, portanto, é uma *performance* para um suposto auditório e, como tal, não é idêntico a um jogo cumprido na vida comum, mas, na verdade, um jogo que se encena para o leitor, a quem é dado um papel que o habilita a realizar o cenário apresentado" (ISER, 2002, p. 116). Além disso, parece-nos que ele também atua na direção do espetáculo.

Ao realizar ações, as personagens negras atuavam no sentido da ameaça a um inconsciente social culpado, potencializando a preocupação com a vingança, com a possibilidade de um revide do escravizado e, depois, do liberto. Polarizada com a do escravizado humilde e manso, como os da obra de Bernardo Guimarães,[55] a personagem do escravizado ruim confundia-se com a do senhor violento, como se este lhe tivesse emprestado a maldade para exercer sua ação advinda do acúmulo de rancores. *As vítimas algozes*, de Joaquim Manuel de Macedo, de 1869, é um exemplo nessa linha, romance elaborado entre a crônica e a memória tendentes ao naturalismo. As personagens negras e mulatas falavam pelo prisma de um narrador branco, como também assim se comportavam. Ora era o pavor que causavam, ora a admiração pela lealdade canina. A fala de tais personagens, já comprometida em sua gênese, tinha seu volume reduzido se comparada à dos personagens brancos. O transbordamento afetivo dos românticos apontava para a servidão/bondade; a perspectiva naturalista para a rebeldia/maldade.

Não se pode, entretanto, deixar de reafirmar o processo de cooptação ideológica e suas consequências geradas pela política cultural do Segundo Império, associado à pouca desenvoltura do público leitor.[56] Mas, a partir dos anos 70 do século XIX, as fissuras sociais tornaram-se mais abertas, pois o conflito entre senhores e escravizados acelerava-se, pelo crescimento dos movimentos quilombolas e abolicionistas. A alusão feita por Octavio Ianni acerca do desencantamento do mundo e de certo paroxismo da literatura ilumina, de certa maneira, o final do século XIX no Brasil:

> Tanto as ilusões como os demônios que povoam a época invadem a fantasia que se presume solta, livre, isenta, inocente. Mais que isso, essas narrativas podem revelar algo excepcionalmente recôndito e essencial da época, que a própria cultura da época recobre, esconde ou nega. (IANNI, 1999, p. 34)

A Literatura Brasileira, não podendo manter o processo de idealização, teria de abrir as comportas dos medos, passando a conviver com os fantasmas da rebelião e da vingança, ensejando, entretanto, a expectativa de

---

[55] *O Garimpeiro (1872), A escrava Isaura (1875), Maurício (1877), Rosaura, A enjeitada (1883), O bandido do rio das Mortes (1905)*.

[56] Quanto à cooptação do escritor, Sartre, basendo-se na importância do conflito para a literatura, observa: "O conflito se reduz à sua expressão mais simples quando o público virtual é praticamente nulo e o escritor, em lugar de se manter à margem da classe privilegiada, se deixa absorver por ela. Neste caso, a literatura se identifica com a ideologia dos dirigentes, a mediação se opera no seio da própria classe, a contestação incide sobre o detalhe e se dá em nome de princípios incontestados" (SARTRE, 1999, p. 66-67).

os fantasmas emitirem as próprias vozes, para, então, surgirem concebidos como homens capazes de não apenas serem vistos, analisados e transformados em objeto, mas também de verem, tornando-se sujeitos. É nesse ponto, tanto da literatura que anuncia um sujeito étnico negro-brasileiro quanto da que o contemple em sua inteireza, que o "jogo" entre autor/texto/leitor entra na fase de alteração do "esquema" de que nos fala Iser, pela sua função assimilativa que, otimizando o caráter da oscilação contínua entre denotação e figuração, atinge o padrão de jogo que o autor intitula Ilinx[57]: "... em que várias posições são subvertidas, recortadas, canceladas ou mesmo carnavalizadas, como se fossem lançadas umas contra as outras. Visa fazer ressaltar o ponto de vista dos fundos das posições assumidas no jogo" (ISER, 2002, p. 113).

Em outras palavras, é quando a relação atinge a "mudança do horizonte" do leitor (JAUSS, 1994, p. 32) e transforma a obra, enquanto somatória das várias leituras a que é submetida, alterando, pois, "...o conjunto de pressuposições comuns ao autor e aos leitores, necessárias para tornar inteligível a estes o que escreve aquele" (SARTRE, 1999, p. 71).

O processo dinâmico envolvendo autor, obra e público em fins do século XIX – não contando com pleno desenvolvimento do gosto por parte do restrito conjunto de leitores brasileiros, que não os especialistas (críticos e escritores) – abriu caminho para a obra de tese, em que o escritor se esmera para provar uma verdade (seu vínculo ideológico), fazendo das personagens seus porta-vozes fiéis. Esse influxo de racionalização era apresentado como forma de conduzir o leitor a um patamar de participação para com os destinos do País. Tal vertente operou no sentido de uma quase ditadura do texto, com a redução dos vazios ou da indeterminação próprios da obra literária que, assim, garantem ter esta "um ar de generosidade", no dizer de Sartre, e se constituir em um apelo à generosidade do leitor. Reflexo da organização capitalista do trabalho, a racionalização que se projeta sobre a forma de se organizar da obra literária é genérica,[58] nela embutido um processo de alienação. A crítica sartreana ao Realismo vem ao encontro desta constatação:

---

[57] Iser apresenta "quatro estratégias fundamentais": *agon*, que exige uma decisão a ser tomada pelo leitor entre valores contrários que se mostram na obra em colisão; *alea*, quando há uma subversão semântica, frustrando as expectativas convencionais do leitor; *mimicry*, em que se designa o engendramento da ilusão; e *Ilinx* (ISER, 2002, p. 113).

[58] Como observa Octavio Ianni, "desde os inícios dos tempos modernos, intensifica-se e generaliza-se o processo de racionalização das organizações e instituições; também das atividades e mentalidades, envolvendo indivíduos e coletividades" (IANNI, 1999, p. 22).

> Toda realidade, uma vez descrita, é riscada do inventário: passa-se à seguinte. O realismo não é nada mais do que essa grande caçada enfadonha. Trata-se, primeiramente, de tranquilizar-se. Por onde passa o realismo, a relva não cresce mais. O determinismo do romance naturalista esmaga a vida, substitui a ação humana por mecanismos de mão única. Tem apenas um tema: a lenta desagregação de um homem, de uma empresa, de uma família, de uma sociedade; é preciso voltar ao ponto zero: toma-se a natureza em estado de desequilíbrio produtivo e anula-se esse desequilíbrio, voltando-se a um equilíbrio de morte pela anulação das forças atuantes. (SARTRE, 1999, p. 100-101)

Com um ímpeto de solucionar problemas, a multiplicidade regional, associada à multiplicidade étnica e cultural brasileira, manifestar-se-á cada vez mais na literatura brasileira, fazendo de sua busca de autenticidade um exercício contínuo de mapear horizontal e verticalmente o País.

O SUJEITO ÉTNICO

O século XIX brasileiro, como já vimos, foi atravessado pela preocupação com o conceito de raça e a composição populacional da nação e sua projeção no futuro. A adaptação dos discursos europeus que chegavam ao País versando a temática e, no solo pátrio, a realidade da escravidão, tensionada pela luta quilombola e abolicionista, exigiam uma resposta e um posicionamento dos intelectuais. Por outro lado, a subjetividade desses estava impregnada de vivências cotidianas de toda ordem, desde as de puro interesse econômico até questões éticas e as de ordem afetiva, envolvendo aquela preocupação.

O debate racial, assim, atravessará – seja pela presença direta das personagens que o envolviam, seja pela ausência gritante de algumas delas ou do conflito – o discurso literário, adentrando o século XX.

A complexa e variada noção de sujeito, norteada ora pelo subjetivismo autônomo, que o liga ao centro genésico do discurso, até a contextualização ideológica, histórica e linguística, em que a sua margem de importância e ação estará reduzida pelo assujeitamento tanto em face da língua quanto dos condicionamentos culturais, implica que se delineie o que se pretende para o desenvolvimento de uma conceituação que inclua a perspectiva da consciência como resultado de um retorno do suposto ponto de emanação discursiva sobre si mesmo, para uma participação criativa, ainda que submetido aos padrões de discurso, "condicionado de modo determinístico pelas estruturas da ideologia e do inconsciente" (CRESTANI; JACINSKI, 2005), pois são as brechas, no emaranhado discursivo, a constituição das possibilidades de um sujeito descentrado lutar para buscar a sua centralização que sempre lhe escapa e o dispersa, pois a comunicação humana é o campo da batalha sem trégua, e até o silêncio exerce seu papel de arma de combate ou defesa.

Assim, a perspectiva a se desenvolver aqui é a de que no âmbito da interdiscursividade – "a propriedade de [o discurso] estar em relação multiforme com outros discursos" (CHARAUDEAU; MAINGUENEAU, 2004, p. 286) – o sujeito, nas obras de Cruz e Sousa e de Lima Barreto, apresenta sua dimensão étnica, não como uma faceta, mas como um traço estruturante que constituirá o eixo dialógico na formação racial-discursiva do século XIX no Brasil, entendendo-se esta como o conjunto de discursos – "efeito de sentidos entre locutores" (ORLANDI, 2001, p. 64) ou ainda "traço de um ato de comunicação sócio-historicamente determinado" (CHARAUDEAU; MAINGUENEAU, 2004, p. 169) – pautado pela constituição de enunciados girando em torno das concepções de raça e suas consequências. Ao ser pautado como discurso, o texto será concebido enquanto unidade aberta para que se estabeleça as relações próprias da sua condição produtiva.

A enunciação, pois, constituindo um ato, deixa entrever que seu ânimo vincula-se a ações não verbais levadas a efeito na realidade ou pertencentes ao campo do desejo ou da perspectiva de transformação.

Daí a noção de sujeito a ser desenvolvida ter em mira tanto uma dimensão coletiva quanto individual no corpo do texto, com a consequente interatividade entre os planos ideológico, histórico, social e psicológico. Dessa forma, a contextualização procurará dimensionar as formas de subjetividade em jogo no processo dialógico das duas obras com os valores vigentes no período de sua aparição, mas também a sua relação atemporal com os construtos do passado elaborados em épocas diversas.

O sujeito que estará ligado à linguagem ou ao signo (Lacan, Foucault e Derrida), e à ideologia (Althusser), surgindo em Pêcheux como seu efeito,[59] é nesse último sentido que será buscado, como propõe aquele autor para que disciplinas distintas da linguística o façam em proveito da marca fundamental desta, "a possibilidade de efetuar uma segunda vez o mesmo deslocamento (da função ao funcionamento) mas desta vez no nível do texto" (PÊCHEUX, 1990, p. 66). E, ainda que em *Análise automática do discurso* os sujeitos sejam posicionados em uma perspectiva de "[...] definição operacional do *estado de condições de produção* de um discurso" (PÊCHEUX, 1990, p. 79) grifo do autor), o leque se abre para a consideração dos mesmos como:

> [...] lugares determinados na estrutura de uma formação social, lugares dos quais a sociologia pode descrever o feixe de traços objetivos característicos:

---

[59] "Pêcheux se colocou entre o que podemos chamar de 'sujeito da linguagem' e 'sujeito da ideologia'" (HENRY, 1990, p. 34).

> assim, por exemplo, no interior da esfera da produção econômica, os lugares do "patrão" (diretor, chefe da empresa etc.), do funcionário da repartição, do contramestre, do operário, são marcados por propriedades diferenciais determináveis. (PÊCHEUX, 1990, p. 82)

O autor ainda salienta que tais "lugares estão *representados* nos processos discursivos em que são colocados em jogo", processos esses nos quais "o que funciona [...] é uma série de formações imaginárias que designam o lugar que A e B se atribuem cada um a *si* e ao *outro*, a imagem que eles se fazem de seu próprio lugar e do lugar do outro" (PÊCHEUX, 1990, p. 82, grifo do autor). Mesmo que tenhamos que nos afastar do caminho teórico do autor, no que concerne à sua concepção de sujeito premido em uma "análise não subjetiva dos efeitos de sentidos" (PÊCHEUX, 1990, p. 172), os elementos especulares que trechos de seu estudo sugerem ajudam-nos a adentrar a seara do dialogismo estabelecido pelas obras de Cruz e Lima, pois:

> Todo discurso é orientado para a resposta e ele não pode esquivar-se à influência profunda do discurso da resposta antecipada. [...] Ao se constituir na atmosfera do 'já dito', o discurso é orientado ao mesmo tempo para o discurso-resposta que ainda não foi dito, discurso, porém, que foi solicitado a surgir e que já era esperado. [...] O discurso como que vive na fronteira do seu próprio contexto e daquele de outrem. (BAKHTIN, 1988, p. 89, 92)

A interdiscursividade, seu sentido de troca e ao mesmo tempo embate, faz da literatura o fértil campo das estratégias, nas quais o estético procura articular-se intimamente com o político, com a interpenetração de várias linguagens e visões de mundo. Daí que: "Estudar o discurso em si mesmo, ignorar a sua orientação externa é algo tão absurdo como estudar o sofrimento psíquico fora da realidade a que está dirigido e pela qual ele é determinado" (BAKHTIN, 1988, p. 98). E como as linguagens coexistem nos enunciados e na consciência das pessoas, portanto, no contexto social, o sujeito que se concebe para a abordagem dos textos de Cruz e de Lima contempla um assujeitamento que, se o coloca como lugar discursivo, envolvendo sua dimensão linguística e ideológica, contemplará também a contextualização da subjetividade que o envolve.

> A linguagem literária é um fenômeno profundamente original, assim como a consciência linguística do literato que lhe é correlata; nela, a diversidade intencional (que existe em todo dialeto vivo e fechado), torna-se plurilíngue: trata-se não de uma linguagem, mas de um diálogo de linguagens. (BAKHTIN, 1988, p. 101)

O sujeito do debate racial, considerando a sua predominância, em obras diversas de autores vários, estará caracterizado pelo posicionamento de uma etnicidade, um dos principais estatutos do discurso literário brasileiro do período estudado, promovendo imensa gama de interdiscursividade, pois está em jogo a própria identidade nacional.

Contudo, nota-se que a dialética entre branco e índio não teve a mesma dimensão da dialética entre branco e negro. A primeira chegou mesmo a caracterizar uma vertente literária romântica – o Indianismo –, impulsionada pelo mito do bom selvagem e pela necessidade de construir um passado no diapasão heróico e enraizado no solo pátrio. A segunda seria enfocada no âmbito do estatuto da escravidão, como caudatária do movimento abolicionista. Enquanto aquela se estendeu até o Modernismo, a vertente abolicionista gerou poucos ecos negristas no período pós-1888, ficando, assim, datada, tendo em vista que não foi assumida como fator de identidade nacional, mas enquanto um mal-estar problemático a ser resolvido.

O sujeito étnico do discurso literário, predominantemente branco, empregou o artifício de falsa simpatia simbiótica em face do índio. Com relação ao escravizado e ao liberto, a rejeição estética é apresentada pela via de um movimento de aversão e fascínio, no qual se destaca a sobreposição do branco. O discurso gerador de poder (na concepção de Foucault) desencadeou forte resistência à dispersão própria do sujeito, através das instâncias de legitimação que procuravam banir as manifestações contrárias à sua hegemonia. A hierarquização das raças será a viga mestra da formação discursiva racial predominante, atingindo obras dos mais variados níveis de reconhecimento público, como, por exemplo, *A carne*, de Júlio Ribeiro, *Canaã*, de Graça Aranha, *Os sertões*, de Euclides da Cunha, e *Macunaíma*, de Mário de Andrade.

O sujeito étnico branco constituirá, pois, a instância discursiva que pautará sua performance, tanto na literatura quanto em outras áreas da escrita, por uma dialética semelhante a do senhor e do escravo, de Hegel,[60]

---

[60] É importante notar que a dialética entre o Senhor e o Escravo, em Hegel, surge como uma abordagem na qual se denominam estágios da consciência: "[...] uma, a consciência independente para a qual o ser-para-si é a essência; outra, a consciência dependente para a qual a essência é a vida, ou o ser para um Outro. Uma é o *senhor*, outra é o escravo" (HEGEL, 2002, p. 147, grifo do autor). Contudo, a partir desse ponto, dadas as metáforas, passa a fazer referência à consciência do senhor e à consciência do escravo. O Outro está fora, exteriorizou-se, é "[...] uma outra consciência [...] um *ser* independente" (HEGEL, 2002, p. 147, grifo do autor), o que permitiu múltiplas leituras analógicas, como se permitirá fazer aqui.

como forma de perpetuar o significado da escravidão enquanto polaridade racial, posicionando o seu olhar com base na simbologia da casa-grande. Ao constituir-se no discurso, o sujeito étnico branco surge como o guardião da hierarquia racial e promotor do próprio reconhecimento, dentro da formação discursiva racial[61] que, embora dispersiva, tinha no conjunto étnico nacional seu objeto mais pulsante e aglutinador, diante do qual a dialética do silêncio e do tumulto temático revelou a do visível e do invisível de uma realidade social e de sua psique coletiva, como também traçou procedimentos literários quanto à caracterização de personagens, linguagem e, sobretudo, perspectiva de desfecho.

Retornando à mencionada similaridade com a dialética hegeliana, consideremos as ponderações lacanianas de Joël Dor acerca do assunto:

> O reconhecimento do Senhor pelo escravo é unilateral. Por esta razão não tem efeito. O Senhor é reconhecido pelo escravo como consciência de si, mas ele não se encontra de forma alguma como consciência de si no escravo. Portanto, é reconhecido como consciência de si por uma consciência que não é consciência de si. Por razões análogas, porém inversas, o escravo tampouco se reconhece no Senhor. No entanto, enquanto consciência, o escravo aspira também ao reconhecimento. O medo o fez renunciar, mas o desejo de ser uma autêntica consciência de si subsiste; [...] O desejo do Senhor, com efeito, não é satisfeito a não ser através de uma consciência que não é reconhecida como consciência desejante, mas consciência dominada. Por esta razão, o desejo do Senhor está alienado na consciência do escravo. Só o escravo pode dar uma forma humana ao objeto desejado pelo Senhor. Sendo assim, o escravo dá um sentido subjetivo à objetividade e, por conseguinte, dá, ao mesmo tempo, um sentido objetivo a sua própria subjetividade. (Dôr, 1989, p. 134)

Tomando o negro como seu Outro, o sujeito étnico branco, recriando-o, tentará através dessa recriação atingir o reconhecimento que justifica sua identidade de Senhor. Tal processo de criação procurará atribuir ao Outro, entretanto, não somente o reconhecimento da própria derrota, mas também de que sua salvação está no Senhor. Ao oferecer-lhe a paz, ou seja, a submissão,

---

[61] Foucault, trabalhando a ideia da dispersão discursiva, propõe que a partir dela é possível descrever-se seus sistemas, o que dessa forma caracterizaria uma "formação": "No caso em que se puder descrever, entre um certo número de enunciados, semelhante sistema de dispersão, e no caso em que entre os objetos, os tipos de enunciação, os conceitos, as escolhas temáticas, se puder definir uma regularidade (uma ordem, correlações, posições e funcionamento, transformações), diremos, por convenção, que se trata de uma *formação discursiva...*" (FOUCAULT, 2004, p. 43, grifo do autor).

o sujeito étnico branco exige que ele renuncie à aspiração de ser reconhecido diferentemente, qual seja, em liberdade.[62]

Promovendo ausências e personagens negras secundárias, cujo destino é a própria autodestruição, ou, ainda que elas renasçam de forma metonímica à semelhança do Senhor (*Escrava Isaura*, de Bernardo Guimarães – 1875 –, pela cor da pele, através da miscigenação), o sujeito étnico branco tentará bloquear a subjetividade que se manifesta, contraditoriamente, no próprio ato de o escravo, através do trabalho, objetivar o desejo do Senhor pelo reconhecimento. O instrumento principal utilizado pelo sujeito étnico branco, como já foi citado, será o estigma, orientado pela atribuição ao Escravizado de uma essência instintiva. Em *Raça e cor na literatura brasileira*, David Brookshaw analisa, com detalhes, várias obras que realçam a visão animalesca de suas personagens negras e mulatas. Em um exemplo, no qual aborda os romances *A carne*, de Júlio Ribeiro, e *Bom crioulo*, de Adolfo Caminha, revela: "As mensagens de ambos os romances são basicamente que a companhia dos negros não é saudável, porque eles não controlam seus instintos animais e não tendo, portanto, moralidade própria, podem provocar a destruição da vida dos outros (os brancos) que a têm" (BROOKSHAW, 1983, p. 44).

Mesmo de forma idílica, ao falar da escravidão, Joaquim Nabuco, depois de dizer que: "Ela espalhou por nossas vastas solidões uma grande suavidade [...]" e acrescentar que: "Quanto a mim, absorvi-a no leite preto que me amamentou; ela envolveu-me como uma carícia muda toda a minha infância; aspirei-a da dedicação de velhos servidores [...]", acrescenta:

> Nessa escravidão da infância não posso pensar sem um pesar involuntário [...] Tal qual o pressenti em torno de mim, ela conserva-se em minha recordação como um jogo suave, orgulho exterior do senhor, mas também orgulho íntimo do escravo, alguma coisa parecida com a dedicação do animal que nunca se alterava, porque o fermento da desigualdade não pode penetrar nela. (NABUCO, [1949], p. 232-233)

---

[62] Um dos exemplos ilustrativos de tal posicionamento pode ser visto no desfecho da peça *O demônio familiar*, de José de Alencar (Ato V, Cena XVI), quando a personagem Eduardo, dirige-se a seu escravo, Pedro, com a seguinte sentença punitiva: " – Toma: é a tua carta de liberdade, ela será tua punição de hoje em diante, porque a moral e a lei te pedirão uma conta severa de tuas ações. Livre, sentirás a necessidade do trabalho honesto e apreciarás os nobres sentimentos que hoje não compreendes" (MENDES, 1982, p. 45). Ainda que se trate de um escravo moleque, responsável por travessuras que colocaram seu amo em dificuldades, o discurso contraditório, que alia liberdade e punição, assegura ao estatuto escravista a noção de situação adequada e boa para o Outro, considerando a liberdade um bem não desejável.

Ora, o instinto é quem preside o inconsciente, é a sua pulsão, como assim entende a psicanálise. Ainda que seja ao indivíduo a preocupação desta, a concepção de Lacan sobre o inconsciente estruturado como linguagem ajuda-nos a ver, no discurso literário, a contextualização de um conflito relacionado à subjetividade, pois,

> [...] não podemos deixar de incluir nosso discurso sobre o inconsciente na própria tese que o enuncia, a de que a presença do inconsciente, por se situar no lugar do Outro, deve ser buscada, em todo discurso, em sua enunciação. [...] Isso fala no Outro, dizemos, designando por Outro o próprio lugar evocado pelo recurso à palavra, em qualquer relação em que este intervém. Se isso fala no Outro, quer o sujeito o ouça ou não com seu ouvido, é porque é ali que o sujeito, por uma anterioridade lógica a qualquer despertar do significado, encontra seu lugar significante. A descoberta do que ele articula nesse lugar, isto é, no inconsciente, permite-nos aprender ao preço de que fenda (*Spaltung*) ele assim se constituiu. (LACAN, 1998, p. 848; 696, grifo do autor)

A identidade entre o inconsciente e o Outro, garantida pela cisão primordial do indivíduo[63] permite-nos acalentar a hipótese de que no inconsciente brasileiro do século XIX, a voz do negro e do mulato, em particular no campo literário, são reveladoras das pulsões que se procurava encobrir com o sujeito étnico branco. Daí a sua importância e necessidade, implícita no próprio discurso hegemônico, na composição do inconsciente social do período, ainda que essa voz, composta de muitas vozes silenciadas, tenha se rebelado contra o estigma.

O estigma, originariamente tido como marca física, em plena escravidão e logo após a sua extinção legal, recupera, do ponto de vista racial, seu conteúdo primitivo. O ferro em brasa era um fato vivo na memória brasileira.

Irving Goffman define em seu discurso sobre o estigma – baseado em estudo de D. Reisman[64] – a normalidade[65] e, valendo-se dela, elucida o funcionamento da postura estigmatizante:

---

[63] Considerando que "para Lacan, a *Spaltung* é, sem sombra de dúvida, o caráter inaugural que define a subjetividade, uma vez que é precisamente através dela que o sujeito advém; é através dela que o sujeito se estrutura de um certo modo psíquico ao advir" (DOR, 1989, p. 102).

[64] "Some Observations Concerning Marginality". *Phylon,* Segundo Trimestre, 1951, p. 122.

[65] O autor, conceituando, esclarece: "Nós e os que não se afastam negativamente das expectativas particulares em questão serão por mim chamados de *normais*" (GOFFMAN, 1988, p. 14).

> As atitudes que nós, normais, temos com uma pessoa com um estigma, e os atos que empreendemos em relação a ela são bem conhecidos na medida em que são as respostas que a ação social benevolente tenta suavizar e melhorar. Por definição, é claro, acreditamos que alguém com um estigma não seja completamente humano. Com base nisso, fazemos vários tipos de discriminações, através das quais efetivamente, e muitas vezes sem pensar, reduzimos suas chances de vida. Construímos uma teoria do estigma, uma ideologia para explicar a sua inferioridade e dar conta do perigo que ela representa, racionalizando algumas vezes uma animosidade baseada em outras diferenças, tais como as de classe social. (GOFFMAN, [c1988], p. 14-15)

Os atributos negativos impingidos às personagens negras e/ou mulatas fornecerão mais dados para se demarcar o campo destoante para com a normalidade. Entretanto, a noção de classe social será sua base. Afinal, escravizado e miserável são significantes que deverão estar imbricados no processo de representação.

Onde a personagem negro-brasileira surgir será designada ou pela palavra "negro" ou pela palavra "mulato". O discurso, assim, tentará perpetuar a imagem do escravizado e sua condição como um traço de origem, um pecado original. Mas o fará não para o negro brasileiro, ausente, como leitor, do seu horizonte de expectativa. Ele existe, conforme já foi salientado, como o Outro do sujeito étnico branco, que, assim, revela a busca de si mesmo nesse Outro, razão pela qual o produz em seu imaginário, desdobrando-o em racionalizações defensivas. Mas aquele Outro, tornado o desconhecido do sujeito étnico branco, ameaçará continuamente seu domínio de certeza, incluindo a projeção externa.

Causando rupturas no discurso racial hegemônico e eurocêntrico em suas premissas, o sujeito étnico das obras de Cruz e Sousa e Lima Barreto, pelo lugar diferenciado da irradiação discursiva, assumido apesar dos riscos evidentes de uma recepção adversa, invertendo a noção de Outro, buscará garantir uma consciência em si, ora a partir da senzala, ora a partir do quilombo, da noção do negro dominado e na do negro fugido, rebelde, que, do posto de sua vigília, ora implícito, ora explícito, dará vazão à potencialidade de criticar os valores, apontando em várias direções onde possa ser detectado o significado da vida dos oprimidos, pois ampliando sua extensão também aplaca as dificuldades e as ilusões de um enfrentamento direto.

Mas o estigma é a essência do discurso do Senhor. Ele bloqueia a fuga do Escravizado que se quer livre. Ele incorpora o capitão de mato verbal que perseguirá o fugitivo pelas linhas e entrelinhas da discursividade. Sempre que o estigma projeta-se, a situação de aviltamento e o sentido de inferioridade far-se-ão *outdoor* de uma ampla campanha de manter o negro na condição de escravizado, fazendo, para isso, com que os dois significantes tenham o mesmo significado, como também que um não possa existir sem o outro. Também, acoplado ao termo "negro" fica imposto o termo "mulato", com a similar, embora amenizada, contaminação semântica do termo "escravo". Isso se faz possível porque o estigma de que se utiliza o sujeito étnico branco não é simples, mas complexo. Não designa indivíduos dispersos na pirâmide social ou na história do País. O estigma diz respeito a grupos de diferentes culturas, considerados em bloco pelo estatuto da escravidão e pela origem continental africana. Trata-se de um estigma coletivo de grande amplitude, que trava a consciência do indivíduo. Aliás, é esse bloqueio que representa sua maior consequência. Por isso, a consciência de si do sujeito étnico negro-brasileiro, por mais que se esforce, pela potência do estigma, tenderá a manifestar-se coletiva. O estigma não admite a individualidade, pois aí corre o risco de se esvanecer. É, pois, através do discurso do Outro, agora o Senhor, que o Escravo, para tornar-se sujeito, construirá o seu. E, quando o sujeito identificado com o Escravo surge no discurso, terá no próprio estigma o caminho da própria identidade. É assumindo o estigma, enquanto objeto de sua reflexão, que poderá desestigmatizar-se, como quem exorciza a imagem do Senhor e busca a superação de sua identidade problemática, pois

> Quer mantenha uma aliança íntima com seus iguais ou não, o indivíduo estigmatizado pode mostrar uma ambivalência de identidade quando vê de perto que eles comportam-se de um modo estereotipado, exibindo de maneira extravagante ou desprezível os atributos negativos que lhes são imputados. Essa visão pode afastá-lo, já que, apesar de tudo, ele apóia as normas da sociedade mais ampla, mas a sua identificação social e psicológica com esses transgressores o mantém unido ao que repele, transformando a repulsa em vergonha e, posteriormente, convertendo a própria vergonha em algo de que se sente envergonhado. Em resumo, ele não pode nem aceitar o seu grupo nem abandoná-lo. (GOFFMAN, [c1988], p. 118)

"Asco e dor", poema em prosa de Cruz e Sousa, que retomaremos na segunda parte deste trabalho, evidencia o embate gerado pela "ambivalência" apontada, que constituirá uma reação que só com o sujeito étnico negro-brasileiro será possível. Com ele, ancorado na onisciência, na primeira pessoa, no "eu" poético, ou mesmo no narrador testemunha, será suscitado um clima de solidariedade crítica[66] reveladora de um fazer literário em desconformidade com o cânone, acrescentando maior exigência ao leitor na ênfase de seu rompimento com os limites traçados pelas ideias racistas predominantes.

O sujeito étnico negro-brasileiro, porque definidor de alteração da perspectiva existencial, por conta de traços relevantes de uma identidade assumida em um contexto que tendia à própria negação, percorre nas obras de Cruz e Lima caminhos sinuosos, tendo como vetor o humanismo radical, incorporador de outras alteridades. Isso porque o sujeito étnico negro-brasileiro origina-se de uma situação de fronteira.

Para Boaventura de Sousa Santos:

> Viver na fronteira é viver em suspensão, num espaço vazio, num tempo entre tempos. A novidade da situação subverte todos os planos e previsões; induz à criação e ao oportunismo, como quando o desespero nos leva a recorrer ansiosamente a tudo o que nos pode salvar. [...] Viver na fronteira significa ter de inventar tudo ou quase tudo, incluindo o próprio ato de inventar. Viver na fronteira significa converter o mundo numa questão pessoal, assumir uma espécie de responsabilidade pessoal que cria uma transparência total entre os actos e as suas consequências. Na fronteira vive-se a sensação de estar a participar na criação de um novo mundo. [...] A construção das identidades de fronteira é sempre lenta, precária e difícil; depende de recursos muito escassos, dada a grande distância entre a fronteira e o centro, seja o centro do poder, do direito ou do conhecimento. [...] A fronteira, enquanto espaço, está mal delimitada, física e mentalmente, e não está cartografada de modo adequado. Por esse motivo, a inovação e a instabilidade são, nela, as duas faces das relações sociais. É claro que esse é também um espaço provisório e temporário, onde as raízes se deslocam tão naturalmente como o solo que as sustenta... (SANTOS, 2000, p. 348-349)

Na fronteira racial do final do século XIX e começo do século XX, no Brasil, no tocante ao discurso racial literário, digladiam a ilusão da brancura e seus preconceitos contra a vontade exasperada de uma libertação psíquica, a cristalização do passado versus o empenho de se voltar para o futuro, a

---

[66] Luiz Gama, tanto na crítica ao mulato "que despreza a *vovó* que é preta-mina" quanto na ampliação da noção de fraternidade humana, mesmo pela via da animalidade ("Se negro sou, ou sou bode, / Pouco importa. O que isso pode? / Bodes há de toda casta, / Pois que a espécie é muito vasta... / Há cinzentos, há rajados, / Baios, pampas e malhados, / Bodes negros, *bodes brancos*, / E, sejamos todos francos, / Uns plebeus, e outros nobres, / Bodes ricos, bodes pobres, / Bodes sábios, importantes... / E também alguns tratantes... / Aqui, n'esta boa terra, / Marram todos, tudo berra;" – "Sortimento de gorras para gente de grande tom" e "Quem sou eu" [GAMA, 2000, p. 18, 116], causando um curto-circuito semântico entre os termos "negro" e "bode", já produzia o efeito crítico referido.

periferia contra o centro do poder, o padrão em oposição à multiplicidade formal e estética, o equilíbrio da ordem versus o caos, a completude em oposição ao fragmentário, a continuidade versus a descontinuidade, a espacialidade nacional versus o cosmos, a aparência opondo-se à essência. Disputam os sujeitos étnicos eurocêntricos e os negro-brasileiros. Aqueles, alicerçando-se nas teorias racistas e, estes, buscando resistir a partir de sua certeza existencial e vontade, nos termos da constatação fanoniana:

> Eu sabia. Era o ódio; eu era odiado, detestado, desprezado, não pelo vizinho da frente ou pelo primo do lado materno, mas por toda uma raça. Estava exposto a algo irracional. [...] Senti nascer em mim lâminas de faca. Tomei a decisão de me defender. Com muito tato, quis racionalizar o mundo, mostrar ao Branco que ele estava errado. (FANON, 1983, p. 98)

O "tato", no caso do sujeito étnico na obra de Cruz e Sousa e na de Lima Barreto, é a estratégia do disfarce, da caracterização implícita, do se fingir de morto – o querer "racionalizar o mundo" –, que não impediu o impulso para o desencantamento do mundo no qual se devia inserir, da atitude de cuspir no prato que comeu porque o que foi servido foram as migalhas de esperança e ilusão, de ousar ser direto quando o que se espera são luvas de pelica, de propor um além para afirmar que os limites impostos não resumem o humano, pois: "O inconsciente coletivo não depende de uma herança cerebral: é a consequência do que chamarei imposição cultural irrefletida" (FANON, 1983, p. 155). Além disso, para o sujeito étnico das obras de Cruz e de Lima, o tempo presente constituirá o grande desafio. Em seu discurso, a senzala luta para ser quilombo, e o silêncio interessa tão somente ao opressor,[67] com exceção se for o silêncio da emboscada. É no discurso que vozes extraliterárias se farão ouvir, do sussurro ao grito lancinante. É nele que a ameaça de morte social, pela assumida referência de origem do sujeito, encontrará sua resistência. É nele também onde são discutidos os monopólios de interpretação, promotores da idealização estética valorativa, que têm como base negar que "a arte e a literatura são apenas aquilo que

---

[67] Silenciar a respeito da presença e reivindicação do negro no Brasil é uma forma de não permitir que o discurso atue a seu favor, para alterar-lhe a imagem. Tal expediente faz parte da história brasileira, incluindo o período republicano: "O futuro da nação, a preocupação com a República e seus problemas vão tomando o espaço dos jornais. O negro vai paulatinamente sumindo de suas páginas, como se a paz entre as raças houvesse sido alcançada. Ao grande balbucio sobre o negro se sobrepõe o silêncio do racismo explícito em gestos e palavras. Passamos, agora, à camuflagem que propiciava a imagem de harmonia e paz. Esse silêncio significa, principalmente, que já havia um discurso sobre o negro elaborado e absorvido pelo senso comum; já havia uma imagem naturalizada que tornava desnecessário o uso de mais palavras para definir o ser negro" (SANTOS, 2002, p. 132).

por determinadas razões, uma comunidade entende designar desse modo." (SANTOS, 2000, p. 93). E, porque nascido da experiência de fronteira, esse sujeito étnico será muitas vezes seduzido pelo canto da sereia, cujo objetivo será aliená-lo, fazer de a suas estratégias as próprias armadilhas, pois, apesar zona fronteiriça cultural e étnica possibilitar a visão amplificada, gera a ambiguidade, já citada, de querer o que renega, de sonhar com o que abomina. Tal ambiguidade é resultado do conteúdo daquele canto sedutor, repleto de estereótipos, sendo que

> O estereótipo não é uma simplificação porque é uma falsa representação de uma dada realidade. É uma simplificação porque é uma forma presa, fixa, de representação que, ao negar o jogo da diferença (que a negação através do Outro permite), constitui um problema para a *representação* do sujeito em significações de relações psíquicas e sociais. (BHABHA, 1998, p. 117, grifo do autor)

É, portanto, através de uma relação conflituosa com a própria linguagem que o sujeito étnico negro-brasileiro articulará o reconhecimento da própria fronteira do discurso poético e ficcional, diante dos quais as obras de Cruz e Lima realizaram a façanha de uma superação, ainda que parcial, deixando para seus leitores a grata possibilidade de experimentar pôr em dúvida suas inúmeras certezas. É a reflexão sobre esse caráter desestruturador que norteará os próximos capítulos. A vida não cabe no texto poético ou ficcional, mas a memória de seus impactos, quando assumida, impulsiona-nos ao encontro do desconhecido.

PARTE II

O VENTRE LIVRE DAS OBRAS

O baixo mundo que troveja e brama
Só nos mostra a caveira e só a lama,
Ah! só a lama e movimentos lassos...

Mas as almas irmãs, almas perfeitas,
Hão de trocar, nas Regiões eleitas,
Largos, profundos, imortais abraços!

CRUZ E SOUSA
PACTO DAS ALMAS II – LONGE DE TUDO

Ainda que a liberdade de criação tenha seus limites, o mergulho que se pode fazer na própria subjetividade parece apontar para o ilimitado. Na língua, no entanto, já está cristalizada a convenção. Quando o indivíduo a manipula, no exercício sobretudo da escrita literária, desenha possibilidades muitas vezes sem contorno, que apontam para a ruptura da rede de classificações e enquadramentos com que se organiza a cultura.

A orientação discursiva em obras extensas apresentará mais variantes em seu percurso de elaboração. Tais variantes não seguem necessariamente uma linearidade evolutiva. Portanto, o *corpus* é aqui formado, sem preocupação cronológica, das unidades textuais que atestam com maior evidência a consciência do impacto, tanto na apreensão do choque quanto na reação para superá-lo.

As obras de Cruz e Sousa e de Lima Barreto oferecem pontos de contato nos interstícios das transgressões de linguagem e vão também transcender o fato de terem os autores sofrido discriminação racial e dado resposta a ela. As mundividências de ambos estreitam laços no plano de concepções gerais, como destino, religião, morte, etc., embora o conservadorismo – instância contra a qual investiram os dois autores –, por princípio, tenha afastado suas produções literárias, o que, contudo, não resistiu ao cotejamento analítico:

> Para as convenções da história literária não há relação consistente entre Cruz e Sousa e Lima Barreto. O primeiro é poeta simbolista, o segundo é narrador realista. Dois gêneros, dois estilos diferentes; logo, cada um deve ocupar um escaninho próprio nos acervos da informação bem catalogada. No entanto, há um fio existencial que os une e lhes dá um parentesco bem próximo. (Bosı, 2002, p. 186)

O referido "fio existencial" que os liga por suas obras é, na verdade, animado por uma saga de caráter coletivo envolvendo o amplo espectro da vida, inclusive a organização da linguagem. O período em que eles viveram conheceu grandes investidas contra inúmeras estruturas ossificadas. A comunicação humana, como até então se havia constituído, também receberia seus abalos e, nela, as concepções de gênero, pois

> Numa sociedade, institucionaliza-se a recorrência de certas propriedades discursivas, e os textos individuais são produzidos e percebidos em relação à norma que esta codificação constitui. Um gênero, literário ou não, nada mais é do que essa codificação de propriedades discursivas. (TODOROV, 1980, p. 48)

A flexibilização formal perseguida por ambos os autores condizia com a consciência inconformada que desenvolveram, capaz de detectar o fato de as imposições de padrões de linguagem abrigarem imposições de outra ordem. Por isso estarem livres de tais restrições constituía um empenho necessário:

> Nós não temos mais tempo nem o péssimo critério de fixar rígidos gêneros literários, à moda dos retóricos clássicos com as produções do seu tempo e anteriores. Os gêneros que herdamos e que criamos estão a toda a hora a se entrelaçar, a se enxertar, para variar e atrair. (BARRETO, IL, 1956, p. 116)

Tal visão ilustra um propósito de, além dos "rígidos gêneros", experimentar a descoberta de formas adequadas de expressão, que servissem ao que se almejava veicular. Ressoa naquele argumento não apenas o sopro inventivo dos grandes criadores da época, mas também a existência singular e a percepção da empreitada, já em consonância com o que o século XX traria de abertura no campo da criação e da crítica literária, bem exemplificado nas palavras de Maurice Blanchot, em *O livro por vir*:

> Só o livro importa, tal como é, longe dos géneros, fora das rubricas, prosa, poesia, romance, testemunho, sob os quais recusa a arrumar-se e às quais denega o poder de lhe fixar um lugar e determinar uma forma. Um livro já não pertence a um género, todo o livro depende apenas da literatura, como se esta detivesse antecipadamente, na sua generalidade, os únicos segredos e as únicas fórmulas que permitem dar ao que se escreve realidade de livro.
>
> [...] precisamente, a essência da literatura é escapar a toda a determinação essencial, toda a afirmação que a estabilize ou a realize [...]". (BLANCHOT, 1984, p. 210)

A rebeldia da criação artística exigiria grande leque de opções de análise, todas complementares. Uma obra é, em sua singularidade, um feixe de outras tantas singularidades. A ideia de todo não elimina as partes. Nestas, por sua vez, pode-se encontrar outras tantas rebeldias internas que fazem da própria unidade uma noção a ser questionada. A obra de imaginação parece-nos oferecer, contudo, um caminho peculiar para aproximações textuais, pela temática, mas também pela maneira de o artista atuar como um demiurgo. Cruz e Sousa e Lima Barreto, criando seus "mundos", dotaram-nos de infinitas possibilidades de comunicação mútua, porque a base de suas criações foi a visceral luta contra o não ser. Daí a importância de se levar em conta os meandros formais, para vislumbrar as possibilidades de tais diálogos nos caminhos por onde ambos os sujeitos escaparam das forças discursivas que os ameaçavam.

A FICÇÃO E A POESIA

Entre a poesia e a prosa, o poema em prosa. Entre a prosa de ficção, o artigo jornalístico e as cartas, a crônica e a sátira.

Dos vinte e nove livros que reúnem a produção de Cruz e Sousa e Lima Barreto, sendo onze do primeiro e dezoito do segundo, a partir da linguagem poética e ficcional, podemos agrupar dezenove deles. Ao considerar que "podemos", estamos flexibilizando outras possibilidades, uma vez que a discussão sobre os livros tidos como prosa poética ou poemas em prosa, de Cruz e Sousa, não está esgotada. Por outro lado, a sátira de Lima Barreto reunida no livro *Os bruzundangas*, texto em tom parodístico, ainda que em linguagem de crônica, trazendo "As aventuras do doutor Bogóloff", narrativa publicada separadamente em 1912, exibe também os processos de fabulação que colocam o conjunto na categoria ficcional. Além disso, é preciso lembrar do volume *Histórias e sonhos*, que contém o embrião, em forma de conto, do romance *Clara dos Anjos*, bem como as duas tímidas iniciativas dramáticas no final da *Marginália*, na mesma situação.

Assim, para nossa consideração, e pelas razões que no decorrer do trabalho vão-se elucidando, a fuga da referencialidade e a presença da fabulação no âmbito da linguagem são os dados que nos levam a agrupar, inicialmente, os dezenove livros para uma reflexão sobre o percurso do sujeito étnico.

De Cruz e Sousa referimo-nos aos seguintes títulos, com as respectivas abreviaturas que empregaremos para facilitar a identificação: *Broquéis* (BR), *Faróis* (FA), *Últimos sonetos* (US), *O Livro derradeiro* (LD), *Tropos e fantasias* (TF), *Missal* (MI), *Evocações* (EV), *Outras evocações* (OE) e *Histórias simples* (HSi). De Lima Barreto: *Recordações do escrivão Isaías*

Caminha (IC), *Triste fim de Policarpo Quaresma* (PQ), *Numa e a ninfa* (NN), *Vida e morte de M.J. Gonzaga de Sá* (GS), *Clara dos Anjos* (CA), *O subterrâneo do Morro do Castelo* (MC), *Histórias e sonhos* (HSo), *Os bruzundangas* (BZ), *O cemitério dos vivos* (CV) e *Marginália* (MA), neste último as tentativas de dramaturgia.

Os demais livros dos dois autores, que enfeixam cartas, artigos, discursos e crônicas, serão considerados como elementos de referência e elucidação no campo das ideias que eles defenderam, bem como das situações ficcionalizadas e poetizadas por ambos. De Cruz e Sousa: *Dispersos* (DIs) e *Correspondência* (CO). De Lima Barreto: *Impressões de leitura* (IL), *Diário íntimo* (DI), *Correspondência ativa e passiva 1º tomo* (COap1), *Correspondência ativa e passiva 2º tomo* (COap2), *Coisas do reino do Jambon* (RJ), *Bagatelas* (BG), *Feiras e mafuás* (FM) e *Vida urbana* (VU).

Considerações sobre os paralelos

Tomar elementos da poesia e relacioná-los a outros da prosa, problema que somos obrigados a enfrentar, pressupõe que os delimitemos e caracterizemos como viáveis tais relações.

Na prosa poética, assim como na prosa de ficção, a descrição, tanto de caráter quanto física, é um fator que possibilita tal aproximação, ainda que para a primeira represente mais a essencialidade do texto do que para a segunda, cujo fundamento seria a ação, balizada pela peripécia. Ainda, se considerarmos que a prosa poética, mesmo ao redundar-se em poema em prosa pela verticalidade dos recursos de linguagem empregados na poesia, além da atemporalidade e alogicidade, assim como a poesia em verso apresenta esboços de personagens. Esse apelo à referencialidade humana, mesmo que distante, permite-nos pensar o sentido de uma dada seleção e aproximarmo-nos da seletividade da ficção.

Quanto ao "eu" poético e o narrador, o movimento de aproximação e distanciamento da fatura textual, através da onisciência, do testemunho ou da primeira pessoa, abre um ângulo para um cotejamento.

A funcionalidade da prosa e da poesia é que nos parece o eixo de maior dificuldade, pois, se ambas proporcionam a experiência estética com a linguagem, a prosa de ficção, apelando para os elementos referenciais, remete o leitor a uma sequência linear que redundará em um todo coeso e mais afeito ao entendimento. Ao passo que a poesia e a prosa poética ou poema em prosa preenchem nossa memória de sensações visuais e auditivas fluidas e abertas, passíveis de configurações variadas, tendo em vista a maior dificuldade de reduzi-las à referencialidade. A questão do tempo torna-se fundamental, sobretudo como é nosso caso, em se tratando da poesia lírica: "O que dá originalidade à temporalidade poética é o fato de ela estar exclusivamente ligada à enunciação, sem jogo, com um tempo referencial, extra texto. O tempo do texto e o tempo do sujeito elaboram-se um ao outro num gesto simultâneo e indistinto" (JENNY, 1982, p. 108).

Na obra de Lima Barreto, contudo, o narrador far-se-á muito presente e atuante na narrativa, com perspectiva na terceira pessoa, tendendo a ficcionalizar-se com mais ênfase, assumindo muitas vezes uma identidade íntima com certas personagens. E, se levarmos em conta que também a poesia lírica apresenta uma narrativa do sujeito, com certa progressão, ainda que sem o comprometimento com a efetivação actancial ou a busca de verossimilhança, fica-nos a possibilidade de recuperação de uma aventura intersubjetiva em ambas as obras pela identidade dos sujeitos imaginários de seus discursos[68], o que de certa forma relativiza a afirmação de Laurent Jenny de que "o que constitui a especificidade do poema em relação à narrativa é que a linguagem nunca é nele puramente funcional" (JENNY, 1982, p. 109). "Impurezas" funcionais nos interstícios da narrativa tenderiam, pois, à poesia, como, por exemplo, o tempo psicológico. Por outro lado, a história literária, ao disponibilizar os gêneros, não consegue limitar as transgressões através da crítica, pois:

> Es propria de un escritor genial su insatisfacción con los géneros recibidos, y su búsqueda constante de nuevas fórmulas, que unas veces triunfan y otras no, quedando entonces como obras chocantes o anómalas en la producción de aquel autor. (CARRETER, 1986, p. 117)[69]

A evolução dos gêneros, feita através de estranhamentos, não fica, entretanto, sem a sua contrapartida: a reação.

Sem pretendermos desconhecer as distâncias cristalizadas nos gêneros, a tentativa de aproximação das duas obras, através do veio que define

---

[68] Manter a distinção entre narrador, sujeito, e "eu" lírico em relação ao autor é necessário, pois, "mesmo nos casos limites do uso da própria vida para fins artísticos, num poema ou num romance escrito em primeira pessoa e com a utilização de dados biográficos da pessoa do autor, quem nos dirige a palavra só pode ser um ser ficcional" (D'ONOFRIO, 1983, p. 33).

[69] "É próprio de um escritor genial ser insatisfeito com os gêneros recebidos e buscar constantemente novas formas, que às vezes triunfam outras vezes não, tornando-se, assim, obras chocantes e anômalas na sua produção" (tradução).

o lugar de emanação do discurso, possibilita detectar muitas semelhanças reveladoras, possíveis também pelo contexto sociocultural em que as obras foram realizadas, mas, sobretudo, pela mundividência similar que os autores expressaram em seus textos.

O narratário,[70] quase sempre ausente, identificando-se assim com o leitor virtual, como foi assinalado na primeira parte, representará tensões importantes para a própria extração textual, o que também contribui para nosso intento.

Uma referência sobre as classificações relativas às escolas literárias e aos estilos de época se faz necessária. Mesmo considerando que a unanimidade não se registra, em particular quanto a Cruz e Sousa, apresentado como parnasiano por alguns críticos como Wilson Martins, e simbolista, pela maioria deles, que o colocou como o principal da Literatura Brasileira, assim como Lima Barreto enquanto realista ou pré-modernista, é possível tentarmos uma senda de comparação.

Parnasianismo, Realismo, Simbolismo e Pré-Modernismo são expressões de uma época e se referem a manifestações artísticas cujos pontos de contato demonstram diversas formas de interinfluência e mesclagem.[71] Isso porque as grandes linhas teóricas da literatura europeia eram absorvidas pelos intelectuais brasileiros com diversos intuitos e a partir de uma prática por vezes distante da teoria.

Entre as quatro correntes citadas, o Simbolismo é a que mais foge da necessidade da cor local, da ânsia de buscar a brasilidade nas obras, bem como de almejar um fim social. Entretanto, assim como as outras, ele se deixa envolver pelo determinismo, embora gerando consequências arrebatadoras e espiritualizantes. O Realismo e o Naturalismo trazem e deixam como herança a tendência de se constituir personagens-tipo, o que para o nosso propósito favorece uma aproximação com os esboços de personagens da poesia e da prosa souseana. Se o indivíduo é o produto do meio, na visão realista e naturalista, para o autor simbolista ele vai constituir o próprio meio, suas

---

[70] Empregamos o termo conforme a noção formulada por Salvatore D'Onofrio, que assinala: "os mesmos problemas, que envolvem o estudo do narrador, atingem também o segundo elemento constitutivo do plano da enunciação, que é o destinatário ou narratário, a personagem a que a narrativa é dirigida" (D'ONOFRIO, 1983, p. 35).

[71] Controversa é a caracterização do período: "É como se desde a última década do séc. XIX aos 20 anos deste século [XX] a literatura brasileira apresentasse uma estranha suspensão de sentido por três decênios. Ou melhor: como se só fosse possível compreendê-la, neste período, enquanto *pré* ou *pós* alguma coisa. Enquanto vampirização diluidora de marcas e estilos anteriores ou 'embrião' de traços modernistas futuros" (SÜSSEKIND, 1988, p. 33).

sensações é que fundamentarão o sentido da própria vida e de seu processo de refinamento psíquico, sem que a sua singularidade fuja, inteiramente, da consideração de ser um exemplar da espécie, movido pelas mesmas leis no turbilhão atávico.

Em Lima Barreto, entretanto, a habitual categoria pré-modernista pressupõe um passo além da linguagem realista. O seu despojamento da linguagem, sua implicância contra os gramáticos, as transgressões na sintaxe tradicional e as conexões de gêneros se, por um lado, o distancia de Cruz e Sousa do ponto de vista estilístico, aproxima-o pela atitude de violação do cânone, além da valorização radical da individualidade. Chegamos, aqui, ao princípio básico do sujeito étnico nas obras de ambos: a transgressão.

UMA POLARIZAÇÃO POSSÍVEL

Já abordamos as circunstâncias em que um escritor negro do século XIX produzia, qual seja, tendo por horizonte o leitor branco. A atividade literária, assim, implicava polarizações quanto à abordagem temática em que a figura do escritor pudesse ser considerada ou desdobrava-se em seu discurso como personagem. O processo de reificação do negro era produzido e reproduzido pelo grupo reativo branco[72] que, colocando-se como parte interessada na questão racial e beneficiária da própria discriminação que produzia, verá na pretensão de negros e mulatos inserirem-se socialmente pela via do intelecto, em especial pela literatura, como um acinte. Convencido de sua posição legal, esse descendente dos grandes fazendeiros ou de comerciantes olhará para o pretendente a tal ascensão como a um ser petulante que age com descaso para com a ciência e os valores da civilização. Indignar-se-á com ele. "– Afinal", perguntará, "o que espera este ser inferior? Provar que não o é? Pretenderá desmentir os grandes pensadores e a própria história?" Esse racista reativo, encontrando na escravidão a sua evidência, argumentará:

Se os negros não fossem inferiores não se teriam deixado dominar pelas outras raças." E fazendo do outro o objeto de sua análise, prosseguirá analisando-o: "– Ele quer se parecer um de nós, mas não consegue. A sua

---

[72] A dinâmica da discriminação no discurso baseia-se na repetição de estereótipos, desde a época colonial: "A reprodução no Brasil de todos os preconceitos europeus se dava letra por letra. A perseguição aos africanos que eram símbolos de barbárie, de decadência cultural e de inferioridade era retratada nos jornais da época de forma corriqueira entre uma e outra notícia. Lidas e relidas com certa frequência, essas notícias, em vez de informar a população, disseminavam teorias racistas" (SANTOS, 2002, p. 128).

infelicidade é essa. Não pode se livrar da sua marca e por isso nos acusa, a nós que trouxemos os seus do estágio de animais para uma situação civilizada, que até lhes damos algumas chances de conviver conosco pacificamente. Afinal, o que ele deseja? Que nós nos arrependamos de ter escravizado seus avós? Ora, a vida é uma luta e vencem os mais fortes. Nós, brancos, vencemos. Eles, pretos, perderam. No fundo, ele não aceita isso. Por essa razão a sua revolta contra nós. Sua inveja da nossa superioridade o mata aos poucos. Ele sabe que não pode ser um de nós. Sem dúvida, seu desejo é de ter o que temos, de se misturar conosco, casar com nossas filhas, estuprá-las, e por fim nos destruir para fazer retornar a sociedade brasileira à barbárie. Mas ele pensa assim, tentando se mostrar inteligente, mais inteligente até que muitos de nós. Quer se mostrar para dizer que não temos razão de dominar os de sua raça. Sua intenção íntima é fazer uma história invertida, na qual eles empunhariam o chicote e nós o cabo da enxada. Certamente é o desejo de vingança que o move. A tal ponto de não enxergar o que nós fizemos pela sua raça. Leu muitos livros, mas comporta-se ainda pelo atavismo, não conseguindo fugir do que lhe reservou a natureza, cujas leis são implacáveis. Por isso, por mais que tente disfarçar seu estilo, cede ao delírio da vingança. Não fosse um letrado, teria sido indubitavelmente um aquilombado, daqueles que ateavam fogo nas fazendas e assassinavam nossos avós e suas famílias. Ele precisa muito educar seus maus instintos e mantê-los sob controle. Por isso, aceitar as aberrações que ele escreve seria reforçar o retrocesso social. Ele sabe que não tem escapatória. Sua cor não o abandonará, assim como a sua herança genética. Mas os filhos de seus filhos certamente. Se o chicote não deu fim à sua raça, a eugenia o dará. É preciso dizer-lhe isso, mas não de uma maneira que irá agastá-lo mais ainda. Mas de um jeito que o faça desistir desse projeto íntimo de vingança. De um jeito que o convença de ser nosso colaborador como muitos dos seus o foram e ainda são, talvez o orientando para aceitar o seu lugar ele acabe por se convencer de que nos atacar não o vai fazer ter um tratamento razoável, que podemos dar a uma exceção como ele".

De sorte que o desdém e a atitude de patologizar o outro constituirão os métodos de lidar com a convivência incômoda dos descendentes de escravizados que tentam vencer os obstáculos para a ascensão e integração. O desdém, em seu sentido defensivo, opera pelo processo da "vista grossa", a postura do "pior cego", pois o lidar com negros e mulatos é algo que pode ser evitado no dia a dia. Até os criados podem ser brancos pobres inclusive imigrantes. Ver afrodescendentes nas ruas será como ver um restolho da escravidão. Afinal, a mancha será apagada pelo tempo. Quanto a atribuir a doença do desequilíbrio mental a eles será fácil. O manicômio e a polícia atuarão para ameaçá-los e encarcerá-los, caso ultrapassem os limites.[73] Assim, confiante, para o "pior cego" resta enfrentar a dificuldade no trato com seus quase iguais, que insistem na visão diferenciada. A eles é preciso combater na luta política, impedi-los de levar o País a decisões que deem asas à ralé. Os brancos abolicionistas, socialistas e anarquistas são os que dificultam a manutenção do regime de castas que ele defende. Por isso, o agente da camada reativa dos brancos estará alerta, utilizando aqueles e inúmeros outros métodos para defender a secularidade de seu poder.

Para este trabalho, identificar as estratégias de Cruz e Sousa e Lima Barreto no processo de criação literária, em face da experiência com o racismo e a pobreza, é uma tarefa importante, pois traça o movimento que encetaram na transposição e no drible a uma situação dada, como já pudemos inferir, de um conjunto poderoso de grupos brancos reativos à convivência com o negro e o mulato. Daí, visando a contribuir para a análise do quadro das obras, a necessidade de refletir sobre algumas possibilidades gerais de manifestação do indivíduo feito vítima racial.

O embate com o racismo pressupõe um profundo trauma interior que origina uma dinâmica de introversão, por um lado, e extroversão por outro. O sujeito discriminado passa por várias experiências de rejeição. Esta, entretanto, não se realiza como reprovação a traços de caráter, à qual o sujeito pode responder com correções de personalidade ou adaptações ao padrão vigente. A discriminação, com base na raça, é uma recusa existencial, para a qual não é permitida correção. Trata-se do resultado da manipulação de preconceitos, não dependendo do comportamento individual da vítima. Esta se encontra em face de um "pecado original". Se a "falha" se encontra em sua origem, só lhe resta um movimento centrípeto, uma investida órfica, na tentativa de recuperar a dignidade humana que lhe roubaram, pois a recusa social, em outros termos, significa um sério risco para a própria sobrevivência. Sob o signo do instinto de morte, há que se buscar um fortalecimento capaz de remissão. Ao condenado resta tentar provar a sua inocência em outras instâncias de julgamento. E o primeiro passo é o inevitável. Afinal, ao ser repelido, foi lançado contra si mesmo, e não o foi por um indivíduo

---

[73] Revelando a função social dos manicômios, Marco Antonio Arantes assinala: "O papel da psiquiatria neste processo está na inserção desses indivíduos ["a turba de humildes e miseráveis"] dentro de um quadro patológico, viabilizando uma ação mais efetiva nos corpos dos pacientes, que seriam privados de seus direitos civis. Daí a transposição da discriminação social para dentro do hospício, onde não apenas as pessoas eram diferenciadas pela posição social, mas também pela cor" (ARANTES, 1999, p. 110).

apenas, mas por vários, o que passou a configurar como uma atitude social, já que também, nesse conflito, ele foi associado a um grupo, correndo o risco, assim, de perda de sua individualidade. Esse grupo, do qual geneticamente faz parte, nada pode fazer por ele. Precisa agir sozinho.

A esse movimento introvertido corresponde o rancor, a sensação dolorosa da ferida que lhe causaram, com a qual terá de conviver, uma vez que o talho profundo é exatamente onde foi obrigado a mergulhar. Diante da irracionalidade de um ódio ou aversão que, através da exclusão, atenta contra a sua vida, a vítima vai procurar, em um primeiro momento, se ver livre do pânico da indignação. Sente e pensa que o arremessam, sem fundamento, para fora do convívio desejado, mas precisa provar, alardear que o estão condenando a um martírio injustamente. Apesar de vislumbrar aqui ou ali uma possibilidade de estabelecer elos, sente que realmente está só, na cela de si mesmo a contemplar o mundo, o qual deverá encarar com aversão, pois é o lugar em que residem as forças causadoras de seu dano moral e psicológico profundo, uma chaga na alma. Recordar é morrer. Sua memória do mundo passou a ser a tarefa de identificar o inimigo ao mesmo tempo em que procura aliviar a dor dos próprios ferimentos e tentar evitar outros.

Mas o indivíduo, voltado para si mesmo, em face da hostilidade do meio, no qual sonhava inserir-se de forma pacífica e feliz, tendo sido instado a pensar em sua dor, a senti-la novamente inúmeras vezes, começa a elaborar um movimento de extroversão. O mundo não tem a verdade. A verdade, ele, o indivíduo discriminado, encontrou-a em sua viagem ao inferno de si mesmo, ao desespero no qual teve de mergulhar ao sentir-se inferior diante da manifestação de superioridade que lhe barrou o caminho. Nesse tempo de convívio consigo, foi tentado a elaborar estratégias de sobreviver. Para tal empreendimento, surge a bifurcação que o ameaça de novo: esconder a sua revolta ou fazer dela a sua arma de combate. Sem dúvida, não conhece o resultado de uma senda, nem de outra. Certamente experimentará as duas. Sua vida não poderá fugir a esse caminho bifurcado. Seu percurso, contudo, apresentará riscos. O movimento extrovertido se dá porque o indivíduo aprendeu a ressentir, ganhou flexibilidade e pode, por vislumbrar, empreender a luta da própria libertação.

Nessa investida de extroversão, situa-se o ato de elaborar a escrita e, nela, a criação literária. O desejo de comunicar sua insatisfação diante das hostilidades será contraditório, visto que enfrentará, a princípio, ideias dominantes, com pretensões de verdades absolutas, que lhe são contrárias. O indivíduo titubeia. Chega a assumir tais ideias – pois é tido como aculturado – e, em outro momento, repudiá-las, não só no processo de revelação de suas chagas, mas também na investida rumo ao desmascaramento social. A princípio a catarse, depois a crítica dirigida. Para tanto, postar-se-á dentro do sistema e fora dele.

Na produção de Cruz e Sousa e Lima Barreto, o patético atuará como um índice dialógico e dramático, sendo as performances do "eu" lírico e a da primeira pessoa narrativa os recursos básicos, mas a ironia será um polo regulador para que o desnudamento da opressão se faça com segurança e arte.

Com a vara curta

A abordagem direta do tema racial dar-se-á pelo estatuto da escravidão, que esteve vigente durante a feitura das duas obras, quer como estabelecimento legal da vida cotidiana, quer como fundador das relações no período pós-Abolição. Lançar mão das contradições do sistema será a forma de ensejar a expressão direta contra os centros de opressão racial, tanto na expressão do enunciador textual quanto das personagens, em alguns casos chegando-se à forma do libelo.

Quando é utilizada a expressão "Abutre de Batina", no texto "O padre", publicado em *Tropos e fantasias*, de Cruz e Sousa, é indicada a força do direcionamento preciso, uma afronta direta à postura escravista da Igreja. Usa o artifício da individuação, ponteando a referencialidade com estilizações, mas a corrosividade das palavras não deixa margem de dúvida quanto à intencionalidade de se atingir um alvo maior que um indivíduo:

> Então para que empunhas o chicote e vais vibrando, vibrando, sem compaixão, sem amor, sem te lembrares daquele olhar doce e aflitivo que tinha sobre a cruz o filho de Maria?...
>
> O filho de Maria, sabes?!...
>
> Aquele revolucionário do bem e aquele cordeiro manso, manso como um ósculo da alvorada nas grimpas da montanha, como o luar a se esbater num lago diamantino...
>
> Lembras-te?!...
>
> Era tão triste aquilo...
>
> Não era padre, ó padre?!...
>
> Não havia naquela suprema angústia, naquela dor cruciante, naquela agonia espedaçadora, as mesmas contorções de uma cólica frenética, os mesmos arrancos informes de um escravo?...
>
> [...] É tempo de zurzirmos os escravocratas no tronco do direito, a vergastadas de luz... (SOUSA, 2000, p. 449, 450, 453).

A palavra segue, tendo como interlocutor um agente da opressão escravista. Ao padre não é dada a palavra para que se defenda. Quem brande a palavra é o acusador.

Essa postura acusatória é por onde também se posiciona o sujeito étnico negro-brasileiro. O acusado, representação de todo um sistema racial, se tem a palavra, apenas murmura. Está acuado, portanto. Essa inversão da posição tradicional caracteriza bem o que se realiza: uma inversão de papéis. O sedutor e violador de moças pobres "de todas as cores", Cassi Jones, depara-se, em rua de prostituição, com uma negra por ele seduzida, que, tendo sido empregada por sua família, fora expulsa por sua mãe quando se notou a gravidez. A rua marca o cenário do vexame, e outras pessoas, em defesa da acusadora, garantem o acuamento e o testemunho:

> – Não fuja, não, "seu" patife! Você tem que "ouvi" uma "pouca" mas de "sustança".
>
> A esse tempo, já os frequentadores habituais do lugar tinham corrido das tascas e hospedarias e formavam roda, em torno dos dois. Havia homens e mulheres... (BARRETO, CA, 1956, p. 172)

A mulher joga-lhe a verdade de sua desdita. Informa-lhe que o filho, sem contar ainda com dez anos de idade, já fora preso. Tece acusações a seu violador e a sua mãe. A situação de Cassi é a de um réu sendo julgado em praça pública. A mulher

> Soltou uma inconveniência, acompanhada de um gesto despudorado, provocando uma gargalhada geral. Cassi continuava mudo, transido de medo; e a pobre desclassificada emendava:
>
> – "Tu" é "mao", mas tua mãe é pior. (BARRETO, CA, 1956 p. 173-174)

Há uma consciência da necessidade de o oprimido lançar seus impropérios, realizar a sua catarse; o poema intitulado "Canção Negra", de Cruz e Sousa, confirma que aquele recurso é uma perspectiva de criação poética, para permitir que a palavra interditada rompa seus bloqueios e seja concebida como matéria literária:

> Sublime boca sem pecado,
> Cuspindo embora a lama e o pus,
> Tudo a deixar transfigurado,
> O lodo a transformar em luz. (SOUSA, FA, 2000, p. 156)

Assim como as vergastadas que atingem o padre, no texto do mesmo nome, são de luz, assim também a luminosidade é alcançada pela "boca em chamas, da mais sinistra e negra voz", ainda que a personagem seja descrita como de "face que se engelha/Da cor de lívido marfim". Além de marcarem que dessa literatura a palavra explosiva carrega consigo a capacidade transformadora e regeneradora, tais luzes contra as trevas definirão outros traços de superação. Pragas, anátemas e toda sorte de imprecações são bem-vindas quando o fim é salutar, no sentido de recuperar a convivência entre os seres humanos. Por isso a saudação na última estrofe do texto:

> A terra é mãe! – mas ébria e louca
> em germens bons e germens vis...
> Bendita seja a negra boca
> Que tão malditas coisas diz! (Sousa, FA, 2000, p. 158).

Assim, o vibrar das palavras acusatórias contra um sedutor de empregadas é um movimento no sentido de se repassar em novo prisma crítico o estatuto colonial do estuprador de escravas: o escravista, grande agricultor, detentor das terras e dos trabalhadores. Em *Clara dos Anjos*, aliás, a própria mãe da personagem central provém desse tipo de relação entre senhores e escravizados:

> Engrácia foi criada com mimo de filha, como os outros rapazes e raparigas, filhos de antigos escravos, nascidos em casa dos Teles.
>
> Por isso, corria, de boca em boca, serem filhos dos varões da casa. O cochicho não era destituído de fundamento [...] (Barreto, CA, 1956, p. 88).

Por essa memória, ainda que débil, "levava sempre a filha e não a largava de a vigiar. Tinha um enorme temor que sua filha errasse, se perdesse...". (Barreto, CA, 1956, p. 88)

O temor de Engrácia, entretanto, não é capaz de impedir a sedução de Clara. Há uma fatalidade, um determinismo, não biológico, mas social, uma continuação das relações escravistas no período pós-Abolição.[74]

É como "vergasta", ainda, que Cruz e Sousa publica os textos[75] que vieram a enfeixar o volume intitulado *Histórias simples*. Dirigido aos "amabi-

---

[74] Isaías, desvendando o pensamento do diretor do jornal em que trabalha, conclui: "Para ele, como para toda a gente mais ou menos letrada do Brasil, os homens e as mulheres do meu nascimento são todos iguais, mais iguais ainda que os cães de suas chácaras. Os homens são uns malandros, planistas, parlapatões quando aprendem alguma coisa, fósforos dos politicões; as mulheres (a noção aí é mais simples) são naturalmente fêmeas." (BARRETO, IC, 1956, p. 274). No conto "O caçador doméstico", o narrador destaca, referindo-se aos escravos: "Antes da lei do ventre livre, a sua multiplicação ficava aos cuidados dos senhores e depois... também." (BARRETO, HSo, 1956, p. 248).

[75] Publicados entre junho e setembro de 1887, no jornal desterrense *A Regeneração*.

líssimos senhores e particularmente as Exmas senhoras", tais textos visavam à "ideia de libertar escravos nesta aprazível terra". Com fina ironia, o poeta discorre, em oito unidades, cujos títulos são nomes ou apelidos de mulheres, tomando-as como destinatárias diretas do discurso, sobre fatos ligados à escravidão: um suicídio, o espancamento de uma mulher, a possibilidade de se colocar no lugar de uma escrava que tem de abandonar o filho em África, a estranheza de um francês que não entende a escravização no Brasil, a comparação de Cristo com um escravo, o desvirtuamento moral das sinhazinhas por suas escravas, sobre a contradição de uma escravista que se confessa na igreja e violenta, após a missa, as suas escravas, e, por fim, a contribuição singela a um bazar em favor dos cativos. Apelando para o sentimento de piedade de suas destinatárias, o sujeito étnico faz-se presente também nas acusações, ao denunciar o desvio de uma frustração pessoal para a violência racista. No texto VII, denominado "À Nenem", diz:

> Essa velha possui escravos que castiga atrozmente, de uma maneira desumana e brutal.
>
> E quando volta da igreja, com o ar ressabiado e hostil por ter ouvido repreensões ásperas do confessor que a conhece e que não lhe permite fazer todas as maldades e barbaridades que ela quer, a velha, despeitada por ele não estar sempre do seu lado, a seu favor naquele modo de vida de mulher irascível e má, chama uma pobre escrava doente e encanecida pela idade e pelos sofrimentos e dá-lhe pela cara com um vergalho de couro molhado e passado em areia ou chega-lhe aos seios e às pernas um pedaço de lenha ardente em brasa, dizendo-lhe entre um riso satânico e feroz: anda negrinha, pula agora aí e lembra-te do pai Antônio que não te quis; também o padre não me quer mais a mim. (SOUSA, HSi, 2000, p. 806).

O destaque para o sofrimento e para o sadismo da escravista apresenta na sua base a contradição. A velha é uma beata. E, quando fala, mais denuncia o fundamento de seu crime. Ainda mais uma vez a religião dominante recebe a crítica. O padre, que se insinua na história e ouve os pecados da personagem, não a impede de praticar algumas maldades, já que a ironia destaca "o confessor que a conhece e que não lhe permite fazer *todas* as maldades e barbaridades" (SOUSA, HSi, 2000, p. 806) (o destaque é meu), como se a dosagem delas fosse o ideal à beata.[76]

---

[76] Lima Barreto é enfático ao mostrar os limites da instituição religiosa, destacando: "Esta incapacidade que a Igreja demonstrou para abolir a escravidão negra nas colônias..." (BARRETO, IL, 1956, p. 85). A instituição torna-se, para ambos, "[...] a triste e pervertente religião hipócrita dos homens" (SOUSA, HSi, 2000, p. 805). Também Lima fará de uma personagem, um jesuíta, um criminoso passional, em *O subterrâneo do Morro do*

Ainda que apelativo e patético, o livro *Histórias simples* reúne a acusação sutil contra a atitude conivente em face da violência que se abatia sobre o escravizado. A ideia do libelo permanece de fundo. Esse chamar à atenção para as consequências da situação do escravizado vai encontrar também outro formato quando da tentativa de vislumbrar o desmonte psíquico do que seria o centro de convicção daquele sistema.

Tanto "O caçador doméstico" (HSo), de Lima Barreto, quanto "Consciência tranqüila" (OE), de Cruz e Sousa, trazem a figura do ex-senhor de escravos como objeto de análise, visando a seu drama interno. Neste texto, o acuamento se faz no leito de morte. Aqui, a palavra concedida servirá também, como no caso da velha violenta, em "À neném", para que a personagem exponha mais cruamente o exagero de sua maldade. Todos os horrores praticados pelo moribundo vêm-lhe à lembrança, com requinte. Violações sexuais, espancamentos e diversas modalidades de tortura, enforcamentos e outros assassinatos por ele praticados, inclusive a morte de um filho seu com uma escravizada,[77] desfilam por sua mente. Contudo, naquele estertor, ele reluta:

> Remorsos, eu, então, de toda essa treva trágica, de toda essa lama de crimes apodrecida?! Como, remorso? Pois não era do trono do meu ouro que eu estava rei soberano, assim, com o cetro do chicote em punho, coroado de ouro, arrastando um manto de púrpura feito de muito sangue derramado?! Remorso? De quê? Se o meu ouro tudo lavava, vencia, subjugava a todos e a tudo, emudecia a justiça, tornava completamente servis e de pedra os homens, fazendo de cada sentimento um eunuco?!.
> (Sousa, OE, 2000, p. 684)

O narrador, observando que, apesar do reconhecimento de seus crimes, o algoz, antes do último suspiro, apresenta uma "risada alvar, lugubremente idiota", infere que "[...] o ilustre homem rico, o abastado e poderoso senhor de escravos expirou – dir-se-ia mesmo com a sua consciência tranquila, completamente

---

Castelo: "As faces do jesuíta contraíram-se num *rictus* de ódio terrível; uma nuvem negra de vingança e de vergonha passou ante os seus olhos esgazeados; a sua mão crispada mais uma vez se ergueu e a um golpe de punhal o corpo de D. Garça caiu redondamente no leito (BARRETO, MC, 1999, p. 132).

[77] "E de outra ainda lembro-me também, porque eu a mandei afogar no rio das Sete Chagas, junto à figueira-do-inferno, com o filho, que era, execravelmente, meu, dentro das entranhas... [...] E devo ter algum remorso disso? Remorso? Por quem? Por quê? Por quem? Meu filho? Como? Feito por um civilizado num bárbaro, num selvagem? Remorso por tão pouco? [...] por essa asquerosa e horrenda cousa que se formou e ondulou misteriosamente sonâmbula nas estranhas pantéricas de uma negra hei de ter, então, remorso, hei de ter, então, remorso?!" (SOUSA, OE, 2000, p. 683).

tranquila [...]" (SOUSA, OE, 2000, p. 685). Apesar de o moribundo estar sendo perseguido pelo remorso, a sua reação parece espelhar a lógica maior da instituição da escravidão, qual seja, a crueldade, pela convicção, torna-se normal. O sujeito étnico impinge a mordacidade maior investindo contra a hipocrisia simbolicamente demonstrada pela presença, em torno do leito mortuário, de

> [...] toda uma sociedade de honrados bajuladores, de calculistas espertos e frios, de interessados argutos, de herdeiros capciosos, de tipos bisonhos e suspeitos, almas simplesmente consagradas ao instinto de conservação da vida no que ela tem de mais caviloso e oblíquo. (SOUSA, OE, 2000, p. 678)

O endereçamento do texto é certeiro. Os que silenciam garantem a normalidade da violência sem par. O texto ganha muita veemência tendo em vista que o narrador dá voz ao moribundo. Aliás, não será a primeira vez que utilizará esse recurso para buscar mais aderência do leitor à monstruosidade que se quer transmitir, nesse caso a respeito da figura do escravocrata.

Lima Barreto, no conto "Caçador doméstico" (HSo), traz como personagem um herdeiro, cuja família, arruinada pela Abolição da Escravatura, lançou-o no serviço público e que, por influências das relações de parentesco, galgou postos de chefia. Muda para os arredores da cidade e passa a criar cães. A vizinhança, resolvendo revidar o prejuízo que os animais vêm lhe causando, passa a assustá-lo à noite, através da ação de um moleque. O ex-escravocrata, por sua vez, associa os barulhos à sua consciência culpada advinda da escravidão. Fugindo das assombrações, certa noite, os cães não o reconhecem e o estraçalham como costumavam fazer com as aves dos vizinhos.

O propósito desse texto, curto e pouco trabalhado, mira, além da consciência culpada, como resultado do passado opressor, a continuação do feitio aproveitador e agressivo dos herdeiros da casa-grande. Há também, de forma indireta, a constatação de que o mal reverte para quem o pratica.

Descontada a densidade bastante diferente entre os dois exemplos, bem como as situações que eles retratam, o drama da escravidão se faz presente, agora tendo como ator não mais o oprimido, mas o opressor ou seu herdeiro.

Em "Escravocrata", Cruz e Sousa, fazendo do referencial do título seu objeto, inverte a situação e, no mesmo tom de "O padre":

> Eu quero em rude verso altivo adamastórico
> Vermelho, colossal, d'estrépito, gongórico,
> Castrar-vos como um touro – ouvindo-vos urrar! (Sousa, LD, 2000, p. 234).

O emprego da palavra para manipular, de forma direta, a figura do "outro" que simboliza o polo oposto, referindo-se à opressão escravista, não será uma constante na obra de Cruz e Sousa e Lima Barreto. A forma indireta versará, entre outros aspectos, sobre a dor do escravizado.

Tangenciando

Apoiando-se na literatura, mesmo a expectativa sonhadora de conseguir uma inserção ascensional na sociedade não fez Cruz e Sousa, ainda quando jovem, silenciar diante da escravidão. Contudo, a sua formulação idealista seguiu o discurso abolicionista dos últimos tempos do cativeiro. Fez coro. Seus poemas abolicionistas, um pouco tardios, se por um lado, em sua maioria, configuraram-se de qualidade estética inferior, em especial os de matiz laudatório e louvaminhas,[78] por outro lado reforçaram a ideia de que, ao trabalhar o tema escravidão, o poeta não se esqueceria de desenvolver a sua estratégia de criticar o "branco preconceito",[79] advertir que a escravidão resultou em experiência de vida que precisava ser conhecida de perto,[80] que o sentido das datas históricas brasileiras necessitava de complemento,[81] demonstrando também consciência de nacionalidade.[82] Na sua abordagem, não deixa de mergulhar na questão das consequências existenciais da violência escravista, como apresenta no poema "Da senzala":

---

[78] "25 de Março"; "Auréola equatorial", "Grito de guerra" e "Entre luz e sombra" (SOUSA, LD, 2000, p. 229-435).

[79] No poema "25 de Março": "Resvala e tomba e cai o branco preconceito" (SOUSA, LD, 2000, p. 262).

[80] No poema "Grito de guerra": "Para que o mal nos antros se contorça / Ante o pensar que o sangue vos abala, / Para subir – é necessário – é força / Descer primeiro à noite da senzala" (SOUSA, LD, 2000, p. 346).

[81] Referindo-se à manutenção da escravidão no 7 de Setembro, "Entre luz e sombra", exorta a "falange excelsa de obreiros", no tom castroalvesco com que estavam impregnados os poemas abolicionistas, e prossegue: "Quebrai os elos d'escravos / Que vivem tristes, ignavos, / Formando del[e]s uns bravos /P'ra glória mais do Brasil!..." E, ainda referindo-se ao futuro dos escravos, acrescenta: "Prendei-os sim, – mas à escola..." (SOUSA, LD, 2000, p. 333-334).

[82] No poema "Dilema": "Quando a escravatura / Surgir da negra treva – em ondas singulares / De luz serena e pura; / Quando um poder novo / Nas almas derramar os místicos luares, / Então seremos povo!" (SOUSA, LD, 2000, p. 235).

> A alma que ele tinha, ovante, imaculada
> Alegre e sem rancor;
> Porém que foi aos poucos sendo transformada
> Aos vivos do estertor...
>
> De dentro da senzala
> Aonde o crime é rei, e a dor – crânios abala
> Em ímpeto ferino;
>
> Não pode sair, não,
> Um homem de trabalho, um senso, uma razão...
> E sim, um assassino! (SOUSA, LD, 2000, p. 235)

A profunda dimensão existencial do drama gerado na senzala, ampliando-a através da convocação de elementos cósmicos para um estar no mundo. No poema "Crianças negras", marca essa amplitude:

> Trompas sonoras de tritões marinhos [...]
> A canção de cristal dos grandes rios [...]
> A terra com seus cânticos sombrios,
> O firmamento gerador de mundos.
> [...]
> Tudo, como panóplia sempre cheia
> Das espadas dos aços rutilantes,
> Eu quisera trazer preso à cadeia
> De serenas estrofes triunfantes.
> [...]
> Para cantar a angústia das crianças!
> Não das crianças de cor de oiro e rosa,
> Mas dessas que o vergel das esperanças
> Viram secar, na idade luminosa. (SOUSA, LD, 2000, p. 412-413)

Não diz sofrimento, mas "angústia das crianças". Não é o visto, mas o sentido, o interiorizado, o tumulto da alma que importa. Nesta subjetividade está interessado o poema. Por isso não recorre, como em outros, para instâncias sociais de socorro, mas ao "coração" – "Ó bronze feito carne e nervos, dentro / Do peito, como em jaulas soberanas..." (SOUSA, LD, 2000, p.413) – e faz seu apelo:

> As crianças negras, vermes da matéria,
> Colhidas do suplício à estranha rede,
> Arranca-as do presídio da miséria
> E com teu sangue mata-lhes a sede! (SOUSA, LD, 2000, p. 414)

Essa interiorização do discurso sela um processo de humanização do ex-escravizado, na perspectiva de um sujeito que, mesmo a distância, lhe é devotado, o que se pode notar no romance *Clara dos Anjos*. O título enfatiza um desejo de abandono da identidade negro-brasileira (Clara) – balizada também pela ironia – e tal iniciativa implica grande ingenuidade[83] (dos Anjos), cujo preço a personagem terá de pagar. A condição racial da personagem é realçada em diversos trechos do romance, um *leitmotiv* a anunciar o desfecho e a marcar a base das relações étnicas. Do defensor de Clara, o padrinho Marramaque, pode-se dizer um sensibilizado para as questões de raça. Era filho de português e de uma mulher que "quase branca, tinha ainda evidentes traços de índio". A adolescência de Marramaque fora passada nos tempos da escravidão, em cujas fazendas de café "[...] a escravaria negra povoava e penava sob os açoites e no suplício do tronco" (BARRETO, CA, 1956, p. 63). A descrição de sua personalidade mostra-o como uma "alma retardada de idealista e sonhador" que desde "rapazola" nutria, em silêncio, revolta contra a escravidão.[84] Tais sentimentos, nele, atualizam-se no contexto da liberdade vigiada dos negros brasileiros:

> Na sua vida, tão agitada e tão variada, ele sempre observou a atmosfera de corrupção que cerca as raparigas do nascimento e da cor de sua afilhada; e também o mau conceito em que se têm as suas virtudes de mulher. *A priori*, estão condenadas; e tudo e todos pareciam condenar os seus esforços e os dos seus para elevar a sua condição moral e social. (BARRETO, CA, 1956, p. 71)

A evidente interferência do narrador apresenta, pelo discurso indireto livre, Marramaque consciente da opressão racial. Entretanto a sua ingenuidade leva-o a se opor à investida de Cassi Jones em direção à Clara, subestimando a capacidade de violência do outro. Clara e Marramaque são vitimados, ela na honra, ele na vida, pois é assassinado. Dois ingênuos, assim como os pais de Clara. A ingenuidade de Marramaque é acompanhada de um valor ético gerado pela "Consciência", que no texto surge, ao gosto simbolista, grafada com inicial

---

[83] Em vários momentos do texto, o autor caracteriza a personagem com estes traços: "sua pequenina alma de mulher, por demais comprimida, havia de se extravasar em sonhos, em sonhos de amor, de um amor extra-real, com estranhas reações físicas e psíquicas" (BARRETO, CA, 1956, 89). "As emolientes modinhas e as suas adequadas reações mentais ao áspero proceder da mãe tiraram-lhe muito da firmeza de caráter e de vontade que podia ter, tornando-a uma alma amolecida, capaz de render-se às lábias de um qualquer perverso, mais ou menos ousado, farsante e ignorante, que tivesse a animá-lo o conceito que os bordelengos fazem das raparigas de sua cor" (BARRETO, CA, 1956, p. 90).

[84] "Havia, quando rapazola, muitas névoas na sua alma, um diluído desejo de vazar suas mágoas e os sonhos, no papel, em verso ou fosse como fosse; e um forte sentimento de justiça. O espectro da escravidão, com todo o seu cortejo de infâmias, causava-lhe secretas revoltas" (BARRETO, CA, 1956, p. 64).

maiúscula, assim como "Justo, Leal, Verdadeiro e Generoso". Esse sentido de ingenuidade, como decorrente de um fundo ético e idealista, surgirá em sua plenitude em "Policarpo Quaresma". O ingênuo, contudo, é um indefeso e presa fácil das forças destrutivas que o rodeiam. Em "Meu filho", de Cruz e Sousa, contemplando o sono de seu rebento o "eu" poético, apresenta a antevisão pessimista da vida que ele terá:

> [...]
> Meu filho que eu adoro e cubro de carinhos,
> Que do mundo vilão ternamente defendo,
> Há de mais tarde errar por tremedais e espinhos
> Sem que o possa acudir no suplício tremendo.
> [...]
> Tu não sabes, jamais, tu nada sabes, filho,
> Do tormentoso Horror, tu nada sabes, nada.
> O teu caminho é claro, é matinal de brilho,
> Não conheces a sombra e os golpes da emboscada.
>
> Nesse ambiente de amor onde dormes teu sono
> Não sentes nem sequer o mais ligeiro espectro...
> Mas, ah! eu vejo bem, sinistra, sobre o trono,
> A Dor, a eterna Dor, agitando o seu cetro! (SOUSA, FA, 2000, p. 147)

Assim como em "Meu filho", a ingenuidade, inscrita em outro poema intitulado "Recolta de estrelas", em quase todos os seus 42 dísticos, quando o "eu" poético pede bênçãos ao seu filho, é desconstruída, nas três últimas estrofes, nas quais é descrito o "atro Inferno":

> Onde vibram gládios duros
> Por ergástulos escuros.
>
> E cruzam flamíneas, fortes,
> Negras vidas, negras mortes.
>
> Onde tecem Satanases
> Sete círculos vorazes... (SOUSA, FA, 2000, p. 100)

O determinismo social que anima a visão pessimista não deixa margem para a ingenuidade. Logo após Clara refletir sobre a diferença racial entre ela e Cassi, e como que dar de ombros,[85] pelo seu envolvimento, rapidamente é narrada a vida da "mulatinha sapeca" Rosalina, com seus infortúnios.

---

[85] O narrador surpreende a preocupação com a discriminação racial a partir de quem dela é vítima: "Uma dúvida lhe veio; ele era branco; e ela, mulata. Mas que tinha isso? Havia tantos casos... Lembrava-se de alguns... E ela estava tão convencida de haver uma paixão sincera no valdevinos, que, ao fazer esse inquérito, já recolhida, ofegava, suspirava, chorava; e os seus seios duros quase estouravam de virgindade e ansiedade de amar" (BARRETO, CA, 1956, p. 91).

Seduzida, "a polícia obrigou o sedutor a casar-se com ela". Passa a ser espancada pelo cônjuge, de quem adquire o vício do álcool. Perde a moradia por despejo, o marido a abandona, ela deixa os filhos e tenta suicidar-se, porém se salva. Cai na prostituição. A tese afirma-se mais uma vez contra a ingenuidade de Clara.

O amanhã funesto obedece à ordem de um passado e um presente de violência. Clara, Rosalina, o filho do poeta e tantas outras personagens, como Alice, do conto "Um especialista",[86] traduzem a presença de uma preocupação étnica com o determinismo social.

A estratégia de mostrar que há uma vida interior nas personagens é incisiva e, sobretudo, quando da primeira pessoa, faz soar o abismo subjetivo para onde o leitor será convidado a entrar. Aí, onde se articula toda uma constelação indignada de textos e trechos em prosa e verso. Será preciso que aquilo que se experimenta enquanto emoções e sentimentos seja comunicado em forma literária. Mesmo para isso, há que se tangenciar primeiro a emoção em seu estado puro. Sabiam os nossos autores que a expressão literária, enquanto veículo do que lhes vai por dentro, é um estatuto sofisticado de arranjo verbal. As estratégias formais do verso parnasiano, como também do estatuto realista, para as quais o controle da emotividade era exigido, foram concebidas para a transfiguração, como se apresenta no texto "Emparedado":

> O temperamento que rugia, bramava dentro de mim, esse, que se operasse: – Precisava, pois, tratados, largos in-fólios, toda a biblioteca da

---

[86] Alice é também mulata e prostituta, que acaba amásia do próprio pai, um português que, após ter seduzido sua mãe e lhe roubado a herança, a havia abandonado. O depoimento de Alice traduz seu sofrimento resultante de seu abandono: "Fiquei órfã aos dezoito. Durante esses oito anos tenho rolado por esse mundo de Cristo e comido o pão que o diabo amassou. Passando de mão em mão, ora nesta, ora naquela, a minha vida tem sido um tormento. Até hoje só tenho conhecido três homens que me dessem alguma coisa; os outros Deus me livre deles! – só querem meu corpo e o meu trabalho. Nada me davam, espancavam-me, maltratavam-me. Uma vez, quando vivia com um sargento do Regimento de Polícia, ele chegou em casa embriagado, tendo jogado e perdido tudo, queria obrigar-me a lhe dar trinta mil-réis, fosse como fosse. Quando lhe disse que não tinha e o dinheiro das roupas que eu lavava só chegava naquele mês para pagar a casa, ele fez um escarcéu. Descompôs-me. Ofendeu-me. Por fim, cheio de fúria agarrou-me pelo pescoço, esbofeteou-me, deitou-me em terra, deixando-me sem fala e a tratar-me no hospital. Um outro – um malvado em cujas mãos não sei como fui cair – certa vez, altercamos, e deu-me uma facada do lado esquerdo, da qual ainda tenho sinal. Ah! Tem sido um tormento... Bem me dizia minha mãe: toma cuidado, minha filha, toma cuidado. Esses homens só querem nosso corpo por segundos, depois vão-se e nos deixam um filho nos quartos, quando não nos roubam como fez teu pai comigo..." (BARRETO, CA, 1956, p. 206-207).

> famosa Alexandria, uma Babel e Babilônia de aplicações científicas e de textos latinos, para sarar...
>
> Tornava-se forçoso impor-lhe um compêndio admirável, cheio de sensações imprevistas, de curiosidades estéticas muito lindas e muito finas – um compêndio de geometria!
>
> O temperamento entortava muito para o lado da África: – era necessário fazê-lo endireitar inteiramente para o lado Regra, até que o temperamento regulasse certo como um termômetro! (Sousa, EV, 2000, p. 662)

Onde se pode suspeitar de um complexo de inferioridade racial, o criador prepara suas estratégias com a manipulação dos conceitos, das exigências e das regras do meio contra o qual está visceralmente em oposição. O poeta reconhece que "era necessário" aquelas precauções, contudo, franquear a cancela às emoções e aos sentimentos é seu atributo, e a efusão, constituindo um dinamizador textual, seria capaz de descerrar outras possibilidades de criação literária. Por isso, Cruz e Sousa e Lima Barreto não abriram mão dessa prerrogativa.

O dia a dia e seu enfrentamento é o que mais lhes ocupará o estro criativo. Aliás, a reflexão sobre as consequências da escravidão e sua continuidade racista abordará, principalmente, os distúrbios das relações raciais e os prejuízos psicossociais da população negra e mulata.

Convite para o "eu" desconhecido

Da recomendação inacabada que a mãe pronuncia na partida de Isaías (IC) para a cidade do Rio de Janeiro: "– Vai, meu filho, disse-me ela afinal. Adeus!... E não te mostres muito, porque nós..." (Barreto, IC, 1956, p. 57) até o primeiro grande impacto que ele experimenta, pelo desprezo, enquanto manifestação racista do político procurado para arranjar-lhe um trabalho, a agudeza das observações da personagem vai gradualmente a conduzindo à verdade de que terá de enfrentar o racismo e seu silêncio estratégico. O interdito ("E não te mostres muito, porque nós...") está dado como um desafio. Não se mostrar muito teria a contrapartida de esconder-se um pouco (ou muito). Em termos textuais, Isaías não obedece à camuflagem proposta. Ao descrever o que sentiu quando constatou, observando pessoas que conversavam, o fato de que o outro o enganara, pedindo para que o fosse procurar no escritório, quando lá não se encontraria, o narrador-personagem, reparando dois indivíduos que conversam, abre as comportas do próprio abismo:

> A minha indignação veio encontrar os palestradores no máximo de entusiasmo. O meu ódio brotando naquele meio de satisfação, ganhou mais força. Num relâmpago, passaram-me pelos olhos todas as misérias que me esperavam, a minha irremediável derrota, a minha queda aos poucos – até onde? até onde? E ficava assombrado que aquela gente não notasse o meu desespero, não sentisse a minha angústia... [...] Veio-me um assomo de ódio, de raiva má, assassina e destruidora; um baixo desejo de matar, de matar muita gente, para ter assim o critério da minha existência de fato. (Barreto, IC, 1956, p. 102)

É esse abismo das fortes emoções, cujo potencial destrutivo deverá ser controlado, que exigirá uma autoconsciência do poder desestabilizador da ofensa moral baseada no racismo. A reiterada humilhação que deverá enfrentar constituirá o seu calvário, para o qual deverá desenvolver internamente o reconhecimento do relativismo ético. O que para uns não passará de fato corriqueiro terá outra representação para Isaías:

> Um sujeito entrou no bonde, deu-me um grande safanão, atirando-me o jornal ao colo, e não se desculpou. Esse incidente fez-me voltar de novo aos meus pensamentos amargos, ao ódio já sopitado, ao sentimento de opressão da sociedade inteira... Até hoje não me esqueci desse episódio insignificante que veio reacender na minha alma o desejo feroz de reivindicação. Senti-me humilhado, esmagado, enfraquecido por uma vida de estudo, a servir de joguete, de irrisão a esses poderosos todos por aí. (Barreto, IC, 1956, p. 103)

O ato de desconsideração relatado é o propósito da invisibilidade manifesto em relação ao próprio corpo do outro. Aqui, observa-se que a posição de Isaías fornece um novo ângulo de visão e análise da sociedade do período. A visão do oprimido é que detém o discurso. Da ação de um indivíduo, é inferida uma ação social. O sujeito étnico revelar-se-á uma instância de consciência de linguagem, permitindo a ultrapassagem de uma autocensura que poderia significar a completa renúncia de si mesmo no silêncio. A narrativa quebra-o, de forma retrospectiva. O narrador-personagem, em sua rememoração, faz do ato da escrita um ato que presentifica o poder destruidor da discriminação no discriminado: "Escrevendo estas linhas, com que saudade me não recordo desse heróico anseio dos meus dezoito anos esmagados e pisados!" (Barreto, IC, 1956, p. 103). O desenvolvimento da consciência racial de Isaías nasce não apenas dos impactos, mas das reflexões elaboradas. Afinal, o livro trata de "memórias", um balanço de vida. Tal construção abriga a ideia de reavaliação dos valores instituídos. Se Isaías sentiu ódio, é preciso não censurar esse ódio. Se há uma reação contra a injustiça, tal reação não pode ser julgada negativa. Nesse diapasão é que se faz o texto "Ódio sagrado", de Cruz e Sousa. Esse soneto, cujo título aponta para um desequilíbrio semântico, pelo choque de instâncias opostas na ética cristã dominante, é um indicador da posição epistêmica da emanação do discurso literário de Lima e Cruz. Ambos desenvolveram em suas obras o tom da indignação. A indignação determina um movimento contrário, uma reação em busca do equilíbrio. É o sujeito étnico negro-brasileiro que, pela gama de significados da luta antirracista empreendida individualmente, se constitui como vigilância. Esse prisma de consciência transforma-se em sensibilidade crítica, um anteparo contra as agressões que chegam de fora. O narrador e o "eu" poético tenderão, pois, para, estribados na força interior, arremeter-se à ousadia crítica de transpor os limites impostos por um padrão de arte coisificador e, paradoxalmente, asséptico. A opção ética fica assinalada na textura de vários trechos das obras, como no poema referido:

> Ó meu ódio, meu ódio majestoso,
> Meu ódio santo e puro e benfazejo,
> Unge-me a fronte com teu grande beijo,
> Torna-me humilde e torna-me orgulhoso.
>
> Humilde, com os humildes generoso,
> Orgulhoso com os seres sem Desejo,
> Sem Bondade, sem Fé e sem lampejo
> De sol fecundador e carinhoso.
>
> Ó meu ódio, meu lábaro bendito,
> Da minh'alma agitado no infinito,
> Através de outros lábaros sagrados,
>
> Ódio são, ódio bom! sê meu escudo
> Contra os vilões do Amor, que infamam tudo,
> Das sete torres dos mortais Pecados! (SOUSA, US, 2000, p. 211)

A ideia do conflito será projetada nos contrários que se tocam, das margens que se aproximam, de distâncias que se dissipam, de limites transgredidos, em um movimento de vaivém, na maré verbal que sobe e vaza, em um pranto profundo ou em uma ironia cáustica, entre a lucidez e a loucura, entre a realidade e o sonho, o céu e o inferno. Há um "ódio são, ódio bom", como haverá um "Cristo de bronze das luxúrias!..." (SOUSA, BR, 2000, p. 67). O poema "Ódio sagrado" traz um infinito de alma onde o ódio se agita. Tal dimensão convida os conceitos ao deslocamento, através da fabulação, que desafia a ordem, pois aquele dimensionamento nasce da reação permanente à produção social do caos interior nos indivíduos, pela sua redução. No plano do discurso, o sujeito está empenhado contra a sua dispersão interna. A tomada de consciência do ódio enquanto força a seu serviço transgride os padrões dados no jogo do poder. Do oprimido tem-se a expectativa da subserviência e conformação. O inverso disso deve ser condenado, já que afronta o estabelecido na formação discursiva racial advinda dos tempos da colônia. O personagem Isaías Caminha, diante do delegado que o interpela, expõe, em seu relato, mais uma vez, transgressão semelhante:

> Dessa vez tinha-o compreendido, cheio de ódio, cheio de um *santo ódio* que nunca mais vi chegar em mim. Era mais uma variante daquelas tolas humilhações que eu já sofrera; era o sentimento geral da minha inferioridade, decretada *a priori*, que eu adivinhei na sua pergunta. (BARRETO, IC, 1956, p. 116 – é meu o primeiro grifo)

Quanto ao poema de Cruz e Sousa, no "infinito" da alma, não só o ódio se manifesta, mas o "Amor", cujos vilões o poeta apresenta como inimigos ("Contra"). No trecho do romance de Lima, a "inferioridade" é "decretada *a priori* ", faz parte de um contexto maior de opressão, transcende o fato narrado. No poema "Na luz", o desejo tem várias faces e manifestação transformadora:

> De soluço em soluço a alma estreme
> [...]
> Ela só quer despedaçar cadeias,
> [...]
> Ela só quer despedaçar algemas. (SOUSA, US, 2000, p. 212)

Essa alma que pulsa textualmente sabe da rejeição à sua existência que o processo histórico colocou em seu caminho com a imposição para que permaneça no limbo.[87] O poeta Leonardo Flores, personagem de *Clara dos Anjos*, em seu delírio alcoólico "despia-se todo e gritava heroicamente numa doentia e vaidosa manifestação de personalidade: '– Eu sou Leonardo Flores'" (BARRETO, CA, 1956, p. 94). Essa necessidade de se dizer, de afirmar a própria existência, exibindo a nudez, aponta para a opressão sofrida: a negação da vida interior (alma), através de um encobrimento ou, em outros termos, do processo de invisibilização já destacado na primeira

---

[87] O conto "O pecado", satirizando o julgamento das almas no céu, apresenta um burocrata do Paraíso respondendo a São Pedro porque uma alma deixava de, com todas as suas qualidades de santo, ir "assentar-se à direita do Eterno", nos seguintes termos, depois de consultar os registros: " – Esquecia-me... Houve engano. É! Foi bom você falar. Essa alma é a de um negro. Vai para o purgatório" (BARRETO, GS, 1956 , p. 279) .

parte deste trabalho. O sujeito étnico não deixa de acender suas luzes para, na voz de uma pessoa do povo, argumentar metaforicamente: "– É 'cosa' feita! Foi inveja da 'inteligença' dele! – dizia uma preta velha –. Gentes da nossa 'cô' não pode 'tê inteligença'! Chega logo os 'marvado' e lá vai reza e 'fêtiço', 'pa perdê' o homem – rematava a preta velha" (BARRETO, CA, 1956, p. 94).

O mesmo poeta-personagem, em outro momento do romance, busca a sua autodefinição, que muito se assemelha à extração da prosa souseana, em especial, do "Emparedado", daí darmos destaques na citação a seguir:

> – [...] Nasci pobre, nasci mulato, tive uma instrução rudimentar, sozinho completei-a conforme pude; dia e noite lia e relia versos e autores; dia e noite procurava na rudeza aparente das cousas achar a ordem oculta que as ligava, o pensamento que as unia; *o perfume à cor, o som aos anseios de mudez de minha alma*; a luz à alegoria dos pássaros pela manhã; o crepúsculo ao cicio melancólico das cigarras – tudo isto eu fiz com sacrifício de cousas mais proveitosas, não pensando em fortuna, em posição, em respeitabilidade. Humilharam-me, ridicularizaram-me, e eu, que sou homem de combate, tudo sofri resignadamente. Meu nome afinal soou, correu todo este Brasil ingrato e mesquinho; e eu fiquei cada vez mais pobre, a viver de uma aposentadoria miserável, com a cabeça cheia de imagens de ouro e a *alma iluminada pela luz imaterial dos espaços celestes*. O fulgor do meu ideal me cegou; vida, quando não me fosse traduzida em poesia, aborrecia-me. *Pairei sempre no ideal*; e se este me rebaixou aos olhos dos homens, por não compreender certos atos desarticulados da minha existência; entretanto, elevou-me aos meus próprios, perante a minha consciência, porque cumpri o meu dever, executei a minha missão: fui poeta! Para isto, fiz todo o sacrifício. *A Arte só ama a quem a ama inteiramente, só e unicamente; e eu precisava amá-la, porque ela representava, não só a minha Redenção, mas toda a dos meus irmãos, na mesma dor*. Louco?! Haverá cabeça cujo maquinismo impunemente possa resistir a tão inesperados embates, a tão fortes conflitos, a colisões com o meio tão bruscas e imprevistas? Haverá? (BARRETO, CA, 1956, p. 135, grifo do autor)

A identidade grupal, frisada no trecho ("meus irmãos"), associada à ideia de arte como redenção, é do mesmo teor daquela pronunciada pela senhora, em citação anterior: "Gentes da nossa 'cô'". É a identidade que define o "homem de combate", que tenta "resistir a tão inesperados embates, a tão fortes conflitos, a colisões com o meio". Uma literatura que se faz nessa perspectiva vai constantemente reafirmar o convite ao desnudamento, como uma introdução ao mistério do ser humano na busca de sua identidade. Afinal:

> A necessidade de experimentar um sentimento de identidade nasce da condição mesma da existência humana e é fonte dos mais intensos impulsos. Como não posso ser mentalmente sadio sem o sentimento do "eu", sinto-me compelido a fazer quase qualquer coisa para adquiri-lo. Esta mesma necessidade está por trás da forte paixão por um "status" e pela conformidade, sendo por vezes mais forte do que a necessidade de sobrevivência física. (FROMM, 1965, p. 72)

Nessa busca abissal de identidade, essa literatura enfrentará dois importantes temas: a loucura e a morte, duas entidades que rondam o "eu" individual e o "eu" coletivo[88] identitário que ela concebe. E, entre ambas, a angústia, o tédio, a nostalgia, o silêncio, experiências psíquicas de quem, interiormente, vive à beira da perdição.[89]

Há, entretanto, no que se entrevê do monólogo do poeta Leonardo Flores, personagem de Lima Barreto, um projeto de "ser escritor", que se define pela busca de ultrapassar o lugar comum, de se encontrar uma autenticidade, um ideal. Ter atingido a fama não garantiu ao referido poeta a paz e a tranquilidade material. Daí seu delírio. O cânone tem, na divisão de gêneros literários – com as respectivas normas que os caracterizam – um de seus pilares. Ser autêntico a uma vida interior parece se chocar com as divisões e regras expressionais da literatura. O que mais chama à atenção na crítica de Lima e Cruz, como já vimos, é a mistura do biográfico ou confessional com o ficcional. Diante de uma determinação ideológica que se previne contra o testemunho pessoal, tendo em vista sua ameaça e comprometimento com o real, a definição do papel do escritor fica também pautada e, consequentemente, sua aceitação. A não correspondência do "Brasil ingrato e mesquinho", sentida por Leonardo, crava no centro da própria ficção o drama do escrever. O necessário enfrentamento ao abismo interior está na pauta de um projeto de escritura, cuja tendência seria subjetivar o texto, a ponto de, com a vibração da palavra, percorrer extremos de contenção e distensão.

---

[88] O narrador de *O cemitério dos vivos* traça um panorama da presença negra no manicômio: "Devido à pigmentação negra de uma grande parte dos doentes aí recolhidos, a imagem que se fica dele [do pátio do manicômio] é que tudo é negro. O negro é a cor mais cortante, mais impressionante; e contemplando uma porção de corpos negros nus, faz ela que as outras se ofusquem no nosso pensamento. É uma luz negra sobre as cousas, na suposição de que, sob essa luz, o nosso olhar pudesse ver alguma cousa" (BARRETO, CV, 1956, p. 185).

[89] "Eu experimentava ao vê-la [uma personificação da morte] um estremecimento de fascinação e uma tontura de abismo, como se ela própria fosse um abismo que a pesar meu, bela e tremenda, me viesse estrangular com os seus abraços não sei de que sensação e nem de que delírio, num amor venenoso e luminoso ao mesmo tempo..." (SOUSA, 2000, "Talvez a Morte?!," EV, p. 616).

Loucura e cura

O movimento de perda da razão, com o seu sentido contrário – a retomada do equilíbrio – configura uma dialética de luta entre uma desordem a que é submetido o indivíduo em sua resistência. Recuperar-se significa que há esperança de não sucumbir totalmente às investidas de uma sociedade neurótica, para a qual o liberto e o libertado incorporam o novo e por isso fazem parte da alteridade ameaçadora, contra a qual são movidos impulsos de autodefesa constituídos de sadismo e perversão. Como se dá essa recuperação da esperança nas obras de Cruz e de Lima nos dimensiona a margem de negociação com o sistema, que seus livros incorporam, e também um apanhado geral dos infortúnios humanos definidos por Freud, quais sejam: "... das três fontes de que nosso sofrimento provém: o poder superior da natureza, a fragilidade de nossos próprios corpos e a inadequação das regras que procuram ajustar os relacionamentos mútuos dos seres humanos na família, no estado e na sociedade" (FREUD, 1997, p. 37).

O desequilíbrio mental da personagem, concebida em "Balada de loucos", vista a partir de um narrador em primeira pessoa, resume-se a notações sobre o estado interior deste, em face da linguagem murmurante e desconexa daquela, enquanto caminham "à noite", sob a luz da lua. A linguagem articulada por ela se constitui de "rezas bárbaras". E, por três vezes, a frase que resume a situação retratada: "A pouco e pouco – dois exilados personagens do Nada – parávamos no caminho solitário, cogitando o rumo, como quando se leva a enterrar alguém, as paradas rítmicas do esquife..." (SOUSA, EV, 2000, p. 619). Há um "exílio", portanto. Ambas as personagens, sendo expulsas de um convívio social, foram, assim, transformadas em ficção delas mesmas ou de alguém, para pertencerem ao "Nada", em outras palavras, para ficarem sob o signo do não ser. A caminhada tem um rumo que se conclui no final do texto, sem que seja revelado o lugar. Há um "silêncio de fim daquela sonâmbula caminhada", mas não se determina o local de chegada, como também não foi determinado o local de partida. Acontece, contudo, sugestivamente, uma travessia que se apresenta como um cortejo fúnebre, para o qual cada parada é "como quando se leva a enterrar alguém, as paradas rítmicas do esquife...". O texto aponta para a relação entre o destino dos loucos (o manicômio) e o cemitério. Loucura e morte seriam similares. Mas se há personagem vítima da loucura, a outra (o narrador) apresenta-se lúcida, condutora da doente. Contudo, caracteriza-se, também como exilada e manifestação do Nada, o que implica uma causa desconhecida, cujo efeito é a loucura, mas não só. Exila-se da razão (a louca), mas também se exila do social, esta última forma abrangendo as duas personagens, como uma ampliação da primeira, pois caminhavam, expressa o narrador, "sem que o mundo nos visse e se apiedasse" (Sousa, EV, 2000, p. 619). Afinal, o título do poema apresenta uma referência plural. A Balada é de "Loucos". Além disso, a quarta frase não deixa dúvidas quanto a esta duplicidade da loucura: "Eu e ela, ela e eu! – ambos alucinados, loucos, na sensação inédita de uma dor jamais experimentada." [...] "...eu e ela, abraçados na suprema loucura, ela na loucura do Real, eu na loucura do Sonho..." (Sousa, EV, 2000, p. 619 e 620). Portanto, teríamos uma loucura típica da perda da razão e outra do exílio social. Esse poema em prosa, ainda quanto à sua denominação, remete-nos a uma forma musical, a balada, mas também ao gênero poético. No primeiro caso, trata-se de uma forma para dançar, de estrutura variável. Aqui, só como ironia poder-se-ia tomar a caminhada como uma dança, a menos que fosse uma dança quase macabra, entre tantos elementos empregados para a configuração do mistério e do medo (vento, árvores esgalhadas, noite, nuvens, lua). Entretanto, o texto parece remeter à composição vocal com acompanhamento de piano, cujo texto conserva o caráter narrativo do poema típico pré-romântico, porém de raízes medievais, no qual a lenda fantástica traz um tom bem marcado de melancolia. Se considerarmos as raízes folclóricas da balada, remetendo-a a parâmetros dramáticos, podemos perceber melhor o caráter cênico desse poema em prosa. Trata-se de uma cena de percurso de uma ponta a outra do palco. Trecho de um drama maior, de uma história com outros elementos que não se fazem presentes, mas ficam sugeridos. O ponto de partida e o de chegada de ambos; a origem da doença; a identidade das personagens; qual a ligação entre um e outro, tudo resta incompleto. Trata de um recorte que instiga a se perguntar pela história inteira. Aqui, podemos tomá-la, também como uma forma de acalanto para a própria situação sofrida que apresenta, pois o próprio narrador, em sua perspectiva de lembrar o passado, não deixa de abrir para a louca o "suntuoso altar da Piedade e da Ternura". O que o texto traz como características físicas da mulher são "os grandes olhos negros", que é "pequenina" e de uma "beleza quente". O afeto demonstrado, do narrador para com a louca, torna a narrativa mais densa. O sofrimento dele exacerba-se, atingindo mesmo um ápice de autocomiseração. Ele demonstra estar consciente diante de "uma dor que não fala [...] ...dor primeira do primeiro ser desconhecido, originalidade inconsciente de um dilaceramento infinitamente infinito" (Sousa, EV, 2000, p. 621). Essa transcendência superlativa estará a serviço de uma ampliação da individualidade. Há algo sugestivamente coletivo balizado pela Angústia, do qual ambas as personagens fazem parte. Ao finalizar com a impressão de que eles formariam "o centro genésico do novo Infinito da Dor" (Sousa, EV, 2000, p. 622), a sugestão é a de que a experiência vivida carece de conhecimento de outros, por isso o "novo", e é fundadora ("centro genésico"). Embora esse poema em prosa não trate do processo de cura, o cuidado para com o doente mental é movido pela ternura, pelo companheirismo e pela compreensão. O narrador "acariciava essa cabeça alucinada" e da vivência de seu drama podia compreender "os absolutos Sacrifícios que redimem" (Sousa, EV, 2000, p. 621). O afeto com que é tratada a louca é o oposto do que, na época, era dispensado àqueles que caíam nas garras dos psiquiatras higienistas, de uma "[...] prática psiquiátrica, que trabalha no sentido de diminuir ou anular o paciente, para exercer na loucura uma regulação de caráter moral e normativo" (Arantes, 1999, p. 101).

Se "Balada de loucos" não nos possibilita conhecer as causas da loucura, já o conto de Lima Barreto intitulado "O filho da Gabriela" esmera-se na constatação. A narrativa trata de um garoto, cuja infância miserável redunda, após a morte da mãe, em uma pré-adolescência passada junto aos patrões daquela, que se haviam tornado seus padrinhos enquanto ainda ela vivia. O comportamento irregular do menino não o impede de obter sucesso escolar. Mas revela-se uma falta de equilíbrio afetivo:

> Pelos seis anos, mostrava-se taciturno, reservado e tímido, olhando interrogativamente as pessoas e coisas, sem articular uma pergunta. Lá vinha um dia, porém, que o Horácio rompia numa alegria ruidosa; punha-se a correr, a brincar, a cantarolar, pela casa toda, indo do quintal para as salas, satisfeito, contente, sem motivo e sem causa. (Barreto, CA, 1956, p. 213)

Seu comportamento é o de um adotado que vive em face da rejeição impregnando sua história. Um pequeno incidente, entretanto, leva-o a um processo alucinatório. O garoto, depois que constata estar com febre, ao chegar em casa, passa a pronunciar frases estranhas. A trajetória traçada por Lima Barreto é a de alguém cujo começo de vida foi péssimo. É apresentada uma personalidade problemática, pela ausência paterna agravada pelos maus-tratos e pela posterior morte de sua mãe. A tentativa de redirecionamento da vida expõe sua pouca chance de sucesso, sobretudo porque houve uma adoção filantrópica, que não esconde sua contrariedade por parte do conselheiro Calaça, o padrinho. A ação de Dona Laura, a madrinha, a princípio situa-se mais em função de aplacar a culpa do conselheiro, tanto pelas humilhações que praticou contra a mãe do menino quanto por sua prática adúltera que aquela conhecia. Ressalta o desamor do padrinho, a representação de seu poder patriarcal contrariado pela condescendência feita à mulher para adotar o afilhado. É um homem "duro, desdenhoso, severo em demasia com o pequeno, de quem não gostava, suportando-o unicamente em atenção à mulher – maluquices da Laura, dizia ele" (BARRETO, CA, 1956, p. 214). Há dificuldades para a redenção de um estado de vida inicialmente minado pela injustiça, pela fome, pelos maus-tratos e pela rejeição. Enquanto culminância de um processo desenvolvido nas relações sociais, a loucura fica aqui bem caracterizada. A partir de certo momento, uma vez desencadeado o processo de destruição pessoal, fica difícil retroceder. É flagrante o determinismo nesse conto. As carências de Horácio renascem como insatisfações que o convívio social ajuda a intensificar até o completo implante do caos na mente da vítima que, em seu turbilhão, se arrasta para a doença física com características de demência. No caso de Horácio, o mal é desencadeado por um ato pueril de ingratidão para com o padrinho, ao negar-se atender a um pedido seu para que apanhasse umas roupas em casa comercial. O remorso é tamanho, que leva o garoto a ter febre e a delirar, como se ele tivesse vivido em um fio rompido pelo episódio. O conselheiro revida a indelicadeza do afilhado mostrando-lhe a dívida: "– Ingrato! Era de esperar..." (BARRETO, CA, 1956 p. 219). Por essa via, instala-se o remorso no íntimo de Horácio. Depois de retornar para casa, antes do término do período escolar, com febre e dores de cabeça, é tomado pelo delírio, diante da madrinha, delírio que assim se apresenta:

> Um instante pareceu sossegar; ergueu-se sobre o travesseiro e chegou a mão aos olhos, no gesto de quem quer avistar alguma coisa ao longe. A estranheza do gesto assustou a madrinha.
> – Horácio!... Horácio!...
> – Estou dividido... Não sai sangue...
> – Faz sol... Que sol!... Queima... Árvores enormes... Elefantes...
> – Horácio, que é isso? Olha; é tua madrinha!
> – Homens negros... fogueiras... Um se estorce... Chi! Que coisa!... O meu pedaço dança...
> – Horácio! Genoveva, traga água de flor... Depressa, um médico... Vá chamar, Genoveva!
> – Já não é o mesmo.. é outro... lugar, mudou... uma casinha branca... carros de bois... nozes... figos... lenços...
> – Acalma-te, meu filho!
> – Ué! Chi! Os dois brigam...
> Daí em diante a prostração tomou-o inteiramente. (BARRETO, CA, 1956, p. 220-221)

A extração do delírio deixa entrever um ego dividido. Os referenciais culturais africanos e europeus, como a demonstrar a coexistência conflituosa dentro de um ser. Embora Horácio não tenha sido caracterizado fisicamente como mulato, ele está crivado pelo choque dois mundos. O africano havia solapado inconscientemente o europeu. Fora o ambiente da festa de São João que lhe desencadeara um mal-estar.

> O menino, sentindo-se arrastado por aquele frêmito de augúrio e feitiçaria, percebeu bem como vivia envolvido, mergulhado no indistinto, no indecifrável; e uma onda de pavor, imensa e aterradora, cobriu-lhe o sentimento.
>
> Dolorosos foram os dias que se seguiram. O espírito sacolejou-lhe o corpo violentamente. (BARRETO, CA, 1956, p. 218)

O narrador cruza, portanto, dois dados: a vida objetiva, com a história de um cotidiano adverso, e o choque cultural. Tais ingredientes articulam a força de protesto contra o conselheiro, que não esconde detestar e desprezar o menino, tolerando-o apenas por insistência da esposa. As mãos do determinismo atuaram para costurar esses aspectos da realidade. O indivíduo, mais uma vez, é resultado do meio. Algo se elabora em seu íntimo, levando-o a atitudes impensadas e a transes incontroláveis. O final do conto, com o médico receitando "purgante" e "cápsulas", por se tratar de um "delírio febril", é de uma ironia espetacular. A ignorância do representante da ciência avulta. O sujeito étnico negro-brasileiro demonstra que atua para desvendar e propor uma leitura da realidade que, ao denunciar a violência cotidiana contra os pobres, não deixa de vislumbrar o conflito étnico e cultural subjacente nas relações sociais. E o surto psicótico expressa tal ambivalência, inclusive a incoerência ideológica predominante, com as formulações teóricas que

> Ao admitirem a exclusividade da doença mental entre as raças não-brancas e a tendência destas mesmas para a proliferação da loucura na sociedade, tinham em mente estabelecer, pelo menos teoricamente, uma estratégia que fincasse as bases de uma identidade nacional, que seria instituída com a supremacia dos brancos e pelo respectivo processo de branqueamento dos negros. [...] Se na terminologia eugênica a mistura de raças é considerada fator de degenerescência, em termos políticos ela significa o retrocesso para "formas arcaicas" de governo. Contraditoriamente, a única alternativa oferecida aos mestiços para se integrarem na sociedade, colocava a união entre brancos e negros como a condição básica para o branqueamento, o que significava o mesmo que se tornar cidadão, ou mesmo adquirir uma identidade social. (ARANTES, 1999, p. 165, 171)

De outra natureza é a veneração em "O sonho do idiota", de Cruz e Sousa. Como tenta induzir o título, trata-se de um idiota no sentido mais próprio da demência. É um rejeitado, pelo desamor e pela incompreensão dos demais. A circunstância inicial demonstra que já é um ser em etapa avançada da rejeição, sendo corrido a pedradas pelas pessoas normais. A opressão é visível e brutal. Oprimido na rua, ele busca abrigo em uma igreja. Quando ele adentra o templo, "os que o viram entrar olharam para ele surpresos, com movimentos instintivos de defesa, como diante de um perigo iminente" (Sousa, EV, 2000, p. 633). Há uma celebração, durante a qual se observa o rosto de uma mulher que ele relaciona com uma antiga paixão irrealizada. Sobe-lhe o desejo, inundando os seus sentidos. E o narrador traça-lhe um perfil grotesco, de alguém cuja mente encontra-se completamente à deriva. Nela desencadeiam-se "fenômenos nebulosos, talvez recuados ao antropomorfismo das células, à noite caótica, primitiva, da sensibilidade humana" (Sousa, EV, 2000, p. 638). A imagem da mulher que suscitara as múltiplas convulsões interiores vai projetar-se na imagem de uma santa, quando ele já se encontra só na igreja, em meio à penumbra. É a segunda fase da alucinação. Diante da imagem, revive as dores da interdição amorosa. Após essa fase, vem a mais grave. Como que os pensamentos materializam-no, por um processo de horror, em réptil verde, que se divide em "bilhões", a partir do momento em que o "ciúme desesperado" e a inveja que sente das demais pessoas são constatados pelo narrador. É à inveja que eles são atribuídos como resultantes:

> E como se essa sugestão doentia e diabólica da inveja lhe tomasse logo todo o cérebro e pasmosamente lhe gerasse absurdas visões na retina, jungido à mais perseguidora e atroz obsessão, o idiota, como um monstruoso reptil verde, sentiu-se subdividido, multiplicado infinitamente em milhões e bilhões de reptis verdes [...]. (Sousa, EV, 2000, p. 639)

Por fim, depois de muito tormento sofrido pela alucinação é que ele logra encontrar a porta de saída, pois que havia ficado trancado, por descuido de alguém, "como que por encanto". Sai para a rua à luz do dia.

Desse texto podemos destacar, mais uma vez, a ideia de uma loucura passageira. Aqui o processo desencadeador vai fundo. Afloram imagens de um desejo interdito. A frustração acumulada coloca-se como a fonte de um drama íntimo de consequências desastrosas. A igreja, aparentemente um abrigo, revelou-se como mais um espaço de opressão, agora pela única configuração de suas fantasias. "O sonho do idiota" é mais que pesadelo. É uma alucinação. O título, portanto, revela-se como ironia. O caminhar do idiota pela nave remete ao próprio drama íntimo. É narrado como "perambulação hipnótica de fantasma, do próprio fantasma do seu Desejo, da sombra da própria sombra do Afeto" (SOUSA, EV, 2000, p. 638). Fica evidente o drama amoroso como gênese de toda a articulação textual. A obsessão pela imagem da mulher demonstra a chaga psicológica ainda aberta e clamando para ser ouvida. A paixão não correspondida será um tema reiterado em Cruz e Sousa na representação do interdito, no plano do afeto e da sexualidade. Entretanto, o poder que tal fato tem, no "Sonho do idiota", é o motivo da alienação, momentânea, mas completa. O idiota fora "corrido por apupos, pela chacota irreverente e apedrejada" (SOUSA, EV, 2000, p. 633). A rejeição social expôs sua brutalidade. Seu interior, "caverna sem eco de vida afetiva", deslumbra-se ante a beleza feminina – "loura, os cabelos finíssimos, os olhos azuis de peregrina suave, a boca deliciosa e doce" (SOUSA, EV, 2000, p. 635) – que, em sua ilusão, reaparece como santa em um altar, desencadeando o contato com "o seu tormento medonho, toda a sua dor amordaçada, toda a sua miséria secreta" (SOUSA, EV, 2000, p. 638). O drama íntimo não verbalizado, tanto em Horácio ("O filho de Gabriela", CA) quanto no Idiota, sondado pelas especulações do narrador, apresenta-se como potência desestruturante de um mundo à revelia que mora no interior das personagens. Nas duas visões, o homem não move, é movido. Mas tal potência não deixa de mostrar o braço social da rejeição. Se Horácio vai tomar remédios, ao final da narrativa, não se sabe se encontrará a cura. Quanto ao Idiota, apesar da consciência que tem do pesadelo, "mesmo assim acordado, continuaria eternamente e amargamente a sonhar..." (SOUSA, EV, 2000, p.641). A esperança parece frágil ou quase nenhuma, o que não ocorre com o processo de cura de Policarpo Quaresma. A sua loucura resulta também de um movimento social de recusa do estranho comportamento patriótico em seus excessos de ingenuidade. Pelo prisma compreensivo de Adelaide, assim é apresentado o processo de loucura de Quaresma:

> A princípio, aquele requerimento... Mas que era aquilo? Um capricho, uma fantasia, cousa sem importância, uma ideia de velho sem consequência. Depois, aquele ofício? Não tinha importância, uma simples distração, cousa que acontece a cada passo... E enfim? A loucura declarada, a torva e irônica loucura que nos tira a nossa alma e põe uma outra, que nos rebaixa... Enfim, a loucura declarada, a exaltação do eu, a mania de não sair, de se dizer perseguido, de imaginar como inimigos, os amigos, os melhores. Como fora doloroso aquilo! A primeira fase do seu delírio, aquela agitação desordenada, aquele falar sem nexo, sem acordo com que se realizava fora dele e com os atos passados, um falar que não se sabia donde vinha, donde saía, de que ponto do seu ser tomava nascimento! E o pavor do doce Quaresma? Um pavor de quem viu um cataclismo, que o fazia tremer todo, desde os pés à cabeça, e enchia-o de indiferença para tudo mais que não fosse o seu próprio delírio. (BARRETO, PQ, 1956, p. 97)

O prisma generoso de Adelaide não fora o mesmo de outras tantas manifestações de repúdio às iniciativas de Quaresma, a mais forte constituindo da reprimenda que recebeu do diretor de sua secretaria, pelo requerimento escrito em tupi. O coronel humilha-o e o suspende do trabalho "até segunda ordem", fazendo-o sair "abatido, como um criminoso, do gabinete [...]" (Barreto, PQ, 1956, p. 94). O narrador aproveita o ensejo daquela sandice para fazer inúmeras considerações acerca da loucura. Uma delas, pela abrangência, merece reflexão: "Como em todas as portas dos nossos infernos sociais, havia de toda a gente, de várias condições, nascimentos e fortunas. Não é só a morte que nivela; a loucura, o crime e a moléstia passam também a sua rasoura pelas distinções que inventamos" (Barreto, PQ, 1956, p. 99). Enlouquecer é uma forma de humanizar-se, através da perda da prepotência racional, perda esta que a própria sociedade com sua homogeneização de comportamentos acaba produzindo. Ao diferente, o repúdio social, a pressão, o encarceramento. Mas Quaresma consegue superar as dificuldades do manicômio, inclusive pela aceitação de seu estado: "A exaltação passara e o delírio parecia querer desaparecer completamente. Chocando-se com aquele meio, houve logo nele uma reação salutar e necessária. Estava doido, pois se o punham ali..." (Barreto, PQ, 1956, p. 100).

O caráter de corretivo moral na forma de isolamento manicomial da época está na base do conformismo da personagem. O louco precisa se conformar de que a sua loucura é prejudicial à sociedade e precisa entregar-se às competências e autoridade da ciência:

> O asilo da era positivista, por cuja fundação se glorifica a Pinel, não é um livre domínio de observação, de diagnóstico e de terapêutica; é um espaço judiciário onde se é acusado, julgado e condenado e do qual só se consegue a libertação pela versão desse processo nas profundezas psicológicas, isto é, pelo arrependimento. A loucura será punida no asilo, mesmo que seja inocentada fora dele. Por muito tempo, e pelo menos até nossos dias, permanecerá aprisionada num mundo moral. [...] Um homem de grandes conhecimentos, de virtude íntegra e com longa experiência do asilo poderia bem substituir o médico. Pois o trabalho médico é apenas parte de uma imensa tarefa moral que deve ser realizada no asilo e que é a única que pode assegurar a cura do insensato. (Foucault, 2004, p. 496)

A conformação do doente a uma ordem moral é a garantia para seu retorno ao convívio social. Quaresma atinge esse estado e parte para o "Sossego", sítio em que passa a viver e a reavivar o seu idealismo nacionalista, agora com esperança na agricultura. Sua loucura passageira e a continuidade de sua obsessão demonstram que a personagem nada mais foi do que vítima da pressão social e que, no momento de sua conformação, tudo voltou ao normal. Aí, parece-nos, a princípio, que a narrativa aponta para a solução da loucura: o doente volta para o convívio social e deixa de apresentar os sintomas que o lançaram em colisão com o meio. A personagem perde a mania de perseguição, o delírio e a exaltação. Mas seu erro reside na ingenuidade da conformação. Acredita que pode continuar com suas ideias e iniciativas, que a sociedade está pronta para recebê-las. Essa será a sua ruína. Não analisa a sociedade como um organismo doente, neurótico e violento, capaz de lançar indivíduos em situações de perigo extremo.

Dos textos até agora mencionados como exemplos de configuração da loucura, suas personagens não praticaram nenhuma ação de violência denunciada em suas páginas.

Contudo, é em "O cemitério dos vivos", romance inacabado de Lima Barreto, que a loucura, enquanto estágio de uma sociabilidade problemática, apresentará um amplo número de personagens e situações, além de constituir motivo de diversas reflexões, pois o ambiente em que é situado é o próprio manicômio. O relato de tais "fragmentos", como é secundado o título, é vazado na primeira pessoa da personagem Mascarenhas, um escritor, cujo nome traz em si a ideia de máscara, como uma alusão à vida a que se submeteu. O propósito da personagem-narradora revela-se nas primeiras páginas, logo após o relato da morte de sua esposa:

> O melhor é contar como foi o meu casamento, um pouco da minha vida, para que se possa compreender porque esse espetáculo doméstico, em geral, de tão pouco alcance, trouxe para mim consequências desenvolvidamente dolorosas, um verdadeiro drama psicológico e moral, que todas as satisfações posteriores não puderam dar termo na minha consciência, nem tampouco o trabalho e o vício. (BARRETO, CV, 1956, p. 121-122)

Daí por diante, o inventário das pressões sociais vai-se acumulando: na relação entre os sexos, a timidez; entre os grupos étnicos, a discriminação racial; no conhecimento em voga, a imposição de concepções deterministas; e, por fim, no casamento, a clausura.[90] Morre-lhe a mulher, deixando-lhe

---

[90] Mascarenhas, ao ser pedido em casamento por Efigênia, antevê o revés que a instituição representava: "Vi logo as desvantagens do casamento. Ficaria preso, não poderia com liberdade executar o meu plano de vida, fugiria ao meu destino pelo dever em que estava de amparar minha mulher e a prole futura. Com os anos cresceriam as necessidades de dinheiro; e teria então de pleitear cargos, promoções, fosse formado ou não, e havia de ter forçosamente patronos e protetores, que não deveria melindrar para não parecer ingrato. Onde ficaria meu sonho de glória, mesmo que fosse só de demolição? Onde ocultaria o meu 'pensamento de

um filho problemático, uma sogra louca e o vício da bebida. Daí, o resumo da tragédia pessoal e o desfecho da própria loucura:

> Depois de beber consecutivamente durante uma semana, certa noite, amanheci de tal forma gritando e o dia seguinte passei de tal forma cheio de terrores, que o meu sobrinho André, que já era empregado e muito me auxiliava, não teve outro remédio senão pedir à polícia que me levasse para o hospício. (Barreto, CV, 1956, p. 176)

A grande frustração de Mascarenhas, constituída de uma concepção de obra literária enquanto meta obsessiva para a glória, é o que o lança nos delírios após o processo de autodestruição pelo álcool.

A partir daí, o suplício e suas variações serão apresentados em um longo depoimento, incluindo diversos casos de loucura observados. A introdução é a "almanjarra de ferro e grades", cuja descrição também se repetirá no conto "Como o 'homem' chegou". O sofrimento do transporte até o hospício é descrito como antevisão do tratamento naquele ambiente:

> [...] o pobre-diabo lá dentro, tudo liso, não tem onde se agarrar e bate com o corpo em todos os sentidos, de encontro às paredes de ferro; e, se o jogo da carruagem dá-lhe um impulso para a frente, arrisca-se a ir de fuças de encontro à porta de praça-forte do carro-forte, a cair no vão que há entre o banco e ela, arriscando a partir as costelas... Um suplício deste, a que não sujeita a polícia os mais repugnantes e desalmados criminosos, entretanto, ela aplica a um desgraçado que teve a infelicidade de ensandecer, às vezes, por minutos... (Barreto, CV, 1956, p. 152)

O final da descrição estabelece a desproporção do surto com a brutalidade do tratamento que lhe é dado. Ensandecer "por minutos" não deveria gerar tamanha forma de aprisionamento. Contudo, Mascarenhas é poupado do carro-forte. Mas não deixa de fazer seu comentário sobre o transporte desumano e o vexame que ele acarreta: "A medicina, ou a sua subdivisão que qualquer outro nome possua, deve dispor de injeções ou seja lá o que for, para evitar esse antipático e violento recurso, que transforma um doente em assassino nato involuído para fera" (Barreto, CV, 1956, p. 153). Assim, o narrador vai prosseguir a crítica à instituição manicomial. Seu alvo será a insensibilidade que lança o indivíduo aos piores constrangimentos, incluindo a presença da polícia, que faz do paciente um delinquente.

---

mocidade'? Havia de sofrer muito, por ter fugido dele... De resto, mesmo que conseguisse aproximar-me da realização do que planejava, o meu casamento era a negação da minha própria obra" (BARRETO, CV, 1956, p. 148).

Além disso, todo o processo de humilhação que nivela os indivíduos à mais baixa consideração social. As mais variadas formas de loucura são consignadas no relato. Entretanto, é a reflexão de sua vida de escritor frustrado em sua ânsia de glória que leva Mascarenhas a fazer, como Isaías Caminha, a reconstituição de sua vida até mesmo o ponto de uma idealização de si mesmo, como nesta passagem:

> Eu sofria honestamente por um sofrimento que ninguém podia adivinhar; eu tinha sido humilhado, e estava, a bem dizer, ainda sendo, eu andei sujo e imundo, mas eu sentia que interiormente eu resplandecia de bondade, de sonho de atingir à verdade, do amor pelos outros, de arrependimento dos meus erros e um desejo imenso de contribuir para que os outros fossem mais felizes do que eu, e procurava e sondava os mistérios da nossa natureza moral, uma vontade de descobrir nos nossos defeitos o seu núcleo primitivo de amor e de bondade. (BARRETO, CV, 1956, p. 183)

O impacto moral do hospício leva o narrador-personagem a um refazimento da própria visão do mundo, através das reflexões que o tempo de internação e a biblioteca do hospício lhe proporcionam, além do sofrimento, que também o atinge, resultante do experimentalismo dos médicos sobre os pacientes.[91]

Nas obras de Cruz e Sousa e nas de Lima Barreto, as personagens surgem como vítimas de ausência de afetividade, de paixões, de falta de consciência social e também por motivos desconhecidos. Expostas que são a seus delírios, aparecem como uma legenda de produtos de uma sociedade doente, cujas relações levam os mais fracos a sucumbirem. Além disso, o abandono fica presente. Há um desprezo que está na base das relações do período, que o sujeito étnico negro-brasileiro pode perceber em profundidade, pois o seu nascimento e sua performance provêm do enfrentamento histórico com a condição de excluído, sendo que a loucura surge como um de seus grandes índices, juntamente com a morte que até pode tê-la como sua primeira etapa.

O estágio da loucura, por outro lado, configura o próprio fazer literário como o espaço privilegiado para o equacionamento dos riscos a que estão expostos os indivíduos na convivência social, e como reação possível contra a desintegração do "eu",[92] pois:

---

[91] Enfático, o texto reproduz, do ponto de vista do doente, a relação que ele mantém com seu físico: "Tinha perdido toda a proteção social, todo o direito sobre o meu próprio corpo, era assim como um cadáver de anfiteatro de anatomia" (BARRETO, CV, 1956, p. 220).

[92] Comentando "O cemitério dos vivos", Antonio Arnoni Prado observa: "[...] ao historiar a própria loucura, Lima Barreto fará o relato de seu ingresso simbólico nos domínios da

> A vida, tal como a encontramos, é árdua demais para nós; proporciona-nos muitos sofrimentos, decepções e tarefas impossíveis. A fim de suportá-la, não podemos dispensar as medidas paliativas. [...] Existem talvez três medidas desse tipo: derivativos poderosos, que nos fazem extrair luz de nossa desgraça; satisfações substitutivas, que a diminuem; e substâncias tóxicas, que nos tornam insensíveis a ela. [...] As satisfações substitutivas, tal como as oferecidas pela arte, são ilusões, em contraste com a realidade; nem por isso, contudo, se revelam menos eficazes psiquicamente, graças ao papel que a fantasia assumiu na vida mental. (FREUD, 1997, p. 22-23)

O suposto contraste entre arte e realidade não deixará de traduzir um contraste ideológico, considerando a internalização dos interditos, apontada mais por Cruz e Sousa, e a denúncia, mais por Lima Barreto, ou sugerir os esquemas sociais promotores de isolamento do indivíduo e de sua exclusão.

Ao trabalhar a loucura literariamente, Cruz e Sousa e Lima Barreto redesenharam também um dos aspectos do exílio negro-brasileiro do período, sem, no entanto, deixar a brecha de esperança como possibilidade de cura.

A morte adversária

O mais forte sentimento de resistência do indivíduo manifesta-se diante de seu irremediável perecimento. A reflexão sobre a morte e sua dinâmica entre o ser e o não ser permite verificar as várias concepções em jogo nos textos e que lugar elas ocupam nas obras de nossos autores. As ocorrências de morte de personagens e como elas são refletidas na voz narrativa ou poética, bem como as ideias que a sustentam, vão nos revelar as situações limites de ambas as literaturas e o quanto o sujeito aí presente atua para afirmar a sua individualidade. Edgar Morin, em *L'Homme et la Mort*, interpreta essa manifestação do indivíduo como estrutural na luta do ser humano para superar a morte:

> *C'est donc l'affirmation de l'individualité qui commande d'une façon à la fois globale et dialectique la conscience de la mort, le traumatisme de la mort, la croyance en l'immortalité. Dialectique – parce que la conscience de la mort appelle le traumatisme de la mort, qui appelle l'immortalité – parce que le traumatisme de la mort rend plus réelle la conscience de la mort, et plus réel l'appel à l'immortalité – parce que*

---
literatura, como se narrar a própria desintegração fosse uma forma de se recompor e de ver brilhar a estrela da metáfora que a vida apagou" (PRADO, 2004, p. 219).

*la force de l'aspiration à l'immortalité est fonction de la conscience de
la mort et du traumatisme de la mort.* (MORIN, 1970, p. 44)[93]

O traumatismo da morte traz consigo o acúmulo das significações outras da deterioração da integridade individual, entre as quais a doença aparece como a grande ameaça. Nessa perspectiva, na tradição ocidental, a loucura e a morte têm relação de semelhança e causalidade. No primeiro caso, desenvolve-se o eixo da metáfora. A loucura é uma espécie de morte, o que já vimos no subcapítulo anterior. O segundo caso é o que nos interessa aqui: a loucura como um passaporte para a morte. Mas, se podemos concebê-la como causa, precisamos considerá-la também enquanto consequência. As personagens e os estados de alma similares à loucura, que redundariam na morte, são consequências das determinações sociais. As situações que levam à loucura mortal é o que vamos explorar em um primeiro momento.

"A nódoa", poema em prosa de Cruz e Sousa, cuida de personagem marginalizada, um homem alcoólatra e solitário. Aqui a alucinação que se instaura é o aspecto mais importante. O narrador não explicita nem aponta as causas daquele estado de demência. A destruição é mostrada já em seu curso. Trata-se de um homem solitário, produto de uma sociedade excludente. Mora em um tugúrio. O alcoolismo, em estágio avançado de desenvolvimento, é o provocador da alucinação. É um homem branco sendo possuído por uma mancha negra. Não precisamos ir longe para observar a grande ironia souseana acicatando, subliminarmente, o racismo antinegro. A ojeriza da personagem pela alucinação ruma ao pavor. Observando a mancha nas mãos, enquanto bebia no bar com outras pessoas, a personagem tem um sobressalto. Resolve sair, como que para fugir daquela perseguição. Em seu quarto, o medo cresce quando se observa no espelho. A observação de sua decadência física traz-lhe à tona a consciência da sequencial devastação da própria vida. Não consegue, entretanto, precisar o momento e o ponto desencadeador de sua ruína. Está diante da ameaça simbólica de seu fim: a mancha negra que veio para encobri-lo. A polarização cromática é essencial para esse texto. O homem é branco[94] e a morte afigura-se-lhe negra, como se pode notar neste solilóquio:

---

[93] "É, portanto, a afirmação da individualidade que comanda, de uma forma ao mesmo tempo global e dialética, a consciência da morte, o traumatismo da morte, a crença na imortalidade. Dialética porque a consciência da morte invoca o traumatismo da morte, que invoca a imortalidade, pois o traumatismo da morte torna mais real a consciência da morte e mais real o apelo à imortalidade, uma vez que a força da aspiração à imortalidade é função da consciência da morte e do traumatismo da morte" (tradução).

[94] Pela caracterização sutil, fica firmada a cor da personagem: "[...] a cabeça loira pendia numa atitude de enternecimento supremo." (SOUSA, EV, 2000, p. 613).

> Senti então de repente um pavor maior lembrando-me se ela me tomasse o corpo todo, me subisse pelo tronco, me manchasse o rosto, envolvendo-me tenebrosamente na sua oleosa baba negra. E assim pensando parecia-me estar já avassalado por ela, que me cobria como de um manto fúnebre. (Sousa, EV, 2000, p. 612)

A perspectiva de uma onisciência cruzando com a da primeira pessoa, como ocorre também em "Consciência tranqüila", realça um aspecto formal do poema em prosa, a ser analisado mais adiante. Entretanto, do ponto de vista da concepção da morte propriamente dita, tal recurso acentua o horror que ela provoca enquanto destruição do indivíduo:

> *Cette horreur englobe des réalités en apparence hétérogènes: la douleur des funérailles, la terreur de la décomposition du cadavre, l'obsession de la mort. Mais douleur, terreur, obsession ont un dénominateur commun: la perte de l'individualité.* (Morin, 1970, p. 4)[95]

Esse horror da destruição física, no caso de Maurício, já encontra sua antecipação na própria decadência corporal.[96] Por outro lado, sendo a personagem a de um homem branco, o pavor de seu oposto cromático é mais um elemento que se instala na luta alucinatória em que ela será vencida. Implícita, neste caso, uma alusão antirracista. A paranoia, de imaginar-se impelido por uma força misteriosa e estar sendo possuído pela mancha negra, enseja a morte simbólica. Morre a personagem, mas também morre a ilusão. Seu corpo é encontrado sem nenhum sinal da mancha. A ilusão que se findou carregou consigo a sua criação: ao rejeitar (o negro) a sombra, cuja forma de mancha abriga o duplo da personagem, com o pavor que desencadeia, não encontrou resistência, mas uma capitulação. O indivíduo já derrotado pelo álcool mostrara, pela sua trajetória de vida, a sua conformação relativa à própria moral. A atmosfera dos contos de Edgar Allan Poe é visível. Paira uma ambientação de terror. O visível confronta-se com o invisível, o seu duplo. O branco confronta-se com o negro, seu duplo, já implicado no próprio nome da personagem: Maurício, descendente de mouros. Mais uma vez, Cruz e Sousa fará, como Lima Barreto, o uso da morte enquanto

---

[95] "Esse horror engloba realidades aparentemente heterogêneas: a dor dos funerais, o terror da decomposição do cadáver, a obsessão da morte. Contudo, dor, terror e obsessão têm um denominador comum: a perda da individualidade" (tradução).

[96] Elementos subjetivos sinalizam não se tratar tão somente de decadência física: "Cabelos em desalinho, olhos estupefatos, boca num espasmo de angústia, mãos convulsas e avelhantadas, braços tateando o ar como garras, pernas trêmulas, tudo naquela desgraçada matéria determinava uma vulcanização muito íntima, um desespero muito particular, talvez o desmoronamento absoluto" (SOUSA, EV, 2000, p. 611).

alerta para as zonas limítrofes das ilusões e opressões do período em que viveram, entre elas a rejeição racista. Enquanto processo ilusório, tal rejeição traz seu conteúdo de culpa na personagem de Lima Barreto, já citada anteriormente, no conto "Caçador doméstico", que morre estraçalhada pelos cães ao imaginar-se diante de fantasmas de escravizados vitimados por sua família. Nesse conto não se trata de um processo de loucura propriamente dito, mas de um surto alucinatório. A morte, em ambos os textos, vem sugerir ou mostrar a presença da polarização étnica nas relações sociais e seu teor de fatalidade. Com essa constatação esmera-se Cruz e Sousa em "Caveira", poema no qual se dá, mais uma vez, a reflexão sobre a puerilidade existencial em que se constitui a aparência humana. Somos iguais, clama o poema. A morte leva-nos a todos, indiferentemente de sermos brancos ou negros. Nossos olhos tornar-se-ão "dois buracos/ [...] fundos no ondular da poeira", "nem negros, nem azuis e nem opacos./Caveira!" (Sousa, BR, 2000, p. 117). Os traços de "curva leve", para os lábios, e a forma "aquilina", para o nariz, não deixam dúvida de tratar-se do fenótipo europeu. A seu exemplar humano (implícito leitor branco) é dirigido o alerta. Solapando pela base comum – a circunstância da mortalidade –, o sujeito étnico investe, de forma alusiva, contra a intolerância racista. Mais explícito, ainda, além de apresentar uma extração mais corrosiva, é o poema "A ironia dos vermes". Nele figura o cadáver de uma mulher, branca, acompanhado de todas as pompas funerárias. Pode-se notar no poema um exemplo de inspiração para a poesia de Augusto dos Anjos.[97] O texto alonga-se como um cortejo. Expõe o esforço humano diante da morte para amenizar o seu caráter irrevogável. Toda a ornamentação do enterro finda por revelar-se uma infantilidade da conduta social. Ela, que se fez um interdito para o outro e para si mesma, será devorada pelos vermes como uma camponesa qualquer: "A mulher intocável, fabulada como princesa virgem, será abjetamente destruída pelo luxo transgressivo da morte" (Rabello, 1997, p. 173). Referindo-se a esse poema, Afonso Romano de Sant'Anna também observa:

> Entre o homem e o verme se estabelece um jogo segundo o qual o *verme é o duplo do homem*. Ele é o *outro* onde o poeta localiza o asco e o prazer da devoração erótica. [...] Assim, imagina esse 'apodrecer' final como sendo a diluição das carnes num grande fausto (ou espasmo) dentro da morte. (Sant'anna, 1984, p. 136, grifo do autor)

---

[97] Como assinala Alexei Bueno: "A influência do poeta de *Broquéis*, sobretudo em seus sonetos derradeiros, sobre o modo de estruturá-los que encontramos em Augusto dos Anjos, especialmente na primeira fase, é inegável [...]" (BUENO, 1994, p. 30).

Essa aproximação entre erotismo e a morte tem na obra de Cruz e Sousa diversos exemplos. Um deles, entretanto, nos chama à atenção: "Anho branco", poema em prosa do livro Evocações. A morte hipotética situa-se em uma projeção do desejo, na qual a satisfação da libido encontra-se no crime de sentido sacrificial. A vítima é uma mulher, branca, jovem, virgem e cheia de encantos. O sujeito étnico também espelha um código de vingança, tomando a simbologia da pureza branca para a elaboração imaginária do aviltamento, desconhecendo que se trata, a mulher, de um segmento social também reprimido. Aqui avulta o sentido que a mulher branca traduz entre os dois machismos. Ela significa para o homem negro e mulato o interdito do homem branco, zeloso pelas suas esposas e filhas, procurando mantê-las longe da sexualidade do homem negro, a qual ele, em seu imaginário, desenhou como brutal, animalesca, capaz, portanto, de derrotá-lo nesse campo. Em meio à disputa, a mulher coisificada, feita matéria de devoração, a quem é atribuído o ônus do desejo:

> Carne casta e branca, tenra e veludosa, epiderme de leve luz rosada, cujas transparências sutis extasiavam, tinha, no entanto, uma fascinação animal, um quebranto delicioso de pecado, uma provocante flexura nervosa nos quadris afelinados, qualquer cousa de inebriante segredo selvagem no extravagante conjunto das linhas dúcteis da alva e flavescente figura. (SOUSA, EV, 2000, p. 545)

A agressividade que visa à morte do outro, além de se inserir na disputa das virilidades que se opõem, no caso de "Anho branco", também deixa transparecer a luta contra a morte por outro viés:

> Le sacrifice d'autrui, par là même, tente de délivrer une violente angoisse par le transfert magique de la mort sur le bouc émissaire. La mort qui me guette ne sera pas pour moi, mais pour celui que je tue. (MORIN, 1970, p.187).[98]

Contudo, destaca-se a questão da materialidade humana encontrando a fatalidade em seu percurso: o perecimento irremediável. A escolha do cadáver de uma mulher branca e rica, em "Ironia dos vermes", e para ser um cordeiro de sacrifício, em "Anho branco", é uma investida contra o interdito moral e também contra um padrão de beleza imposto. No primeiro caso, a personagem rememorada surge como qualquer outra, futura matéria pútrida, esta um índice de igualdade já colocado para a existência humana como um

---

[98] "O sacrifício do outro, da mesma forma, tenta afastar uma violenta angústia através da transferência mágica da morte para o bode-expiatório. A morte que me espreita não será mais para mim, mas para aquele que eu mato" (tradução).

princípio. Em "Inexorável", cujo conteúdo apresenta um misto de "Caveira" e "Ironia dos vermes", o poeta lamenta a perda de seu amor, de "nariz de asa redonda". O lamento da perda sugere a perplexidade diante do mistério da morte e de sua implacabilidade. Morre a sinhazinha, com suas vaidades funerárias, morre a virgem no sacrifício, morre a amada, morre o senhor de escravos do poema em prosa "Consciência tranqüila". Entretanto, este último, com suas crueldades abissais, inverte o que se espera de um leito de morte:

> O senhor de escravos agoniza, rodeado de parentes e de parasitas temerosos de uma possível recuperação da saúde por parte do moribundo. São lamentos vagos e hipócritas, entremeados de duras acusações, num avançar e num recuar de extraordinária eficácia, de uma rara verdade humana. [...] São ululos de brutalidade elementar nunca saciada, com requintes de carniceiro e déspota. (MURICI, 2000, p. 30)

O monólogo não se presta ao arrependimento dos pecados. Pelo contrário, a personagem assume-os com toda a sua força e veemência que lhe restam. A morte não intimida o teor de crueldade do passado do doente. No limite, o ódio é assumido. Em "Consciência tranqüila", o efeito abissal da morte não consegue também aplacar as ilusões humanas, pois, em torno do leito de morte do senhor de escravos, juntam-se pessoas movidas tão somente pelo desejo material, a herança do moribundo. O espetáculo da morte, demonstrado pela avalanche catártica do moribundo, não leva os vivos a uma reflexão profunda sobre a existência, já que continuam agarrados aos aspectos do prazer da vida que o dinheiro da herança representa. O ajuste de contas com o passado neles será adiado, como o foi pelo que está morrendo. Esse aspecto contrastante é um elo na literatura de ambos os autores, na configuração da continuidade da ignorância da condição existencial humana.

Ainda do ponto de vista da terceira pessoa, duas mortes importantes para as nossas considerações são a da personagem Floc, do romance *Recordações do escrivão Isaías caminha*, e da personagem Marramaque, de *Clara dos Anjos*, já apresentada. O primeiro pelo fato de expor um ato de suicídio, tendo como razão básica e explícita a frustração diante do ato de criar um texto, embora se tratasse de um crítico de literatura do jornal enfocado. A falta de talento, carregada de pretensões literárias, tornara Floc um homem torturado no exercício de escrever. Nele é acentuado o "acanhamento" geral dos redatores para com a escrita:

> Floc não tinha o dom de improvisar o artigo, não possuía esse talento especial de presteza de pensamento, essa facilidade em vazá-los logo no papel, com que se fizeram conhecidos José do Patrocínio e Justiniano José da Rocha. [...] Floc unicamente, com certeza devido aos seus grandes

desejos literários e artísticos, sentia bem essa inferioridade e sofria com ela. (BARRETO, IC, 1956, p. 240)

Sente-se acuado pela urgência de elaborar uma crônica sobre um espetáculo de música que acabara de ver. Tenta, mas não consegue escrever. Fuma e bebe, sem sucesso. Um drama se instaura. O desespero toma-o. Atira, com um revólver, contra o próprio ouvido. O exercício da profissão pela personagem Floc traduz a cooptação ideológica situada em um nível de escravidão refinada. A capacidade intelectual, arrebanhada para constituir a ideologia dominante, é o alvo do texto. O cérebro humano à disposição de um meio de comunicação reacionário trava. O potencial da escrita, como seu principal apanágio de aliciamento da opinião pública, expõe seu limite. Floc é também um escravizado. Seu suicídio ridículo aparece não enquanto mero ato de desespero em face de uma situação pueril, mas como última gota de um tonel invisível que transborda, o tonel da hipocrisia dominante, sobretudo no julgamento das obras literárias. Floc, não tendo talento para escrita, não poderia ter desenvolvido a capacidade de renúncia do poeta Leonardo Flores (CA), que se lançou na loucura pelo devotamento à literatura. Floc é encurralado em seu drama interior: é um serviçal de um sistema de relações hipócritas, já introjetado por ele, e que o leva, sub-repticiamente, à ruína. A página em branco, a ser preenchida com suas ideias servis, ameaça-o, desafia-o. O tiro que desfere no ouvido é o ato desesperado contra a sua escravidão diária no jornal, para a qual a personagem só nos gestos esboçava ter alguma consciência[99]. Elimina definitivamente a sua escravidão inconsciente: a extrema sujeição à linguagem, configurada explicitamente na ideologia do jornal.

Quanto à personagem Marramaque (CA), o assassinato denuncia um dos métodos rancorosos de uma mentalidade escravista no campo da sexualidade. O instinto sexual de Cassi não suporta obstáculos. Está em relação direta com a personagem de "Consciência tranqüila", de Cruz e Sousa. As mulheres negras e mulatas deverão continuar servindo como escravas e fêmeas àquele impulso animal. Quem ousar afrontar tal instinto ideologizado deverá arcar com as consequências. Marramaque era um branco rival da ideologia racista. Quis proteger Clara. Por isso pagou o preço máximo.

---

[99] A desestabilização emocional de Floc é apresentada pelos sutis traços de comportamento: "... mordiscava os bigodes, dava suspiros, falava alto; mas ao chegar um outro dos colegas, continha-se, procurava diminuir a contração dos supercílios e o franzir da testa que lhe denunciavam o desespero e o esforço." (BARRETO, IC, 1956, p. 240) "Flock", em inglês, é também, rebanho, manada, o que nos parece significativo como índice da falta de individualidade, de sujeição aos ditames ideológicos da empresa jornalística apresentada.

Aparentemente, o crime não apresenta seu conteúdo racial. Embora seja entre brancos, a razão básica envolve um choque de ideologias sobre o negro. Por um lado, a visão progressista (mas ingênua como já vimos), que tenta ver o negro em sua humanidade e, por outro, a tradicional, racista, que persiste em considerá-lo coisa. No período pós-Abolição, tal embate não se deu enquanto confronto social. Muito pelo contrário. Os abolicionistas tinham preocupação com o escravo, não com o negro. Essa diferença sutil revela a manipulação dos significados raciais do período. Abolição consumada, mãos de Pilatos lavadas. Marramaque é o símbolo do que teria sido uma consciência abolicionista que primasse também por ideias antirracistas. E, ainda que ele se apresente como um símbolo decadente de poeta frustrado e alcoólatra, "velho, aleijado, inofensivo, pobre", "pobre contínuo" (BARRETO, 1956, CA, p. 157, 160), socialmente desqualificado, a sua morte é uma denúncia contra a conivência geral. O crime será comentado por outras personagens apenas enquanto

> [...] assassinato de um pobre velho, aleijado, inofensivo, pobre, a pauladas, faz parecer a toda gente que há, soltos e esbarrando conosco nas ruas, nas praças, nos bondes, nas lojas, nos trens, matadores, que só o são por prazer de matar, sem nenhum interesse e sem nenhuma causa. Então, todos acrescentavam, aos inúmeros e insidiosos inimigos que tem a nossa vida, mais este do assassínio por divertimento, por passatempo, por esporte. (BARRETO, CA, 1956, p. 157)

Para as personagens, o conteúdo do assassinato está esvaziado da componente racista e classista, no período histórico, idênticas. Mas ela subjaz. E não deixa de oferecer motivos para a reflexão sobre o cultivo da violência para se resolver questões raciais. Há cultivo particular em consonância com o cultivo do Estado. Afinal, Cassi, por influência de sua família, já obtivera perdão, deixando de ser punido por outras práticas criminosas. Oficialmente, sua investida contra mulheres pobres, em especial as negras e as mulatas, busca justificar-se na desqualificação histórica e social a que estão sujeitas as vítimas. Marramaque, como já foi apontado, enquadra-se também no rol dos desqualificados. E constituirá a sua morte a morte de uma ilusão, aquela de afrontar o ímpeto racista sem correr riscos, de encará-lo minimizando seus efeitos.

Na outra ponta da libido, a contenção neurótica de Ismênia, do romance *Triste fim de Policarpo Quaresma*. A noiva cujo pretendente a abandonou, por essa razão morre de desgosto, escrava da introjeção machista a que as mulheres eram submetidas para almejar como destino único o casamento, dentro do qual deveriam se anular para viver na completa dependência do marido, como bem observa Eliane Vasconcellos no livro *Entre a agulha e a caneta: a mulher na obra de Lima Barreto*:

> Indiretamente, o narrador acusa a sociedade e seus preconceitos pelo que ocorreu a Ismênia. Seu drama pessoal mostra, de forma incisiva, a importância que a sociedade concedia ao casamento e ao destino daquelas que se deixavam embuir desta ideia. Por meio da tragédia de Ismênia, o narrador questiona a educação feminina dirigida para a espera de um homem e denuncia o padrão educacional da época, que só estimulava na mulher preocupações domésticas. (VASCONCELLOS, 1999, p. 35)

Ismênia também trafega pela demência antes de atingir a morte. Se, em *Clara dos Anjos*, o sujeito étnico negro-brasileiro surge com toda a ênfase, em *Policarpo Quaresma*, no que tange à morte de Ismênia, ele atua pela solidariedade para com outras escravidões, no caso, a da mulher em geral, vítima da ideologia senhorial, contraposta em vários momentos da obra de Lima.[100] A morte de Ismênia, no entanto, não caracteriza o resultado da loucura propriamente dita, como um estágio prolongado da perda da razão. O significado de sua morte ganha aspectos de alívio para o contexto social da família. "Impossibilitada de desempenhar o seu papel, Ismênia sucumbe. Seu falecimento soluciona um problema para o grupo social a que pertence: deixa de ser um estorvo para os seus" (VASCONCELLOS, 1999, p. 37). A personagem não recebe admoestações do tratamento psiquiátrico que, no Brasil do século XIX, empregava os métodos violentos, como bem o demonstrará Barreto no conto "Como o 'homem' chegou".[101] A elucidação do próprio título é a morte. Ao enfocar os maus-tratos iniciados no transporte do louco, como também o faz em *O cemitério dos vivos*, o narrador é minucioso na descrição do "carro-forte":

> [...] a masmorra ambulante, pior do que masmorra, do que solitária, pois nessas prisões sente-se ainda a algidez da pedra, alguma cousa ainda de

---

[100] No conto "O número da sepultura", a situação da personagem Zilda é assim descrita: "Passando da obediência dos pais para a do marido, o que ela sentia era o que se sente quando se muda de habitação. [...] Contudo, esperava no casamento alguma cousa de inédito até ali na sua existência de mulher: uma exuberante e contínua satisfação de viver. Não sentiu, porém, nada disso. [...] por fim, veio o tédio [...]" (BARRETO, GS, 1956, p. 185, 186).

[101] A relação entre loucura e controle social, impôs como intermediária a polícia: "Com a ampliação de parentescos em torno da loucura, houve um crescimento vertiginoso das internações nos hospícios, principalmente depois da Proclamação da República, e da promulgação do decreto de n. 206 A, de 15/02/1890, que determinava que todo cidadão que perturbasse a ordem pública, a moral e os costumes, seria internado em asilos públicos" (ARANTES, 1999, p. 54).

> meiguice, meiguice de sepultura, mas ainda assim meiguice; mas, no tal carro feroz, é tudo ferro, há a inexorável antipatia do ferro na cabeça, ferro nos pés, aos lados – uma igaçaba de ferro em que se vem sentado, imóvel, e para a qual se entra pelo próprio pé. É blindada e quem vai nela levado aos trancos e barrancos de seu respeitável peso e do calçamento das vias públicas, tem a impressão de que se lhe quer poupar a morte por um bombardeio de grossa artilharia para ser empalado aos olhos de um sultão. Um requinte de potentado asiático. (BARRETO, CA, 1956, p. 279)

A desproporção da atitude social em relação à loucura configurada coloca o texto no âmbito da sátira, uma sátira de morte. O suposto louco é, apenas, um homem simples e estudioso de astronomia que vive isolado com o pai. O meio social, mais uma vez, fará do diferente uma vítima da loucura fabricada:

> Em uma terra inteiramente entregue à chatinagem e à veniaga, Fernando foi tomando a fama de louco, e não era ela sem algum motivo. Certos gestos, certas despreocupações e mesmo outras manifestações mais palpáveis pareciam justificar o julgamento comum; entretanto, ele vivia bem com o pai e cumpria os seus deveres razoavelmente. Porém, parentes oficiosos e outros longínquos aderentes entenderam curá-lo, como se se curassem assomos d'alma e anseios de pensamento. (BARRETO, CA, 1956, p. 280)

Frisando a "chatinagem" e a "veniaga", o texto aponta a gênese da suposta loucura atribuída a uma personagem completamente inofensiva, pois

> O "homem", como dizem eles, era um ente pacato, lá dos confins de Manaus, que tinha a mania da Astronomia e abandonara, não de todo, mas quase totalmente, a terra pelo céu inacessível. [...] Julgando insuficientes o olhar e as lentes, para chegar ao perfeito conhecimento da Aldebarã longínqua, atirou-se ao cálculo, à inteligência pura, à Matemática e a estudar com afinco e fúria de um doido ou de um gênio. (BARRETO, CA, 1956, p. 280)

Nesse sentido, há semelhança com Policarpo Quaresma quanto ao empenho no estudo, na pesquisa e na idealização da sociedade. Há também o fato de Fernando não participar da enfermidade moral coletiva, o que motiva ainda mais a sua exclusão e o consequente encaminhamento ao hospício. O próprio narrador demonstra como a linguagem atua no processo excludente quando se refere ao ímpeto da personagem como "fúria de um doido ou de um gênio". Trata-se mesmo de uma opção que a alternativa "ou" bem estabelece. As palavras atuam com seu peso nas relações de polaridade. E sendo Fernando um homem "simples e desdenhoso pelos mandões" (BARRETO, CA, 1956, p. 280) e "desafeto do poderoso chefe político Sofonias" (BARRETO, CA, 1956, p. 281), tudo se articula no sentido de sua condenação social.

Com relação ao conhecimento da vítima e sua dedicação ao estudo, trata-se de uma tônica na obra de Lima a crítica ao obscurantismo e à ignorância das camadas ricas e médias da população.[102] A viagem absurda que se concretiza com a morte do prisioneiro no carro-forte realça as concepções grotescas sobre a loucura e o louco. Os pedidos de informações e ordens a ser cumpridas pelo doutor Barrado são um exemplo de observação só possível na sátira. A respeito da alimentação do prisioneiro, por exemplo, assim ele se comporta:

> Cuidaram imediatamente de obter hospedagem e alimentação no lugarejo. O cocheiro lembrou o "homem" que traziam. Barrado, a respeito, não tinha com segurança uma norma de proceder. Não sabia mesmo se essa espécie de doentes comia e consultou Sili, por telegrama. Respondeu-lhe a autoridade, com a energia britânica que tinha no sangue, que não era do regulamento retirar aquela espécie de enfermos do carro, o "ar" sempre lhes fazia mal. De resto, era curta a viagem e tão sábia recomendação foi cegamente obedecida. (BARRETO, CA, 1956, p. 288)

O objeto desse conto é constituído pelo conjunto das concepções relativas à loucura e ao tratamento desumano dado ao doente, que se vê lesado de sua identidade e passa a ser considerado como um ente de alta periculosidade. O tempo de encarceramento do "homem" no carro-forte é levado ao absurdo de quatro anos, o tempo da viagem de Manaus ao Rio de Janeiro, o que o faz, obviamente, chegar um cadáver. Uma passagem hilária, como essa, marca o posicionamento crítico do narrador em relação à forma de barbaridade cometida em nome de um pavor coletivo manifestado diante da doença mental. Por outro lado, o texto é uma investida contra os políticos da época e suas ordens absurdas, pois toda a peripécia tem origem na vaidade e na disputa que os legisladores e os administradores públicos entendem poder valer como motivação de seus atos. A intriga advém por ser Fernando, o "louco", um desafeto do político Sofonias, manda-chuva da política regional, como também por ser invejado por Barrado, tendo em vista a projeção de Fernando como astrônomo, reconhecimento que Barrado pretendia para si, a fim de conseguir o cargo de "Diretor Geral das Estrelas de Segunda Grandeza". Consolidado o anátema social, estigmatizado como

---

[102]Sobre a loucura de Policarpo Quaresma, é ilustrativo este diálogo: " – Nem se podia esperar outra cousa, disse o doutor Florêncio. Aqueles livros, aquela mania de leitura... – Pra que ele lia tanto? indagou Caldas. – Telha de menos, disse Florêncio. Genelício atalhou com autoridade: – Ele não era formado, para que meter-se em livros? – É verdade, fez Florêncio. – Isto de livros é bom para os sábios, para os doutores, observou Sigismundo. – Devia até ser proibido, disse Genelício, a quem não possuísse um título 'acadêmico' ter livros. Evitavam-se assim essas desgraças. Não acham? – Decerto, disse Albernaz. – Decerto, fez Caldas. – Decerto, disse também Sigismundo" (BARRETO, PQ, 1956, p. 77-78).

"louco", a morte brutal encontrou a sua justificativa. Não configurará um crime. Afinal ser louco é estar apto a sofrer as vinganças sociais e predestinado a morrer, visto que seu comportamento agrediu o meio e precisa ser corrigido severamente. A morte se justifica pela desqualificação da vítima, como em *Clara dos Anjos*, as moças podem ser seduzidas por serem igualmente desqualificadas pelos preconceitos. Até Ismênia (PQ), que não sofre tratamento brutal, é desqualificada por ter sido abandonada pelo noivo e, assim, passa a ser ridicularizada pelo seu entorno. Sua morte é estágio extremo de um tipo de exclusão que, somada a tantas outras, traduzirá a morte enquanto produto da rejeição, reconfigurando-se, assim, no âmbito do homicídio legal e consentido. A morte é, pois, uma adversária dos excluídos socialmente, surgindo como resultado da atitude levada a efeito pela camada social dominante, considerando noções de classe, raça, gênero e de normalidade.

Mas, se a morte de personagens sugere uma reflexão crítica sobre a sociedade, desenha também posturas metafísicas diante da vida.

A morte associada à destruição, em Lima e Cruz, traduz também o descarte dos que seriam considerados estorvos sociais. Por outro lado, a morte traz a simbologia idealizada do sofrimento dantesco necessário para se atingir a completa sublimação libertadora dos sofrimentos do mundo, daí o encantamento e a sedução que produz e, ao mesmo tempo, a repulsa. Essa noção, conteúdo da tradição ocidental, é a de se meditar sobre a morte na busca de se viver melhor,[103] de se atingir uma purgação da vida. Aqui, as concepções de morte mostram que seus contornos passam ao largo da pureza dogmática das religiões, embora arrastem delas muitos de seus tópicos. A postura materialista de Lima Barreto traz diversas brechas para se vislumbrar a esperança de um além-mundo. Se pensarmos na personagem Gonzaga de Sá, podemos verificar que a própria concepção estrutural do romance trata de uma vida (romanceada) após a morte. O narrador-testemunha, Augusto Machado, garante a perenidade da personagem principal, cuja história é narrada através da memória daquele transplantada para a escrita. Mas não é só. O livro, já no título, traduz a importância da vida póstuma, enquanto conteúdo de memória. É o único título de obra de Lima Barreto que empre-

---

[103] Como esclarece Philippe Ariès: "Nos tratados de espiritualidade dos séculos XVI e XVII, portanto, não se cuida mais, ou pelo menos isso não é primordial, de preparar moribundos para a morte, mas de ensinar os vivos a meditar sobre ela. Existem técnicas para isso, uma educação do pensamento e da imaginação, cujo mestre é Santo Inácio com seus bem conhecidos *Exercícios espirituais*. Devemos observar, aqui, que a morte tornou-se, nessa postura nova, o pretexto para uma meditação metafísica sobre a fragilidade da vida, a fim de não ceder às suas ilusões" (ARIÈS, 1990, v. 2, p. 330).

ga a palavra "morte", embora o *Triste fim de Policarpo Quaresma* aponte para ela como desfecho. Mas se a peripécia deste último romance vai levar a personagem ao fim da vida, a personagem daquele outro já se encontra finada no início da história. Sua vida é retomada através de um narrador que a "ressuscita" por meio da palavra. Aqui reside uma crença básica do artista Lima Barreto: a literatura como forma de perenizar-se no tempo, o que será também uma manifestação contida na obra de Cruz e Sousa. Convictos disso, os autores realizaram suas obras como enfrentamento dos riscos, cujo extremo é a morte, que será ultrapassada pela eternização garantida pela palavra.

> *La gloire est donc exaltation de la vie individuelle. En même temps, l'instant glorieux est la vague haute qui recouvre l'histoire à jamais, le moment privilegiée plus fort que la mort, qui subsistera "éternellement" dans la mémoire collective.* (MORIN, 1970, p. 56)[104]

A questão da transcendência, nesses termos, implica a literatura enquanto uma profissão de fé. A expectativa da morte para as personagens é a de ser engolfado pela danação, mas a danação se dá em vida e na lembrança da vida vivida. A morte surge para o moribundo como uma reflexão forçada. O narrador de *Vida e morte de M. J. Gonzaga de Sá* antecipa: "Para se compreender bem um homem não se procure saber como oficialmente viveu. É saber como ele morreu; como ele teve o doce prazer de abraçar a Morte e como Ela o abraçou" (BARRETO, GS, 1956, p. 37). Esse conteúdo – associado sempre à ambiguidade de atração e repulsa – vamos encontrar também nos textos "Sonho branco" (BR, p. 91), "Canção do bêbado" (FR, p. 102), "Lírio astral" (FR, p. 114), "Música da morte" (FR, p. 128) e "Inexorável" (FR, p. 132), de Cruz e Sousa.

A tradição romântica que atingiu os mais variados escaninhos da cultura brasileira dotou a arte de certa atração pela morte. O Simbolismo, seu herdeiro, abraçou a reflexão como forma de enfrentar o mistério maior da existência, o seu além: "Este flerte com a morte, sugerido por Baudelaire, e sua representação em imagens literárias, será explorado pelos simbolistas à medida que assumem cada vez mais o caráter de 'decadentes' e exploram os domínios plutônicos do mórbido e letal" (BALAKIAN, 1985, p. 45).

O Decadentismo no Brasil, independentemente da filiação estética, marcou profundamente os escritores e artistas de várias gerações. A associação da produção intelectual às drogas em geral, especialmente ao alcoolismo,

---

[104]"A glória é, portanto, exaltação da vida individual. Ao mesmo tempo, o instante glorioso é a onda alta que recobre a história ao máximo, o momento privilegiado mais forte que a morte, que sobreviverá "eternamente" na memória coletiva" (tradução).

deitou raízes profundas na cultura brasileira. A condição de culturalmente colonizado criou fatores dramáticos de identidade pessoal e profissional, resultado da baixa autoestima em relação à intelectualidade estrangeira. Boêmia e morte serão associadas, a primeira como uma forma de representar a atração exercida pela segunda. A geração ultrarromântica ficou assinalada como o ápice do desejo explícito de autodestruição. Entretanto, Tânatos no mundo literário brasileiro estendeu seus tentáculos por várias gerações de produtores intelectuais. Nesse aspecto, a obra de Lima Barreto é repleta de exemplos. Atração e repulsa, e como corolário a noite misteriosa, para onde as personagens estendem seus olhares, na esperança do útero misterioso da morte que, ao mesmo tempo, garanta o renascimento longe de suas angústias. Na noite, escritores negros e mulatos puderam captar os perigos e as angústias da morte que ronda o oprimido.

Literatura e literatos

O processo de metalinguagem assume, nos textos literários a ser estudados neste tópico, a configuração de um debate sobre o fazer e o conceber literatura, como também duas visadas similares sobre a vida literária. O "eu" do discurso, propondo-se personagem-escritor, cria mais uma das facetas múltiplas do sujeito étnico negro-brasileiro, como todo sujeito, descentrado e fragmentado. O embate com o meio uma vez mais se projeta e nele as posições prevalecentes são questionadas e colocadas em xeque.

O escritor, enquanto ser ficcionalizado, seja na perspectiva da primeira, seja na da terceira pessoa, traz ao primeiro plano o debate acerca da profissionalização e do ofício, aspectos da atividade literária que quase sempre não coincidem, gerando a tensão entre os processos difíceis da sobrevivência das personagens e a determinação interior caracterizada por uma crença pessoal no destino, mais precisamente no apostolado da literatura. É quando a atividade ganha foros de religião, com seus dogmas, rituais e esperanças futuras.

Duas personagens podem ser comparados aqui: Leonardo Flores, da obra *Clara dos Anjos*, e o "iniciado", epíteto projetivo do "eu" poético do texto do mesmo nome, constante do livro *Evocações*.

O teor de dramaticidade em ambos os casos sugere um abismo social para a atividade autêntica do ofício das letras. A autenticidade, neste caso, tem o sentido radical de uma entrega absoluta ao fazer literário que corresponda aos ditames da própria individualidade na busca de sua realização e de sua concepção estética da palavra. Além do mais, tal propósito traz o sentido profundo de abnegação. Confrontando excertos dos textos citados, podemos notar como tal postura perante a arte abriga outra semelhante em face da vida:

Vem para esta ensangüentada batalha, para esta guerra surda, absurda, selvagem, subterrânea e soturna da Dor dos Loucos Iluminados, dos Videntes Ideais que arrastam, além, pelos tempos, para os infinitos do incognoscível futuro, as púrpuras fascinadoras das suas glórias trágicas. [...] ...se tens essa missão singular, quase divina, vai sereno, o peito estrelado pelas constelações da Fé, impassível ao apedrejamento dos Impotentes, firme, seguro, equilibrado por essa força oculta, misteriosa e suprema que ilumina milagrosamente os artistas calmos e poderosos na obscuridade do meio ambiente, quando floresce e alvorece nas suas almas a rara flor da Perfeição. [...] Segue resoluto, impávido, para a Arte branca e sem mancha, sem mácula, virginal e sagrada, desprendido de todos os elos que entibiem, de todas as convenções que enfraqueçam e banalizam, sem as explorações desonestas, os extremos de dedicação falsa, as fingidas interpretações dos cínicos apóstatas, mas com toda a forte, a profunda, a sacrificiante sinceridade, da tua grande alma, conservando sempre intacta, sempre, a flor espontânea e casta da tua sensibilidade. (Sousa, EV, 2000, p. 521, 523)

– Pois tu não sabes quem sou eu, quem é Leonardo Flores? Pois tu não sabes que a poesia para mim é a minha dor e é a minha alegria, é a minha própria vida? Pois tu não sabes que tenho sofrido tudo, dores, humilhações, vexames, para atingir o meu ideal? Pois tu não sabes que abandonei todas as honrarias da vida, não dei o conforto que minha mulher merecia, não eduquei convenientemente meus filhos, unicamente para não desviar dos meus propósitos artísticos? [...]

– Sim, meu velho Meneses, fui poeta, só poeta! Por isso, nada tenho e nada me deram. Se tivesse feito alambicados jeitosos, colchas de retalhos de sedas da China ou do Japão, talvez fosse embaixador ou ministro; mas fiz o que a dor me imaginou e a mágoa me ditou. A saudade escreveu e eu translado, disse Camões; e eu transladei, nos meus versos, a dor, a mágoa, o sonho que as muitas gerações que resumo escreveram com sangue e lágrimas, no sangue que me corre nas veias. Quem sente isto, meu caro Meneses, pode vender versos? (Barreto, CA, 1956, p. 134, 136)

Há, pois, uma ética presidindo ambas as posições. Uma ética de cunho idealista. O indivíduo é o centro, e sua subjetividade abriga a verdade. A missão artística é inata, imposta por uma instância "quase divina". E ela não deve ser transigida, seja qual for o preço a pagar no enfrentamento a ser vivenciado no meio social. Depreende-se também uma defesa intransigente do ofício, o que a tradição levaria por longos anos e que se situa em uma vertente que toma a arte como sinônimo de verdade interior. No soneto "O assinalado", a missão é ditada como que por uma voz divina, em tom evangelizador:

> Tu és o louco da imortal loucura,
> O louco da loucura mais suprema.

> A Terra é sempre a tua negra algema,
> Prende-te nela a extrema Desventura.
>
> Mas essa mesma algema de amargura,
> Mas essa mesma Desventura extrema
> Faz que tu'alma suplicando gema
> E rebente em estrelas de ternura.
>
> Tu és o Poeta, o grande Assinalado
> Que povoas o mundo despovoado,
> De belezas eternas, pouco a pouco...
>
> Na Natureza prodigiosa e rica
> Toda a audácia dos nervos justifica
> Os teus espasmos imortais de louco! (SOUSA, US, 2000, p. 201)

Cruz e Sousa sintetiza a tragicidade e o desajustamento em jogo na realização de um verdadeiro artista da palavra. A analogia entre poesia e loucura traça de início a transgressão social que ela representa, mas será compensada na primeira quadra e no último terceto, pois, respectivamente, trata-se da "loucura mais suprema" e os espasmos serão "imortais". Além disso, as belezas que produz são "eternas". A oposição ao mundo social faz-se como reação radical contra a opressão. A intransigência firma que tal opressão não consegue colocar o poeta em seus escaninhos. A desventura que a ele impinge resulta em "estrelas de ternura". Há, pois, como trunfo para a vitória do poeta, a sublimação. A tradicional luta que tem de travar desabrocha em consciência trágica. Isso porque há um valor maior em sua atividade, como nos mostra Osman Lins:

> O que o escritor deseja é realizar e entregar, aos seus semelhantes, principalmente aos que falam a sua língua, obras às quais hajam consagrado o melhor de si mesmos. Trabalhar submisso a restrições, sob encomenda, é necessário em outros ofícios. No seu a encomenda e a restrição corresponderiam exatamente à morte do ofício. A liberdade é o seu clima.
>
> A liberdade? De que natureza? Todas. A começar pela liberdade interior. Isto é, pelo arrefecimento, em seu íntimo, de ambições alheias à literatura e que possam desviá-lo, perdê-lo. (LINS, 1977, p. 43)

Liberdade para o sujeito étnico negro-brasileiro, nas obras de Cruz e Lima, é a tradução de um anseio coletivo. Onde estaria, nas citações, tais índices? No trecho de "Iniciado", o convite é para uma "batalha", uma guerra "surda, absurda", além de o "eu" definir seu grupo, os "Loucos Iluminados, os Videntes". Enfatiza que desses a motivação é a "Dor". Na fala de Leonardo Flores, a poesia aparece identificada de forma absoluta com a própria vida. Ao situar que "transladou", a exemplo de Camões, para a sua poesia "a dor, a mágoa, o sonho que as muitas gerações que resumo escreveram com sangue e lágrimas, no sangue que me corre nas veias", deixa entrever que não se trata tão somente de gerações de poetas. Para o sujeito étnico, a liberdade de criar estreita sua relação com a liberdade de não ser discriminado. O sangue no pelourinho da história ainda está fresco. As marcas da violência de quatrocentos anos são vistas nas ruas, sendo a miséria a chaga maior. O escritor ideal, portanto, é aquele que assume a tarefa de traduzir essa dor coletiva e, ao mesmo tempo, não perde a percepção de que esse mesmo coletivo não pode servir para a destruição da individualidade, como pretende a ideologia vigente à época.

No caso de Leonardo Flores, é sintomática a simpatia desabrida que lhe devota o narrador, tomando partido no sentido de denunciar a exploração que sofrera:

> Aparecia, também, em certas ocasiões, o Leonardo Flores, poeta, um verdadeiro poeta, que tivera o seu momento de celebridade no Brasil inteiro e cuja influência havia sido grande na geração de poetas que lhe seguiram. [...] Havia publicado cerca de dez volumes, dez sucessos, com os quais todos ganharam dinheiro, menos ele, tanto que, muito pobremente, ele, mulher e filhos agora viviam com o produto de uma mesquinha aposentadoria sua, do governo federal. (BARRETO, CA, 1956, p. 93)

Aqui o narrador de Lima esboça o quanto o idealismo literário está sufocado pelo poder de coerção do sistema capitalista em face da potencialidade dos que podem colocar em questão seus métodos e articulações, entre os quais os escritores formam uma camada perigosa. O fato de o auge da carreira do poeta ter dado lucro e ele ter sido descartado na participação desse lucro é a confirmação não apenas do descaso dos poderes instituídos, mas também de que é preciso manter o escritor algemado à miséria, como se ela fosse inerente a seu ofício. Daí que o idealismo da arte abriga, contraditoriamente, à base de uma confirmação da ingenuidade como postura assumida, a própria lógica predominante na sociedade excludente. Osman Lins resume tal situação, ao dizer:

> Assim como em determinadas áreas, ignorando-se o sentido profundo do ato de escrever, atribui-se ao homem que a ele se entrega um papel sem relevo e mesmo desprezível, em outras, suspeitando-se de sua força ou intuindo-a, busca-se por todos os meios anulá-la. Este esforço anulador tem muitos nomes e assume um sem-número de aspectos. Vai desde o fuzilamento e o degredo à simples indiferença. (LINS, 1977, p. 45)

Nas obras em estudo, a denúncia do tratamento dado ao escritor negro e mulato não passou incólume. Por outro lado, a figura do escritor diletante e conformado aos ditames do sistema é ponteada em diversos livros. Aliás, especificamente fazer versos, nos textos de Lima, surge mais como uma atitude de galanteio e prosápia do que de um apostolado literário. Daí Leonardo Flores ser um contraste em relação ao tipo corriqueiro de poeta. No mesmo romance em que ele aparece, há outras personagens que fazem versos,[105] e em outras obras elas proliferam com seus embustes. Assim como Floc, o crítico literário do jornal *O Globo*, avaliava livros segundo a importância social do autor,[106] com os autores iniciantes, de *status* social humilde, o contrário é denunciado pelo narrador:

> Com os nomes novos não havia hesitações; calava-se, ou dava-se uma notícia anódina, "recebemos, etc.", quando não se descompunha. [...] Aos olhos dos homens de imprensa, publicar um livro é uma ousadia sem limites, uma temeridade e uma pretensão inqualificáveis e dignas de castigo. (BARRETO, IC, 1956, p. 237)

A denúncia crítica a respeito da mediocridade da vida literária circundante encontra seu ponto alto da obra ficcional barretiana em *Os bruzundangas*, no "Capítulo especial" denominado "Os samoiedas". Pode-se notar, nessa parte da sátira, que, ao fazer crítica aos literatos, o narrador propõe sua concepção estética. Em resumo, os aspectos negativos seriam: escrever de forma incompreensível, baseando-se em modelos antigos; desprezar o folclore local; utilizar palavras obsoletas; promover a aparência das coisas; basear-se em regras e teorias estéticas alienígenas, de forma imitativa; falta de talento; fechar-se ao debate de ideias novas; utilizar-se, pelo esforço mnemônico, de regras fixas de composição literária; conceber a obra literária como um fim; utilizar-se de palavras em língua estrangeira para valorizar o texto; viver culturalmente copiando costumes de outros povos. Comentando a performance de Kotelniji, grande escritor samoieda, o narrador observa:

> [...] não possuía ele um acervo de noções gerais, de ideias, de observações, de emoções próprias e diretas do mundo, de julgamentos sobre as cousas, tudo isso que forma o fundo do artista e que, sob a ação de uma concepção geral, lhe permite fazer grupamentos ideais, originalmente, criar enfim. (BARRETO, BZ, 1956, p. 45)

---

[105] A respeito da ida de Marramaque de cidade do interior para o Rio de Janeiro, diz o narrador de *Clara dos Anjos*: "Logo tratou de fazer versos; e, certa vez, foi surpreendido por um dos *habitués* da farmácia, compondo uma poesia. [...] Quem surpreendeu o jovem Marramaque, fazendo versos, foi o Senhor José Brito Condeixa, segundo oficial da Secretaria de Estrangeiros, poeta também, mas de uns tempos para cá, somente festivo e comemorativo" (BARRETO, CA, 1956, 66).

[106] E o narrador especifica: "Havia, porém, uma casta de autores que ele sempre elogiava; eram os diplomatas" (BARRETO, IC, 1956, p. 239).

A originalidade salta como um ponto de relevo na valorização estética. A busca do inédito, do novo, a recusa de modelos, tudo acena para liberdade de criação. À imitação propõe a autenticidade, a pesquisa sobre as emoções pessoais, propostas de grande coesão com o que apresenta o "eu" poético souseano, dos poemas "Iniciado", em prosa, e "O assinalado", em verso, e outros trechos, como do "Emparedado", em que a crítica à covardia no ato de criar mostra uma incisividade de difícil aceitação no âmbito ficcional e no poético:

> Muitos diziam-se rebelados, intransigentes – mas eu via claro as *ficelles* dessa rebeldia e dessa intransigência. Rebelados, porque tiveram fome uma hora apenas, as botas rotas um dia. Intransigentes, por despeito, porque não conseguiram galgar as fúteis, para eles gloriosas, posições que os outros galgavam...
>
> Era uma politicazinha engenhosa de medíocres, de estreitos, de tacanhos, de perfeitos imbecilizados ou cínicos, que faziam da Arte um jogo capcioso, maneiroso, para arranjar relações e prestígio no meio, de jeito a não ofender, a não fazer corar o diletantismo das suas ideias. (SOUSA, EV, 2000, p. 665, grifo do autor)

A autenticidade que se propõe está imbricada na própria vida. Fazer da arte um "jogo capcioso" (SOUSA, EV, 2000, p. 665) para atingir fins utilitários para a mesquinharia do arrivismo social é uma afronta ao idealismo da verdadeira arte.

E, onde menos se suspeita, o propósito de garantir a liberdade subjetiva pronuncia-se, como em "Policromia":

> Pintar a cor sangrenta da vida, a cor gelada da morte; dizer a dor dos tons, todo o cromatismo das tintas interpretar, à maneira nova, fresca, original, palpitante, de forma que os pincéis comuniquem com veemência uma alma à tela, que os coloridos vivam e cantem na trinalagem vibrante de pássaros matutinos. (SOUSA, OE, 2000, p. 724)

Esse apego à autenticidade ilustra o estado de luta interior contínua pela libertação mais que pela liberdade, pois é no processo do fazer literário que se confirma a utopia da glória, de uma aposta no futuro, que ambos os autores fizeram, e a profissão de fé do narrador d'*Os bruzundangas* deixa bem explícita:

> A glória das letras só as tem quem a elas se dá inteiramente; nelas, como no amor, só é amado quem se esquece de si inteiramente e se entrega com fé cega. Os samoiedas, como vamos ver, contentam-se com as aparências literárias e a banal simulação de notoriedade, umas vezes por incapacidade de inteligência, em outras por instrução insuficiente ou viciada, quase sempre, porém, por falta de talento poético... (BARRETO, BZ, 1956, p. 36-37)

O desejo e a censura

O diálogo entre as várias formas de desejo, expressas pelas personagens assim como pelo "eu" poético, no enfrentamento de suas interdições, é importante para se caracterizar os impulsos e as transgressões, pois, ao apontarem para zonas interditas das relações sociais, os textos de Cruz e Sousa e os de Lima Barreto expressam como se dá o vínculo entre censura e autocensura e sua projeção na construção literária.

O desejo, implicando o direcionamento do sujeito ao objeto de satisfação, demonstra no campo ficcional não apenas a dimensão inconsciente do autor – que não trataremos aqui –, mas a dimensão do inconsciente social e o quanto ele implica o plano artístico, ideológico e comportamental.

O impulso básico do desejo, tendo sua origem na sexualidade, ensejaria uma análise dos textos em que a mesma esteja manifesta na vida das personagens, narradores e "eu" poético.

Trataremos do aspecto da libido em sua luta contra o bloqueio à sua plena satisfação. Não por se tratar de autores homens, mas em razão de os sujeitos dos discursos serem masculinos, a questão de seu relacionamento com o ser feminino se faz necessária para a reflexão.

Tomemos inicialmente uma afirmação basilar de Affonso Romano de Sant'Anna, em *O canibalismo amoroso*: "Vivemos numa cultura esquizofrênica que dissocia o masculino e o feminino e que tem pânico dos impulsos de fusão e integração de nossas forças subterrâneas" (SANT'ANNA, 1984, p. 170). A cultura a que se refere o autor, pela sua abrangência, inclui no "vivemos" um padrão referencial do Ocidente. O texto, de 1984, também se estende no tempo, uma vez que as análises a que o livro se refere abarcam a Literatura Brasileira do Romantismo até o pós-Modernismo. Tal esquizofrenia situa-se no âmbito da manutenção do poder. As "forças subterrâneas" da libido ultrapassam a satisfação sexual, envolvendo as necessidades instintivas diversas que, pelo seu potencial desestruturador, precisam ser contidas para melhor se controlar os produtores de riqueza.

A interdição do desejo, portanto, é a interdição do querer amplo, que implica as superposições culturais ao primordial intento de retorno ao útero. Sexo é promessa de outros tantos voos, porque estruturado fisicamente no ser humano. Se o desejo, em Freud, assumiu o caráter tão somente da busca do indivíduo de sua satisfação, já em Lacan a psicanálise conciliou o desejo inconsciente com o desejo baseado no reconhecimento (ou desejo do desejo do outro).[107]

A literatura, porque um ato de reflexão, atua no sentido dessa consciência desejante, impulsionada pela energia abissal do sujeito.

A mulher na literatura masculina, tradicionalmente, representa para o homem a possibilidade do encontro consigo mesmo no ato de figurar o desejo, sua satisfação, a tentativa de encontrá-la ou a reação contra seus empecilhos.

Cruz e Sousa e Lima Barreto, conhecedores da voz que tentaria emparedá-los nos limites mais inferiores da sociedade, de modo diverso fizeram da literatura, também quanto à figura da mulher, um alto-falante de denúncia, crítica e catarse, mesmo incorrendo na dominação machista que a maior possibilidade masculina de representação significava e significa.

Aos códigos literários das correntes que mais os afetaram impingiram a originalidade de suas marcas etno-estético-ideológicas.

Cruz e Sousa, mais próximo do Romantismo, relacionou, no *topos* da mulher comestível, inúmeros outros afeitos ao Simbolismo, que, exasperando a subjetividade em busca do mistério da existência, trouxe à tona as noções de morte, inferno, sujeira, divindades e as variadas formas de transcendência (espaço, céu, cosmos, pureza, pássaros).

Em "Elizirna", a mulher é a "pomba doce dos países de ouro" (SOUSA, OE, 2000, p. 677). A fusão metafórica do animal e da fruta é um dado que indica a vida. Por essa razão, o seu oposto será cantado e decantado: a morte, enquanto ameaça constante. A irrupção energética da vida far-se-á presente na abordagem do desejo e de sua interdição. Assim, a cintura de Elizirna "tantaliza e arrebata os bravios leões do desejo", e a epiderme "jambosa, com a penugem veludínea do pêssego [...] impressiona o nervosismo, dá irritabilidades espasmódicas" (SOUSA, OE, 2000, p. 677). E estarão os olhos "fartos das bênçãos do gozo" (SOUSA, OE, 2000, p. 678). E ainda:

> E a tua boca, cor de pitanga madura, levemente roxa, esse escrínio rútilo dos meus beijos, esse fruto ruborizado, polposo, sempre aromático, infiltrado do sândalo agradável da mocidade, do gosto saudável da beleza

---

[107]Lacan, comentando Hegel, diz: "O próprio desejo do homem constitui-se, diz-nos ele, sob o signo da mediação: ele é desejo de fazer seu próprio desejo reconhecido. Ele tem por objeto um desejo, o do outro, no sentido de que o homem não tem objeto que se constitua para seu desejo sem alguma mediação, o que transparece em suas necessidades mais primitivas – como, por exemplo, no fato de que seu próprio alimento tem que ser preparado –, e que encontramos em todo o desenvolvimento de sua satisfação, a partir do conflito do mestre/senhor e do escravo, através de toda a dialética do trabalho." (LACAN, 1998, p. 183).

pura, castíssima, frescurizada, vegetabilizante, como é consoladora e boa. (Sousa, OE, 2000, p. 677)

O desejo aí se manifesta na vertente parnasiana de encarar a mulher fruto, porém ampliando a observação para outras esferas dos sentidos. Envolvendo sensações olfativas, gustativas e táteis, a observação estetiza e moraliza a visão da mulher. Há, portanto, uma satisfação na contemplação, embora o "escrínio rútilo dos meus beijos" (Sousa, OE, 2000, p. 677) estabeleça uma aliança do poeta com a mulher observada. Sua boca, sendo um estojo (de guardar joias) dos beijos do poeta implica uma autovalorização. Tais beijos, comparados a joias, remetem a uma realização já consumada. A boca, que dá título a um poema de *Faróis*, neste livro destaca-se diferente. Além de ser a boca de "Ofélia morta sobre o lago", tem "tóxicos secretos". É uma boca para "deleites e delírios da volúpia carnal e alucinada" (Sousa, FA, 2000, p. 154). O desejo, portanto, trafega, ora buscando a satisfação completa, ora apresentando essa faceta juntamente com a condenação moral, o interdito regido pela noção de perigo. Nesse jogo entre a afirmação e a condenação do prazer, a morte, a brancura, a frieza e a religiosidade representam índices significativos da repressão da libido. "Sofia", por exemplo, é "de uma brancura de hóstia" (Sousa, MI, 2000, p. 508). Aqui, a brancura aliada à religião estabelece o interdito cromático-racial e religioso, porém, ao mesmo tempo, de conotação carnal. Esse dado, sempre polêmico quando se trata de autores negros, esconde o cuidado que a crítica habitualmente desempenha no sentido de resguardar a mulher branca de se tornar objeto de reflexão. Na obra já citada (*O canibalismo amoroso*), de análise sobre o desejo na poesia, o autor aborda a mulher negra do ponto de vista racial, entretanto, a branca não passa por esse enfoque. Em nela chegando, o autor segue a vertente dos mitos, como se desconhecesse a existência de escritores negros e mestiços tratando, em suas obras, de mulheres brancas. Aqui a ideologia expõe sua pudicícia: raça é para os outros. Um dos aspectos que mais enervaram os detratores de Cruz e Sousa foi o fato de o poeta, sendo negro, tomar, como todos os demais poetas, a mulher branca como fonte de inspiração para seus poemas, inclusive eróticos. Essas musas brancas, frias e mortas não sendo uma característica exclusiva da poética souseana e sim um dado do Simbolismo como um todo – nacional e europeu – poderiam ser abordadas como sinônimo apenas de mulher universal. Entretanto, o contexto brasileiro do período, em que o comércio carnal se compõe de homens e mulheres de vários tipos; em que as cidades toleravam a prostituição de ex-escravas e estrangeiras; em que o mundanismo expõe o caráter biológico do ser humano enquanto feixe de instintos; em que o País busca a sua identidade racial, não considerar a brancura enquanto signo ideológico parece um descuido ou quiçá um zelo para com a ferida aberta da questão racial. Sofia (lembremos que o termo abriga na sua gênese a Sabedoria) é "Nervosa, de um desdém fidalgo de fria flor dos gelos polares [...]" (SOUSA, MI, 2000, p. 509). Essa frieza que o poeta atribui à figura da mulher teria, pela perspectiva do autor d'*O canibalismo*, como função projetar o desejo reprimido, como se nela estivesse a razão dele. Tal proposta de projeção das neuroses no objeto do desejo se, pelo prisma psicanalítico, propicia-nos contemplar a galinha que bota ovos de ouro, ou seja, o porquê de tal expressão, na busca de um desvendamento da fonte produtiva, coloca o ser observável pelo poeta em uma posição de intocabilidade ideológica. Em outras palavras, o homem quando fala da mulher ou pela mulher comete simplesmente uma projeção. Contudo, a contextualização social dessa mulher e sua relação – ainda que imaginária – com aquele homem não podem ser negligenciadas. Portanto, quando os poetas simbolistas falam da mulher, é para alguém que dirigem seu discurso. Querem ser ouvidos. Afinal, "[...] o desejo do homem encontra seu sentido no desejo do outro, não tanto porque o outro detenha as chaves do objeto desejado, mas porque seu primeiro objeto é ser reconhecido pelo outro" (LACAN, 1998, p. 269).

Em *O Canibalismo*, embora não desenvolva, o autor deixa entrever que há uma relação reveladora de uma realidade contextual e, portanto, uma justificativa de recepção a que tal poesia busca: "Estão falando da mulher pela mulher, projetando nela o desejo masculino insatisfeito. Isso não elimina, por outro lado, a verossimilhança das monjas com as monjas reais" (SANT'ANNA, 1984, p. 178).

A questão de verossimilhança não diz respeito, obviamente, às "monjas", mas à mulher em geral. Em uma sociedade de classes, a satisfação dos impulsos sexuais tem uma relação direta com o poder. Os grupos que mais o detêm, sobretudo no campo econômico e político, mais próximos situam-se da satisfação daqueles impulsos. Contudo, a moral que se erige para justificar a exploração de classe, raça e gênero traz como conteúdo elementos geradores de tensão na relação de poder. Pelo viés do cristianismo, o sexo, fora da procriação, foi atribuído à esfera pecaminosa. As transgressões nesse sentido serão atribuídas aos grupos mais vilipendiados socialmente, acobertando-se, assim, aquelas das classes privilegiadas e, sobretudo, as que ela comete em sua relação exploradora e dominadora com as demais camadas. Nesse contexto, a opressão da mulher perpassa todas as camadas sociais. Contudo, tal opressão se dá com a participação da mulher que, em sendo vítima, elabora suas estratégias para aliviar suas dores, como também para virar o jogo, quando possível. Uma mulher rica, portanto, terá na violência racial um canal de extravasamento. Em todo o período colonial e no pós-Abolição pôde exercer tal privilégio. Oprimida pelo marido, oprimia a criadagem. Comprada pelo marido, empregava (comprava) os serviçais. Seria demasiado imaginar que os sujeitos étnicos nas obras de Cruz e Sousa e Lima Barreto passassem ao largo dessa constatação.

Quando o poeta escreve sobre a já citada Sofia – "Ó aromas... falai a linguagem alada que as vozes humanas não podem falar e dizei os murmúrios estranhos dos sentimentos imperceptíveis, imaculados, que alvoroçam a alma ansiosa dessa sonhadora Sofia" (Sousa, MI, 2000, p. 509) –, indaga sobre o que pensa e sente aquela que ele observa. Se o Naturalismo do período trazia uma interpretação pronta a respeito da histeria das mulheres, de sua convulsão instintiva, o poeta simbolista não só projeta na figura feminina a repressão de seu desejo. Ele também contempla e interpreta a não passividade da vítima de uma prisão ideológica e moral. Ao insinuar "[...] que latentes palpitações traz Ela no sangue [...]" (Sousa, MI, 2000, p. 509), está sugerindo que esse ser controlado não está de todo vencido. Que a moral com que ela mesma se traveste tem suas rupturas, por entre as quais é possível enxergar-se o caldeirão de uma revolta. Assim, quando o poeta a coloca em torres, castelos, conventos e catacumbas, morta, fria, não estará simplesmente trocando este mundo por um outro, do além, no qual poderá realizar seus desejos, pela ausência do interdito (Sant'Anna, 1984, p. 171). O que o poeta está fazendo é denunciar o estado em que está colocada essa mulher e, de certa maneira, a mulher do período. Se ele fala por ela, é certo que fala de si através dela. Contudo, quer comunicar o estado de restrições em que a relação entre os sexos se encontra, senão como realidade total, ao menos como princípio de uma falsa moral. Aí, não se pode deixar de lado o que representa a mulher branca para o conjunto de códigos sexuais repressivos, enquanto símbolo racial dominante.

Ela será o topo da pirâmide restritiva, mormente nas categorias de esposa, virgem e religiosa. Aí estará igualada à Virgem Maria, enquanto representação do tabu máximo do cristianismo, a virgindade da mãe de Cristo. Ser virgem é não ter conhecido o sexo natural. É estar preparada para o sacramento que lhe permitirá o acesso a ele. O desejo da virgem, portanto, é algo que Cruz e Sousa e diversos poetas simbolistas tratarão com certo requinte. Nele o irrealizado busca o sonho. A excitação e o interdito fazem sofrer, adoecer e morrer. Com a doença, o prazer distancia-se, lamentará o poeta, em "Tuberculosa", o que a estrofe seguinte resume:

> Jamais há de ela ter a cor saudável
> Para que a carne do seu corpo goze,
> Que o que tinha esse corpo de inefável
> Cristalizou-se na tuberculose. (SOUSA, BR, 2000, p. 83)

Essa "tísica e branca", "raro perfil de mármores exatos" (SOUSA, BR, 2000, p. 83), foco privilegiado da moral castradora, será o alvo da observação que constata a perda de uma vida pela restrição à libido. A tuberculose é, na segunda metade do século XIX e início do século XX, uma das tantas doenças que atuaram na indução da arte, em particular a literatura, para uma atmosfera hospitalar. O sujeito étnico souseano, enquanto observador desse ícone do moralismo social, a mulher branca, tomando-o em sua generalidade na prosa poética intitulada "Mulheres", destaca o quanto dele está alijado:

> Mas o desolado psicologista do Pensamento não as pode amar com intensidade e desprendimento espirituais, sem as querer observar sempre, desataviá-las das plumagens garridas e ver-lhes, à luz, o que elas sentem e pensam de nebuloso... [...] ... por intuição própria, elas percebem que não poderão jamais amar os artistas, tendo até para eles uma repulsão... (SOUSA, MI, 2000, p. 502)

O argumento parece incluir um gesto desdenhoso por parte de quem não gostaria de ser observado. A crítica, ao poeta Cruz e Sousa, insistiu muito, como já demonstramos em outro trabalho (SILVA, 1999, p. 137), em apontar o seu "complexo" por mulheres brancas, como se o fato de ser um negro fosse, automaticamente, um impedimento. E era. Ou melhor, deveria ter sido é o que parece ter gritado a crítica. Mas a verdade é que não o foi. Em sendo o símbolo do poder repressivo da sociedade, ela não poderia deixar de ser um ponto de atenção e tensão literárias. Seu *striptease* era o *striptease* social. Sua carência afetiva e sexual, além da projeção como o quer *O canibalismo*, era ao mesmo tempo uma denúncia do abandono das questões femininas, como também do lugar em que a afetividade sexual encontrava-se. O poeta observa no poema "A janela":

> [...] pela manhã, aparecia à janela, como um lindo sol feminino, uma bela mulher, forte, alta, loura, de flavos cabelos, talhada dum golpe numa quente e perfumosa massa de luz e de sangue [...] E ficava ali constantemente a olhar, a ver o mar, talvez na esperança de algum sonho de afeto que de repente lhe surgisse e cuja enamorada lembrança lhe vibrava o coração anelante, fazendo dolentemente o seu colo arfar, agitar-se, numa onda nervosa de convulsão e alvoroço, inflado desse tormentoso e vago desejo irresistível do amor, que um dia vertiginou o mundo, e que, quanto

mais afastado se está de quem se adora, mais fundo, mais entranhado fere e martiriza. (SOUSA, MI, 2000, p. 494)

Quando se refere ao amor que "um dia vertiginou o mundo", o endereçamento do texto parece explícito. Não se trata de visualizar a mulher enquanto ser isolado, mas como exemplar máximo do ser humano em cujo interior as contradições da libido e da interdição falam mais alto. Essa mulher desejosa é o trajeto de uma crítica e reflexão mais abrangente. A interdição "fere e martiriza". Em uma sociedade de aparências, falar do desejo escondido parece-nos um investimento crítico considerável. Cruz e Sousa incluirá aí também a crise no âmbito religioso, tanto factual quanto no plano teológico. Em "Artista sacro", a figura de observação é um padre jovem, cuja vitalidade, em contraste com o interdito do voto, extravasa-se em meio à celebração da missa:

> [...] a sua clara voz soara, cheia de unção religiosa como de um sentimento amoroso e carnal. [...] De toda essa pessoa clerical como que vêm fluidos magnéticos, que fascinam e prendem certos olhares juvenis femininos [...]
>
> Os olhares femininos, deslumbrados pelo êxito daquelas maneiras evangélicas, não deixam jamais de seguir o airoso sacerdote, as linhas harmoniosas de sua figura, o seu másculo vigor de deus viril e vitorioso, como seguem, no circo, os movimentos ágeis, dúcteis, e a plástica, firme e forte, dos corpos cinzelados de acrobatas célebres e atraentes...
>
> Realmente, na sua carne, que os incensos perfumam, circula o sangue em labareda de instintos sexuais e a sua cabeça primaveril, que a Arte da Religião abençoou em Roma, tem o encanto, a fascinação diabólica, satânica, da venenosa cabeça da Serpe bíblica.
>
> Casto cenobita, recluso nas celas do Cristianismo, ficará, talvez, para sempre, com elanguescimentos históricos, na muda contemplação das cismadoras Imagens liriais dos hagiológios. (SOUSA, MI, 2000, p. 490, 491, 492)

A aproximação da missa para com o ambiente circense demarca bem a postura do sujeito do discurso para com a religião. Trata-se de um espetáculo. No espetáculo, os artistas são apreciados em suas performances. Daí aquele título sugestivo. Os olhares femininos não deixam de demonstrar volúpia. A celebração está envolta em desejos recalcados. Mas, aqui, é o padre o objeto de análise. A contradição instinto sexual/celibato é apresentada sem rodeios. Na "carne" do vigário, "circula o sangue em labareda de instintos sexuais". E sua cabeça assemelha-se à da "Serpe bíblica". Vítima institucional da repressão sexual, o religioso enquadra-se também no cortejo daqueles que fazem suas vítimas participando do ritual masoquista de excitação e contenção dos impulsos. Por isso, a própria divindade não ficará ilesa desse conluio de falsidades. A divindade na poesia souseana, se aparece dentro dos padrões dominantes ("Cristo" – LD, "Cristo e a adúltera" – LD), surgirá também como oposto do bem ("Cristo de bronze" – BR, "Sonambulismos" – EV). O olhar que o poeta dirige à divindade carrega consigo o enfoque politeísta dos deuses gregos, envoltos também em libertinagem. Por isso o Cristo é "das luxúrias", não sendo, portanto, um, mas vários:

> Ó Cristos de altivez intemerata,
> Ó Cristos de metais estrepitosos
> Que gritam como os tigres venenosos
> Do desejo carnal que enerva e mata. (Sousa, BR, 2000, p. 67)

A relação entre as instâncias da sexualidade e da religiosidade deriva não só do fato de ser constatada a fonte da sublimação repressiva, mas da hipocrisia reinante que não consegue disfarçar o rasgo no tecido moral por onde se percebe a fervura dos desejos. Os Cristos gritam, as mulheres murmuram, o poeta lamenta, sofre e instiga a revolta dos impulsos. Por isso desafia, apresenta o modelo branco de mulher como fonte de sofrimento, sem deixar de assediá-lo, como em "Lubricidade":

> Quisera ser a serpe venenosa
> Que dá-te medo e dá-te pesadelos
> Para envolver-me, ó Flor maravilhosa,
> Nos flavos turbilhões dos teus cabelos.
>
> Quisera ser a serpe veludosa
> Para, enroscada em múltiplos novelos,
> Saltar-te aos seios de fluidez cheirosa
> E babujá-los e depois mordê-los...
>
> Talvez que o sangue impuro e flamejante
> Do teu lânguido corpo de bacante,
> De langue ondulação de águas do Reno
>
> Estranhamente se purificasse...
> Pois que um veneno de áspide vorace
> Deve ser morto com igual veneno... (Sousa, BR, 2000, p. 66)

Essa mulher "venenosa" só aparentemente difere da "Vênus Mortuária", de que fala o autor d'*O canibalismo amoroso*. Trata-se, no fundo, do mesmo modelo de mulher que participa do jogo da sedução e da sublimação. Ser gelada é conter o calor de si e do outro. É apresentar-lhe o não, o interdito, sugerindo a sublimação. Esse é o jogo que jogam os poetas, fazendo da imagem feminina branca o alvo de críticas e assédio. O ritual sadomasoquista busca em última instância o gozo, seja pela dor de reter o impulso, seja pela sua satisfação.

Não é pouca a ousadia de um poeta negro, em pleno ano de 1893, publicar um poema de explícito assédio ao modelo de mulher, de "flavos" cabelos. Tal ousadia só foi possível a partir de uma consciência visceral acerca do impacto de ser negro, em uma sociedade racista, e de uma consciência do traumatismo psíquico sofrido no cotidiano por toda uma coletividade.

Freud, em *Além do princípio do prazer*, analisando os mecanismos da repetição na conduta lúdica da criança em face da interdição de seus desejos, estabelece a estreita relação aí existente com o ato criador. Assim como a criança, o artista também realiza sua obra abordando temas desagradáveis de forma prazerosa:

> Finalmente, em acréscimo, pode-se lembrar que a representação e a imitação artísticas efetuadas por adultos, as quais, diferentemente daquelas das crianças, se dirigem a uma audiência, não poupam aos espectadores (como a tragédia, por exemplo) as mais penosas experiências, e, no entanto, podem ser por eles sentidas como altamente prazerosas. Isso constitui prova convincente de que, mesmo sob a dominância do princípio de prazer, há maneiras e meios suficientes para tornar o que em si mesmo é desagradável num tema a ser rememorado e elaborado na mente. (FREUD, 1998, p. 22)

Por esse prisma, a sublimação em que se constitui o fazer poético seria um fator de prazer para o autor; contudo, há que se analisar a possibilidade também do efeito desse texto no leitor da época, ou no leitor que era visado. A poesia que alia o prazer à morte fala da morte do prazer, o que a história registra como resultado do vaivém entre a permissividade e a repressão na cultura ocidental, distinto no que se refere às camadas sociais, conforme resume, de forma panorâmica, Jacques Ruffié o período entre os séculos XVIII, XIX e XX:

> Essa diferença de tratamento entre as classes, ante os problemas sexuais, tornou-se de tal forma chocante que logo será denunciada por um tipo particular de escritores: os filósofos racionalistas, que tomaram distância em relação à verdade revelada para se apoiarem na natureza, boa por definição, e na razão, considerada infalível. [...] Alguns não hesitam em denunciar o contraste entre ricos e pobres, nobres e camponeses, que parecem obrigados a seguir duas morais diferentes, sendo que tudo é permitido aos primeiros, nada aos segundos. [...]
>
> O século XVIII vê prosperarem a prostituição e toda espécie de perversão sexual. A homossexualidade aparece, tanto entre as mulheres como entre os homens. [...]
>
> O século XIX conhecerá um brusco retorno às normas e à virtude. [...]
>
> Toda a segunda metade do século será marcada por essa onda de falsa virtude (mais ou menos hipócrita). O adultério é considerado uma degradação social, e condenado. As mulheres ilegítimas não são recebidas na boa sociedade.

> Certamente, as prostitutas são enclausuradas nas casas de tolerância. Ali, e pagando, as pessoas podem entregar-se a toda sorte de torpezas. [..]
> O mundo ocidental do início do nosso século [XX] viverá sob a concepção da culpabilidade sexual: o que está ligado ao sexo é considerado vergonhoso. (RUFFIÉ, 1988, p. 152-154)

Abordando um tema recorrente à época, portanto, o erotismo da poesia souseana de sentido mórbido instiga, pelo ato da denúncia, à reflexão. Ao passo que o poema-assédio, por vezes de conotações românticas, acende a chama contra o interdito, como em "Magnólia dos trópicos":

> Vem! com a asa de um beijo à boca palpitando,
> No alvoroço febril de um pássaro cantando,
> Vem dar-me a extrema-unção do teu amor num beijo. (SOUSA, LD, 2000, p. 287)

A consciência dos limites estabelecidos pelo interdito social, garantindo à poesia de Cruz ir além dos estreitos limites do racismo, impulsionou-a também no direcionamento de sua sensualidade à mulher oposta ao modelo, aquela prostituída na senzala e nas ruas pelo homem branco.[108] Analisando a poesia romântica de enfoque voltado para a mulher negra e mulata, o autor de *O canibalismo amoroso*, escreve:

> Existe um poder vertical de controle masculino do clã que se espalha na horizontalidade da própria casa. Pois, enquanto a mulher branca está, digamos, na entrada, decorando como flor a fachada e mesmo os salões, a outra (a preta) está nos fundos, ligada à alimentação erótica e gastronômica. Entre o jardim e a cozinha, perambulam os fantasmas do poeta amante, que em suas palavras dramatiza os conflitos do homem médio de seu tempo. (SANT'ANNA, 1984, p. 24)

Tal tratamento não foi uma manifestação apenas romântica, já que a semelhante representação da mulher negra e mulata pelo homem branco não se limitou àquele período.[109] No contraponto, sem negar a sexualidade

---

[108] O final do século XIX se ressentia do estatuto da escravidão, em cujo período, no Rio de Janeiro: "Mulheres e meninos escravos sofriam muitas influências de uma cidade portuária, onde há uma grande população transitória masculina em busca de parceiras(os) sexuais. Devido à demanda por prostituição de ambos os sexos, alguns senhores chegavam a forçar suas escravas a vender favores sexuais. Algumas delas entravam 'voluntariamente' para a prostituição a fim de melhorar seu padrão de vida, mas com mais frequência tinham de amealhar a soma de dinheiro delas exigida enquanto vendedoras de rua, coisa que só conseguiam vendendo seu corpo" (KARASCH, 2000, p. 388).

[109] Teófilo de Queiroz Júnior, em específico estudo sobre os estereótipos da mulata, assinala: "Como expressão da *Intelligentsia*, a literatura tem se prestado, relativamente ao papel da

e sem sair de um código idealizador que garantiria uma visão de sexo não pecaminoso, há uma interferência argumentativa do enunciador de "Núbia", mostrando seu anseio de "amar espiritualmente e carnalmente amar", depois de descrevê-la negra, sem subterfúgio:

> Beleza prodigiosa de olhos como pérolas negras refulgindo no tenebroso cetim do rosto fino; lábios mádidos, tintos a sulfurino; dentes de esmalte claro; busto delicado, airoso, talhado em relevo de bronze florentino, a Núbia lembra, esquisita e rara, esse lindo âmbar negro, azeviche da Islândia. [...]
>
> No entanto, amar essa carne deliciosa de Núbia, ansiar por possuí-la, não constitui jamais sensação exótica, excentricidade, fetichismo, aspiração de um ideal abstruso e triste, gozo efêmero, afinal, de naturezas amorfas e doentias.
>
> Senti-la como um desejo que domina e arrasta, querê-la no afeto, para fecundá-lo e flori-lo, como uma semente d'ouro germinando em terreno fértil, é querer possuí-la para a Arte [...]. (Sousa, MI, 2000, p. 482-483)

A arte seria o álibi para o desejo, aquela que garantiria que ele não abandona a espiritualidade, que lhe asseguraria um sentido louvável. "Amar a carne deliciosa [...] não constitui", alerta o sujeito, "sensação exótica, excentricidade, fetichismo, aspiração de um ideal abstruso e triste, gozo efêmero, afinal, de naturezas amorfas e doentias" (Sousa, 2000, p. 483). A fecundação é no afeto. O objeto do desejo torna-se envolto em cuidados:

> Ela é a Núbia-Noiva, singular e formosa, amada com religioso fervor artístico, com a fé suprema, a unção ritual dos evangeliários do Pensamento; e todo esse feminino ser precioso brota agora em exuberâncias de afeto, em pompa germinal de extremos lascivos, floresce em rosas juvenis e polínicas de puberdade, abertas sexualmente nos seios pundonorosos e pulcros... (Sousa, MI, 2000, p. 484)

Esse pudor, também glosado para mulheres brancas, em vários momentos da obra souseana, convive com as explosões da libido. Ao dizer que "rosas juvenis e polínicas de puberdade" estão abertas sexualmente, ou que o "afeto" é que será fecundado, como no exemplo anterior, o sujeito não deixa dúvidas de que o desejo metaforiza-se para ampliar-se, para sair do rés do chão da pecaminosidade, em outros termos, da censura.

---

mulata na sociedade brasileira, a preservar atitudes e valores que, como procuramos assinalar atrás, atendem ao interesse de manter superpostas as diferentes categorias étnicas. Dentro desse esquema, não declarado e nem mesmo conscientizado, como ainda demonstraremos, escritores de diferentes correntes literárias, escrevendo em momentos diversos de nossa história, situando seus relatos em diferentes contextos da sociedade brasileira, contribuíram, com o peso de sua aceitação pelo público e com o atrativo de suas obras para perpetuar, através de enredos e personagens que se fixam na impressão do leitor, a imagem da mulata [...]" (QUEIROZ JÚNIOR, 1975, p. 86-87, grifo do autor).

O exemplo de "Tenebrosa" segue a mesma linha de "Núbia", embora em uma efervescência erótica bem mais alta, abordando o órgão genital feminino no paroxismo da excitação:

> E que a tua vulva veludosa, afinal! vermelha, acesa e fuzilante como forja em brasa, santuário sombrio das transfigurações, câmara mágica das metamorfoses, crisol original das genitais impurezas, fonte tenebrosa dos êxtases, dos tristes, espasmódicos suspiros e do Tormento delirante da Vida; que a tua vulva, afinal, vibrasse vitoriosamente o ar com as trompas marciais e triunfantes da apoteose soberana da Carne! (SOUSA, EV, 2000, p. 558)

A noção de prazer mistura-se com a repulsa. A vagina é apresentada como "crisol original das genitais impurezas", é fonte de "tristes" suspiros, ao mesmo tempo que é "santuário sombrio". A vida sexual da cidade insinua-se aí com toda a sua problemática relativa às doenças venéreas, ao custo material das consequências da gravidez indesejada e à necessidade do sustento de filhos, como também às dificuldades oriundas do envolvimento afetivo.

A dominação do macho insere-se no momento da transfiguração patente do amor carnal em amor espiritual:

> Assim, arrebatado no teu impulso fremente de águia famulenta de alcantiladas montanhas alpestres, eu teria sobre ti o poderoso domínio do leão de majestosa juba revolta, amando-te de um amor imaterial, sob a impressão miraculosa de transcendente sensação, muito alta e muito pura, que se dilatasse e ficasse eternamente intangível sobre todas as vivas forças transitórias da terra. (SOUSA, EV, 2000, p. 558)

O movimento de ascensão e o de queda, já bastante assinalados na poesia simbolista, com as constantes referências ao céu, astros, esferas, torres, asas, etc., e, por outro lado, charco, terra, túmulo, caverna, mar, etc., no tocante ao desejo, pelo exemplo citado, permite-nos vislumbrar o esforço de fusão, de ultrapassagem da moral vigente à época, repressora e altamente preconceituosa, em especial, para com os afrodescendentes. Negar a sexualidade seria fazer o jogo sistêmico. Afirmá-la, por sua vez, correr-se-ia o risco do vilipêndio, da confirmação de estereótipos étnico-sexuais. Fundir o espírito e o corpo, na busca da totalidade, constituiu uma saída, senão louvável, haja vista o machismo embutido no "leão" dominador, pelo menos resistente a uma capitulação ideológica completa. A denúncia e o desejo de que o aviltamento sexual cessasse foi outro vetor da poesia souseana. Nesses dois aspectos, situam-se "Afra" (BR) e "Asco e dor" (EV). No primeiro caso, o soneto constata a sujeição sexual:

> Carne explosiva em pólvora e fúria
> De desejos pagãos, por entre assomos
> Da virgindade – casquinantes momos
> Rindo da carne já votada à incúria.
>
> Votada cedo ao lânguido abandono,
> Aos mórbidos delíquios como ao sono,
> Do Gozo haurindo os venenosos sucos.
>
> Sonho-te a deusa das lascivas pompas,
> A proclamar, impávida, por trompas,
> Amores mais estéreis que os eunucos! (Sousa, BR, 2000, p. 76-77)

O desejo final manifesto no texto reveste-se de um propósito de aniquilamento da própria libido. Ao sonhar que Afra proclame a esterilidade, o sujeito parece projetar o próprio desejo de castração, mas trata-se de castração dos "casquinantes momos", os que riem "da carne já votada à incúria". A prostituição, a que foram lançadas, aos milhares, mulheres escravizadas e saídas da escravidão, é o alvo do poema, cujo final constitui-se como a tomada de partido, senão da mulher, pelo menos de uma moralidade esterilizadora. A abjeção da mulher negra e o seu significado emocional para o poeta, no poema em prosa "Asco e dor", ganham dimensão vertiginosa. Ao se deparar com um grupo deplorável de negros sambando na rua, manifesta-se no texto através daqueles sentimentos que o titulam. Depois de caracterizar a "figura mais grotesca", ainda constata: "De vez em quando piparoteiam-lhe a pança, as nádegas moles e ela então, ignóbil animal aguilhoado por essa baixa carícia, saracoteia mais, espaneja-se todo no seu lodo como num leito de volúpia" (Sousa, EV, 2000, p. 572). A cena que descreve poderia resultar em um asco e dor pela identidade universalista de um ser humano para com o outro. Mas, aqui, é a identidade particular, racial, a geradora da convulsão indignada do texto. E, por várias vezes, o sujeito buscará a elucidação da sua identidade dolorida com o grupo:

> A verdade é que eu para ali fora, quase hipnotizado, de certo modo mesmo impelido pela extravagante turba carnavalesca, pela sua monstruosa miséria. [...]
>
> Dor e asco dessa raça da noite, noturnamente amortalhada, donde eu vim..
> Dor e asco desse apodrecido e letal paul de raça que deu-me este luxurioso órgão nasal... (Sousa, EV, 2000, p. 573, 574)

Dentro de uma visão estereotipada, "Asco e dor" pode ser considerado uma verdadeira afronta à cultura popular. Para os que dissociam cultura e condição social, uma negação da cultura de origem africana. O certo é que a circunstância do espetáculo, apresentando pessoas bêbadas e mal vestidas, é que gera a convulsão interior, a revolta. São as "caras bestialmente cínicas, ignaras e negras", e o "lodoso cárcere" que farão com que o sujeito do discurso fique "como uma sombra irremediavelmente presa dentro de outra sombra" (SOUSA, EV, 2000, p. 575), já que assume para si a dor inconsciente do outro, em razão de o "eu" colocar-se como o testemunho consciente do episódio: "Asco e dor dessa ironia que para mim vinha, que para mim era, que só eu estava compreendendo e sentindo...." (SOUSA, EV, 2000, p. 574). A figura da mulher "vestida de farrapos" (SOUSA, EV, 2000, p. 572) centralizou o sentido de indignação do sujeito do discurso. Aliás, indignação é aqui também a palavra-chave para se compreender de onde e como se manifesta uma identidade dramática, da qual o poema "Ódio sagrado" (US) é um exemplo ímpar. A imagem de mulher de "Asco e dor" está na contramão do desejo, mesmo aquele repulsivo, de "Dança do ventre" (BR), no qual as expressões como "horrível", "réptil", "lodo" e "macabra" asseguram a interdição sugestiva do medo do envolvimento. A figura feminina de "Asco e dor" provoca uma abjeção articulada com uma compaixão doída.

Em uma vertente de prazer e identidade compreensiva, desenvolve-se o poema "Rosa negra" (LD). Neste soneto, a frieza de alma deixa o sujeito entrever, "sobre o teu coração, torvo problema" (SOUSA, LD, 2000, p. 291), que não é elucidado. Problema que não impede a busca da satisfação através do assédio:

> Flor do delírio, flor do sangue estuoso
> Que explode, porejando, caudaloso,
> Das volúpias da carne nos gemidos.
>
> Rosa negra da treva, Flor do nada,
> Dá-me esse boca acídula, rasgada,
> Que vale mais que os corações proibidos! (SOUSA, LD, 2000, p. 291)

A "boca acídula", de "Rosa negra", "vale mais que os corações proibidos!", é uma afirmação que pressupõe uma observação comparativa. Esse dado retoma o caminho de transpor a interdição. A mulher "Flor do nada", não considerada flor, que leva consigo "torvo problema", na visão do poeta, traz a possibilidade de realização do desejo, por não ter o coração proibido. No contexto de uma realidade castradora da sexualidade e também no conjunto de normas e preconceitos que a mulher branca deve seguir, entre os quais os etnossexuais, a sua participação foi metaforizada em "corações proibidos". A proibição não atingia a mulher negra. Ao valorizá-la, o sujeito não apenas a eleva em seu conceito, mas confirma o quanto ela era desprezível na sociedade de então. Por outro lado, ainda reconhece que a inexistência da barreira racial possibilita a realização completa da libido. Ela atua no diapasão da dialética entre fantasia e realidade:

> Sob a influência dos instintos de autopreservação do ego, o princípio de prazer é substituído pelo *princípio de realidade*. Este último princípio não abandona a intenção de fundamentalmente obter prazer; não obstante, exige e efetua o adiamento da satisfação, o abandono de uma série de possibilidades de obtê-la, e a tolerância temporária do desprazer como uma etapa no longo e indireto caminho para o prazer. (FREUD, 1998, p. 12, grifo do autor)

O interdito da mulher branca, impulsionador de uma poesia denunciadora daquelas grades, assim como assediadora do objeto de desejo, abre o caminho para representação do prazer possível e completo com a mulher negra. Sem abdicar da legitimidade do desejo enquanto pulsação natural, a poesia erótica souseana libera seus vários tentáculos na procura da totalidade, deixando seu anátema de solidão ao modelo de mulher reclusa, como se pode notar no poema em prosa "Nicho de virgem":

> E aí ficarás, só e dolente, fechada na treva da tua alcova, no cárcere de chumbo do sono, com as curiosas seduções e os eletrismos atraentes de veludosa serpente de volúpia, à espera que o sol, esmaltando a alta e branca janela do teu palácio, venha abrir-te os olhos no nicho de cambraias e desprenda os seus vôos majestosos e rufle sonora e fulgentemente as asas sobre o teu corpo, surpreendendo-te a luxuosa florescência carnal e deixando escorrer das asas, sobre ela, como finos vinhos de ouro, cálidos e palpitantes, das Estrelas das Vindimas, o pólen claro e virgem das supremas fecundações – ó formosa e frívola Divindade que com os tentáculos magnéticos e fascinantes da Carne estrangulas o mundo... (SOUSA, OE, 2000, p. 703)

Em outra posição, empenhado na estruturação mais referencializada do romance urbano, Lima Barreto terá também na crítica ao enclausuramento feminino um de seus vetores prediletos, contudo, sem o assédio da subjetividade, mas com o dedo em riste para as mais variadas formas de violência, desde as regras domésticas do casamento até o uxoricídio ou suas tentativas.

O narrador de *Clara dos Anjos*, em suas constantes manifestações interruptoras da peripécia, é exemplar quanto a demarcar a noção de amor:

> O verdadeiro estado amoroso supõe um estado de semiloucura correspondente, de obsessão, determinando uma desordem emocional que vai da mais intensa alegria até à mais cruciante dor, que dá entusiasmo e abatimento, que encoraja e entibia; que faz esperar e desesperar, isto tudo, quase a um tempo, sem que a causa mude de qualquer forma.
> (BARRETO, CA, 1956, p. 106-107)

Se o discurso propõe o "verdadeiro" é porque tratará do falso, no caso, o da personagem Cassi, cuja disposição afetiva assim é caracterizada: "O seu sentimento ficava reduzido ao mais simples elemento do Amor – a posse. Obtida esta, bem cedo se enfarava, desprezava a vítima, com a qual não sentia ter mais nenhuma ligação especial; e procurava outra" (BARRETO, CA, 1956, p. 106). O discurso sobre o "verdadeiro amor", entretanto, parece contemplar as próprias atitudes do vilão. A "semiloucura" justificaria sua atitude. Mas o que fica destacado, no entanto, no tratamento dado à personagem, é que, por um lado, se tem um indivíduo que planeja o assédio com frieza e, do outro, uma vítima ingênua. Esta, sim, aquela desestabilização emocional atingiu, tendo em vista seu despreparo.[110] Quanto a seu sedutor, o texto deixa explícito: "[...] nele não havia Amor de nenhuma natureza e em nenhum grau. Era concupiscência aliada à sórdida economia, com uma falta de senso moral digna de um criminoso nato – o que havia nele" (BARRETO, CA, 1956, p. 106). Caracterizado como vilão da pior espécie, Cassi é o exemplo do transgressor de um "senso moral". Um Don Juan do subúrbio carioca. Assim, como o lendário e figura literária, Cassi não abre mão da violência, mesmo que ela derive, no caso de Clara, para o assassinato do padrinho desta. É, portanto, um instintivo na acepção da palavra, visivelmente descrito quando ele vem a saber da interferência daquele que será sua vítima: "Os seus olhos chamejavam, os dentes estavam rilhados e toda a sua natureza baixa, feroz e grosseira se revelava, num ríctus horrível" (BARRETO, CA, 1956, p. 155). O discurso censor contra a personagem alija-a da moralidade que deva existir no amor, que não se limitaria ao sexo, mas que pelo prisma de Clara implicaria no casamento, na proteção e na afetividade: "[...] Clara, na ingenuidade de sua idade e com as pretensões

---

[110]Em certos trechos da narrativa a imagem de Clara chega a ser caricatural, como no seguinte: "O seu ideal na vida não era adquirir uma personalidade, não era ser ela, mesmo ao lado do pai ou do futuro marido. Era constituir função do pai, enquanto solteira, e do marido, quando casada. [...] Clara era uma natureza amorfa, pastosa, que precisava mãos fortes que modelassem e fixassem. [...] Na sua cabeça, não entrava que a nossa vida tem muito de sério, de responsabilidade, qualquer que seja a nossa condição e o nosso sexo. [...] A filha do carteiro, sem ser leviana, era, entretanto, de um poder reduzido de pensar, que não lhe permitia meditar um instante sobre o seu destino, observar os fatos e tirar ilações e conclusões" (BARRETO, CA, 1956 , p. 138-140).

que a sua falta de contato com o mundo e capacidade mental de observar e comparar justificavam, concluía que Cassi era um rapaz digno e podia bem amá-la sinceramente" (Barreto, CA, 1956, p. 140). Clara, sob o domínio da paixão, associado ao seu despreparo, é vítima da obnubilação que lhe altera os sentidos da realidade. Nessa luta de dominação, o texto situa o poder do lado de Cassi. Ou seja, o vilão assassino é acobertado. Portanto, seu desejo pôde enfrentar as restrições de um código ditado para os oprimidos, dos quais ele não faz parte. Mas, como assinalamos anteriormente, acerca da participação feminina, vejamos como atua Clara em face da própria sedução e quais os valores envolvidos no que se torna a sua desdita: a perda da virgindade.

> Rememorando conversas e fatos, ela punha todo o esforço em analisar o sentimento, sem compreender o ato seu que permitiu Cassi penetrar no seu quarto, alta noite, sob o pretexto de que precisava se abrigar da chuva torrencial prestes a cair. Ela não sabia decompô-lo, não sabia compreendê-lo. Lembrando-se, parecia-lhe que, no momento, lhe dera não sei que torpor de vontade, de ânimo, como que ela deixou de ser ela mesma, para ser uma coisa, uma boneca nas mãos dele. Cerrou-se-lhe uma neblina nos olhos, veio-lhe um esquecimento de tudo, agruparam-se-lhe as lembranças e as recordações e toda ela se sentiu sair fora de si, ficar mais leve, aligeirada não sabia de que; e, insensivelmente, sem brutalidade, nem violência de espécie alguma, ele a tomou para si, tomou a sua única riqueza, perdendo-a para toda a vida e vexando-a, daí em diante, perante todos, sem esperança de reabilitação. (Barreto, CA, 1956, p. 178)

O "ato" de abrir a janela para o rapaz existiu. Clara é ciente disso. Mas não encontra resposta plausível que lhe sirva de justificativa. Afinal, o narrador já a descreveu como ingênua, que não tinha "contacto com o mundo" (Barreto, CA, 1956, p. 140). Na vida reclusa da personagem reside a sua vulnerabilidade. No conhecimento do mundo está a possibilidade de salvação pessoal diante de suas armadilhas. Mulheres, como Dona Margarida, erigiram suas defesas, sabem se conduzir na vida: "Dona Margarida era mulher alta, forte, carnuda, com uma grande cabeça de traços enérgicos, olhos azuis e cabelos castanhos tirando para louro. Toda a sua vida era marcada pelo heroísmo e pela bondade" (Barreto, 1956, CA, p. 190). Por isso aquela pôde, inclusive, perceber os movimentos de Clara no rumo do aborto e impedi-la.

A expressão "única riqueza", do trecho citado, dá a dimensão da miséria de Clara e, de certa forma, da miséria moral a que estava submetida. A crueldade do código que a mantém sob controle está em não só manter como possibilidade única de prazer um dia casar-se, mas, sobretudo, em puni-la com severidade a transgressão de tal norma inscrita nas relações sociais. Não haver "esperança de reabilitação" equivale a uma condenação perpétua por um julgamento sumário. O discurso indireto livre empresta ao narrador masculino uma possibilidade interpretativa da mente da personagem. A reação física que resultou em uma postura de deixar-se levar pelo sedutor, como se tivesse diante de uma força incontrolável, faz de Clara uma vítima primeiramente do desconhecido de si mesma, da sua fragmentação. A perda de controle, entretanto, não esconde a sensação de "ficar mais leve, aligeirada", nem a recordação de que o amado tratou-a sem brutalidade. O discurso masculino sobre o da mulher deve guardar restrições. Há os que o têm como impróprio de antemão: "A relação erótica entre o homem e a mulher, no sistema falocrático, transforma a relação sexual numa prática sacrificial e num exercício de poder, de que não escapam nem os poetas contemporâneos" (SANT'ANNA, 1984, p. 28). Estaria, à luz do trecho citado, o discurso de *Clara dos Anjos*, no ponto que mostra a personagem tentando refletir sobre o fato consumado, incorrendo em uma artimanha ideológica de opressão de gênero, ao insinuar que a personagem entregou-se para realizar seu desejo? Ora, a participação de Clara na busca de sua sexualidade se dá através do vilão da história. Ele é a possibilidade de satisfação. Isso o romance não deixa dúvida. Mas, como bem demonstrado nos exemplos anteriores, o desejo dela é de outra ordem, busca uma conformidade com o código de sua prisão moral. A entrega, feita por Clara, do próprio corpo é ao mesmo tempo transgressão e afirmação do código restritivo. Sua intenção última é o casamento. Porém, há uma inversão que, se interessa a ela inconscientemente, interessa muito mais a Cassi, pois ele pode escapar da punição, e ela não pode. O ato rememorado por Clara não apresenta resistência nem violência. Situa-se, portanto, dentro de uma normalidade de comum acordo. O futuro é que difere os amantes, futuro embutido na intenção díspar de cada um. Aí se insere a investida do narrador contra o vilão. Mas não apenas contra o sexo, pelo simples prazer, sem compromisso futuro que o narrador recrimina a personagem. A recriminação está em que esta é a representação atualizada do senhor das senzalas, dono dos corpos das mulheres pobres. A realização de seu desejo está aliada ao poder. Clara, cujas "[...] ideias mais absurdas lhe passavam pela cabeça. Pensou em fugir, em ir ter com Cassi, em matar-se [...]" (BARRETO, CA, 1956, p. 154), é a desprotegida. Ainda que seu pai tenha pensado "na sua garrucha de dous canos, com as quais se viaja em Minas, presente ainda do inglês, seu primeiro patrão" (BARRETO, CA, 1956, p. 143), quando foi alertado da fama do rapaz, a situação econômica das famílias não vislumbraria qualquer possibilidade de vingança ou reparo, por outro lado o romance termina sem que Joaquim dos Anjos, o pai, saiba do fato.

E, nesse ponto, cabe lembrar outra mulher significativa na participação do poder: a mãe de Cassi. Quando Clara, acompanhada de Dona Margarida, "mulher séria, rigorosa de vontade, visceralmente honesta" (BARRETO, CA, 1956, p. 143), vai ter com ela à porta da residência, no bate-boca que se segue a genitora do vilão, ao ouvir Clara expressar sua pretensão de que o sedutor se case com ela, assim "[...] expectorou: – Que é que você diz, sua negra?" (BARRETO, CA, 1956, p. 194). Duas mulheres, uma situação de conflito, a diferença étnica surge como arma para uma delas. E, mais adiante, o argumento baseado no *status* social, seguido da culpabilização da vítima:

> – Casado com gente dessa laia... Qual!... Que diria meu avô, Lord Jones, que foi cônsul da Inglaterra em Santa Catarina – que diria ele, se visse tal vergonha? Qual!
> Parou um pouco de falar; e, após instantes, aduziu:
> – Engraçado, essas sujeitas! Queixam-se de que abusaram delas... É sempre a mesma cantiga... Por acaso, meu filho as amarra, as amordaça, as ameaça com faca e revólver? Não. A culpa é delas, só delas... (BARRETO, CA, 1956, p. 194-195)

O texto explora, portanto, a contradição dentro do próprio conjunto dos oprimidos femininos, traspassando a opressão de gênero com a de raça e classe. Entretanto, na manifestação de Salustiana, mãe do rapaz, o eventual prazer sexual vivido pelas mulheres seduzidas pelo filho seria uma razão suficiente para o castigo do abandono. Seu argumento de não ter havido violência coincide com o quase solilóquio de Clara. Ou seja, atua no sentido de tornar a vítima uma ré, sem a participação da qual o fato não teria ocorrido. A "culpa" sai do homem e passa para a mulher. Estamos diante de uma confirmação do tópico da mulher fatal, aquela que submete os homens a seus caprichos, como é o exemplo de Eva seduzindo Adão. Contudo, quem acompanha o romance, observa um claro propósito narrativo de inocentar Clara e acusar Cassi. A razão parece se situar no determinismo social que leva jovens à prostituição. O caso da prostituta Inês, mulher negra, ex-empregada doméstica na casa de Cassi, e seduzida por ele, que o aborda na rua e o faz passar vexame (BARRETO, CA, 1956, p. 172-173); a mulata Rosalina, seduzida, com passagem pelo alcoolismo, tentativa de suicídio e prostituição (BARRETO, CA, 1956, p.91-92); a "rapariga preta que suportava dias inteiros de fome, mal vivendo do que lhe dava uma miserável prostituição" (BARRETO, IC, 1956, p. 223); a Gabriela que "um dia pelos outros, chegava em casa semi-embriagada, escorraçando o filho e trazendo algum dinheiro. Não confessava a ninguém a origem dele [...]" (BARRETO, CA, 1956, p. 211); a prostituta Alice, também mulata, do conto "Um especialista", e tantas outras, incluindo brancas dos bordéis, fazem parte de um conjunto de mulheres violentadas, econômica, física e moralmente, pela ordem do poder machista, mulheres que, pela situação de penúria ou dependência, aparecem como típicos exemplos de coisificação. Elas chegam mesmo a assumir também esse ponto de vista, como o faz Lola, a personagem do conto "Um e outro". Esse conto trata de uma prostituta espanhola que trai o amante com um chofer. A descrição de seu caráter é singular: "A bem dizer, ela não gostava de homem, mas de homens; as exigências de sua imaginação, mais do que as de sua carne, eram para a poliandria" (BARRETO, CA, 1956, p. 247).

A diferença entre "imaginação" e "carne" e a sujeição da mulher à primeira, no seu afã poliândrico, realça a possibilidade de uma assumida transgressão à fidelidade, transgressão que diz respeito mais à fantasia do que aos instintos. Esse dado comparativo e seu arcabouço de reificação são mais elucidados quando o texto aborda a relação entre ela, o chofer e o veículo que ele dirige:

> O automóvel, aquela magnífica máquina, que passava pelas ruas que nem um triunfador, era bem a beleza do homem que o guiava; e, quando ela o tinha nos braços, não era bem ele que a abraçava, era a beleza daquela máquina que punha nela ebriedade, sonho e a alegria singular da velocidade. [...] Entre ambos, "carro" e *chauffeur*, ela estabelecia um laço necessário, não só entre as imagens respectivas como entre os objetos. O "carro" era como os membros do outro e os dous completavam-se numa representação interna, maravilhosa de elegância, de beleza, de vida, de insolência, de orgulho e força. (BARRETO, CA, Contos, 1956, p. 250-251, grifo do autor)

A poliandria a que se refere o texto, de necessidade mais imaginativa do que instintiva, evidencia aqui estar intimamente relacionada ao poder da vaidade. O carro, embora não seja propriedade do segundo amante, preenche a necessidade da mulher de aparentar. Semelhante ânsia de aparentar poder atinge o Freitas, homem que a sustenta, em um jogo de esconder e mostrar. Ao mesmo tempo em que não quer torná-la conhecida em seu meio profissional e comercial, para não colocar em risco sua posição, "não queria romper com ela, porque a sua ligação causava nas rodas de confeitarias, de pensões *chics* e jogo muito sucesso" (BARRETO, CA, Contos, 1956, p. 254, grifo do autor). Este, quando Lola lhe pergunta se conseguiu o dinheiro solicitado, embora "fosse um simples caixa da casa Antunes, Costa & Cia", reage, pois "tratava-se de dinheiro e o seu orgulho de homem do comércio, que sempre se julga rico ou às portas da riqueza, ficou um pouco ferido com a pergunta da amante" (BARRETO, CA, Contos, 1956, p. 253). Os interesses são realçados como a mola mestra da relação entre os sexos. As aparências de poder sobrepõem-se ao desejo. Quanto à manifestação deste último, é no contato íntimo de Lola com o chofer que mais ainda fica evidente a sobreposição. Excitado e impaciente, o homem nem sequer retribui a carícia de Lola, visto que "nele, o amor não tinha prefácios nem epílogos; o assunto ataca-se logo" (BARRETO, CA, Contos, 1956, p. 255). Entretanto, quando essa, como presente, lhe entrega a cigarreira, o fluxo do desejo dele altera-se, sendo transferido para o objeto:

> Foi até o leito e entregou-a ao *chauffer*. Os olhos do homem incendiaram-se de cupidez; e os da mulher, ao vê-lo satisfeito, ficaram úmidos de contentamento.
> Continuou a despir-se e, enquanto isto, ele não deixava de apalpar, de abrir e fechar a cigarreira que recebera. (BARRETO, CA, Contos, 1956, p. 256, grifo do autor).

O desfecho inicia-se com a revelação, pelo chofer, de que já não mais dirigirá o tal veículo. O encanto do envolvimento por parte dela se acaba. Ela que, com o dinheiro do amante principal, comprava presentes para o outro, desilude-se com a quebra do encanto: o automóvel do seu "Pope", no qual o segundo amante a conduzia pelas ruas, não mais a servirá, uma vez que o homem passou a ser um taxista e terá a sua disposição um carro de menor valor. Ao tomar conhecimento do fato, em pleno preparo para o relacionamento sexual, no íntimo de Lola o amor acaba-se.

Dinheiro, carro, cigarreira, razões materiais do envolvimento da mulher com os dois amantes estão a serviço da fantasia reificadora de todos. Lembremos que Clara dos Anjos, ao entregar-se a Cassi, "deixou de ser ela mesma, para ser uma coisa, uma boneca nas mãos dele" (BARRETO, CA, 1956, p. 178). O erotismo, sendo pautado por uma relação de troca material, espelha a conexão existente entre o escravismo findo e o capitalismo periférico implantado no País. A permanência de um no outro está caracterizada na obra barretiana pela presença significativa da prostituição em contraste com o ideal de casamento, também expressivo em seus livros, que levava àquela moralidade rechaçada pela exasperação erótica dos textos de Cruz e Sousa. Tanto as virgens, como Ismênia (PQ), que se guardavam para o futuro marido, quanto casadas e prostitutas, em sua maioria, as mulheres circulam na mesma via de dependência e falta de perspectiva. O desejo, pois, é regido pelo interesse material que fala mais alto que a paixão. Assim é que a mulata Alice, do conto "Um especialista", relata a seu amante, e pai sem que saibam, como sua mãe foi roubada por ele:

> – [...] Minha mãe me contava que ela era honesta; que vivia na cidade do Cabo com seus pais, de cuja companhia fora seduzida por um caixeiro português que lá aparecera e com quem veio para o Recife. Nasci deles e dous meses, ou mais depois do meu nascimento, meu pai foi ao Cabo liquidar a herança (um sítio, uma vaca, um cavalo) que coubera à minha mãe por morte de seus pais. Vindo de receber a herança, partiu dias depois para aqui e nunca mais ela soube notícias dele, nem do dinheiro, que, vendido ou herdado, lhe ficara dos meus avós. (Barreto, CA, Contos, 1956, p. 207)

Na escravidão, os homens brancos violentaram e prostituíram as mulheres africanas e suas descendentes, que acabaram encontrando no meretrício das grandes cidades como o Rio de Janeiro a fonte mais disponível para a sobrevivência, mesmo após a Abolição, uma vez que o proxenetismo fazia parte dos direitos dos proprietários de escravos e foi absorvido na área urbana por outros indivíduos. Afora isso – como a citação indica – havia outras formas de exploração das mulheres. A intenção do comendador, que "gostava das mulheres de cor", ao ser perguntado pelo seu amigo coronel o que pretendia fazer com a recém-chegada Alice, "o achado", ao Rio de Janeiro, responde:

> – É boa... Que pergunta! Prová-la, enfeitá-la, enfeitá-la e "lançá-la". É pouco?
> – Não! Acho até que te excedes. Vê lá, tu!
> – Hein? Oh! Não! Tenho gasto pouco. Um conto e pouco... Uma miséria!
> (Barreto, CA, Contos, 1956, p. 202)

O controle do comendador sobre os destinos de Alice mostra-se completo. Coisificando-a, sua pretensão é a de uso e descarte, ainda que as aspas possam dar a conotação de explorar no sentido da prática do rufião. Nesse enquadramento, o desejo exerce o papel de manifestação puramente utilitária, dentro da ordem comercial do mundanismo que efervescia no Rio de Janeiro. A revelação do fato de ser a amante do comendador a sua própria filha, ao final do conto, surge como um interdito dos mais graves: o incesto. Afinal, ao que sugere o texto, o intercurso sexual já ocorrera. O comendador refere-se à Alice como "mulata deliciosa", que lhe havia feito encantos "nestes quinze dias – com raros intervalos em que me aborreço em casa, ou na loja, já se vê bem" (Barreto, CA, Contos, 1956, p. 202). Se em *Clara dos Anjos* o vilão é acobertado, em *Um especialista* a punição é moral e reconhecida pela própria personagem. Ele, "com as faces congestionadas e os olhos esbugalhados", murmura na última frase do texto: " – Meu Deus! É minha filha!" (Barreto, CA, Contos, 1956, p. 208).

O mundanismo, que na obra de Cruz e Sousa encontra-se cifrado, na de Lima Barreto expõe lubricidade. Contudo, há uma moral velando nos dois autores. A concepção do prazer passa pelo crivo da moralidade e da crítica à manipulação do próprio prazer. Por outro lado, se a obra souseana permite ao narrador uma vertente hedonista, ligando as esferas do corpo com as do espírito, mas permitindo a fruição simbólica através de uma linguagem arrebatadora, o texto barretiano retrata e pune com a crítica moral, numa postura epicurista, em uma linguagem, ainda que apaixonada, segura e pautada pela sobriedade, salvo quando se trata da expressão caricata de personagens. A personagem-narradora das *Recordações do escrivão Isaías Caminha*, ao esboçar seu drama com as mulheres, apresenta postura moral bastante similar a de outros narradores. Isaías, quando ao bordel procurar Loberant, o diretor do jornal em que trabalha como contínuo, para dar notícia do suicídio de Floc, reflete, após ter sido abordado por uma prostituta:

> Sempre foi do meu temperamento fugir daquilo que a Bíblia denomina tão rigorosamente para os nossos ouvidos modernos, pois não podia compreender que homens de gosto, de coração e inteligência, vivessem escravizados ao que S. Paulo, na I Epístola aos Coríntios, classificou tão duramente, para aconselhar o casamento.
>
> Além de desejar que existisse entre a mulher, alguma cousa de mais delicado, de mais espiritual, uma comunhão que não se tem com a primeira vinda, tinha em mim não sei que pensamento evangélico a proibir-me de proceder como todos, pois, fazendo-o, concorria para manter uma desgraça e fazer desgraças.
>
> Recordo-me muito bem que, certa vez, não sei que tontura me deu, que me deixei arrastar pelos sentidos.
>
> A entrada foi fácil; mas, depois acanhei-me, a ponto de ter delicadezas, escrúpulos, certamente de noivo.
>
> Quando pus o pé na rua, as orelhas ardiam, as faces queimavam-me e parecia que os transeuntes apontavam-me como um irremissível pecador. Tive a visão do Inferno... (BARRETO, IC, 1956, p. 269)

O arsenal religioso de interdição à sexualidade surge interiorizado no relato. A atitude de ojeriza à prostituição ergue-se para censurar a busca do prazer. Se Clara dos Anjos cedeu ao sentir-se "fora de si", Isaías deixa-se "arrastar pelos sentidos". Como aquela, sente o peso do arrependimento em um drama moral de cunho repressivo. A religião fundamenta a postura. Isaías em sua exposição permite que se vislumbre o quanto a influência dos valores religiosos também atingiam os homens pobres. A sua moral, confrontada com a dos profissionais do jornal, demonstra uma associação de rigidez e condição social. Enquanto o chefe Loberant, Aires d'Ávila e os outros deleitam-se com mulheres, na casa de Rosalina, em torno de "uma mesa cheia de garrafas e copos", elas "em camisa e os homens também" (BARRETO, IC, 1956, p. 269), ele, Isaías, traz-lhes a notícia da morte, como uma punição:

> – Que há Isaías?
> – "Seu" Floc matou-se na redação.
>
> Aires d'Ávila voltou à humanidade e, em plena orgia, por entre aqueles homens e aquelas mulheres despreocupadas, passou a augusta sombra da Morte, misteriosa e severa... (BARRETO, IC, 1956, p. 270)

A morte por suicídio, lançada como notícia, é um alerta imediato para a brevidade da vida. Isaías, em sua rememoração, ante o fato de reprovar a atitude daqueles homens e mulheres, atuou como um mensageiro da Igreja,[111] sem o declarar aos outros. O recato masculino atinge também os poderosos, como em *Triste fim de Policarpo Quaresma*, na caricatura de Floriano Peixoto. Este, ao receber uma comissão feminina, assim é retratado:

> Enquanto falava, a mulherzinha deitava sobre o marechal os grandes olhos que despediam chispas. Floriano parecia incomodado com aquele chamejar; era como se temesse derreter-se ao calor daquele olhar que queimava mais sedução que patriotismo. Fugia encará-la, abaixava o rosto como um adolescente, batia com os dedos na mesa... (BARRETO, PQ, 1956, p. 207)

Na outra ponta estão os homens que frequentam bordéis, hotéis, as próprias prostitutas, sendo que a formulação do prazer, em muitos casos, torna-se libidinosa. Fala-se com volúpia. O comendador, de "Um especialista", ao se expressar sobre Alice "falara com ardor desusado nele; acalorara-se e se entusiasmara, deveras, a ponto de haver na sua fisionomia estranhas mutações. Por todo ele havia aspecto de um suíno, cheio de lascívia..." (BARRETO, CA, Contos, 1956, p. 202); Floc, cujos "olhos, ao falar das mulheres, tinham reflexos de ouro e fumava nervosamente durante a conversa" (BARRETO, IC, 1956, p. 265), o mesmo que, ao citar uma delas, não deixa de extravasar o mito da mulher fatal: "A Carneiro

---
[111]Entre os apóstolos, Paulo é explícito quanto ao assunto: "[...] o homem que se une a uma prostituta forma um só corpo com ela. [...] Fujam da imoralidade! Qualquer outro pecado que alguém cometer não afeta o corpo, mas o homem que comete imoralidade peca contra o seu próprio corpo. [...] Porém, porque existe tanta imoralidade, cada homem deve ter sua própria mulher, e cada mulher seu próprio marido. [...] A mulher não é dona de seu próprio corpo, pois ele pertence ao marido. Assim também, o marido não é dono do seu próprio corpo, pois este pertence à mulher" (A BÍBLIA NA LINGUAGEM DE HOJE, 1975, ver. 6-7, p. 474-475).

de Sousa... eu não sei que mal me faz essa mulher com o seu desenho de rosto à Botticelli! Tem não sei que mistura de candura e perversidade que me dá gana de gritar-lhe: fala demônio! O que és: santa ou serpente?" (BARRETO, IC, 1956, p. 264). É com esse ânimo que Floc inicia a crônica em meio à qual se suicida. Como um preâmbulo do próprio ato sumário, a excitação expõe seu caráter efêmero e banal. As mulheres na visão dos homens, ainda que coisificadas, nem sempre correspondem àquelas expectativas nos livros de Lima Barreto. Quando isso ocorre, surgem dentro de uma visão próxima àquela manifestada pela personagem Floc, como demoníacas, dotadas do poder da sedução. É o caso de Lola e Alice, já citadas, como também daquelas que, no seio da família, exercem também as artes de encantar e fascinar os homens, como a jovem Cló, no conto de mesmo nome, da coletânea *Histórias e sonhos*, que, no clima caseiro do carnaval, fantasiada de "preta-mina", instiga o deputado casado que vai, em visita, para ver mãe e filha fantasiadas:

> Os braceletes e as miçangas tilintavam no peito e nos braços, a bem dizer totalmente despidos; e os bicos de crivo da camisa de linha rendavam as raízes dos seios duros que mal suportavam a alvíssima prisão onde estavam retidos.
>
> Ainda pôde requebrar, aos últimos compassos da "Bamboula", sobre as chinelas que ocupavam a metade dos pés; e toda risonha sentou-se por fim, esperando que aquele Salomão de *pince-nez* de ouro lhe dissesse ao ouvido:
>
> "Os teus lábios são como uma fita de escarlate; e o teu falar é doce. Assim como é o vermelho da romã partida, assim é o nácar das tuas faces; sem falar no que está escondido dentro."
>
> O doutor Maximiliano deixou o tamborete do piano e o deputado, bem perto de Clódia, se não falava como o rei Salomão à rainha de Sabá, dilatava as narinas para sorver toda a exalação acre daquela moça, que mais capitosa se fazia dentro daquele vestuário de escrava desprezada. (BARRETO, HSo, 1956, p. 84, grifo do autor)

Um verso da "Canção da Preta-Mina", com a moça "cheia de dengues nos olhos e na voz" e "sacudindo as ancas", é dito como arremate deste conto de sedução doméstica: "Mi compra ioiô!" (BARRETO, HSo, 1956, p. 85). Esse conto de Lima, traçando a fusão das culturas de origem africana com as de origem europeia, metaforiza na fantasia da moça uma realidade histórica na qual o corpo da mulher era literalmente adquirido como um objeto, assim como o do homem. Fantasiando-se de escrava, a moça branca, ao insinuar-se como objeto, aceita o jogo de ser objeto do desejo sexual do outro. O flerte dá-se dentro dos parâmetros do interdito moral, já enfraquecido, como o demonstra a advertência paterna quando Cló pergunta pelo deputado:

> Quis Maximiliano ser severo; quis apossar-se da sua respeitável autoridade de pai de família; quis exercer o velho sacerdócio de sacrificador aos deuses Penates; mas era céptico demais, duvidava, não acreditava mais nem no seu sacerdócio nem no fundamento da sua autoridade. Ralhou, entretanto, frouxamente:
>
> – Você precisa ter mais compostura, Cló. Veja que o doutor André é casado e isto não fica bem. (BARRETO, HSo, 1956, p. 81-82)

Os costumes no início do século XX já se vão afrouxando. A moral patriarcal cede terreno para a menor sujeição da mulher. A dicotomia colonial, entre a mulher casada e as outras, já sofreu o influxo de novas revelações da Medicina em torno da sexualidade, bem como da vida social competitiva, na qual o prazer ganha também o sentido do consumismo urbano repleto de novidades estrangeiras, incluindo hábitos e costumes. No referido conto, entretanto, é enfatizada a troca cultural entre brancos e negros, analisada do ponto de vista do branco, pois o narrador insiste nas expressões "selvagem", "bizarra", "bárbara", "inferior" para caracterizar as manifestações carnavalescas "daquelas criaturas grosseiras e de raças tão várias", entretanto, que: "Certamente, durante os séculos de escravidão, nas cidades, os seus antepassados só se podiam lembrar daquelas cerimônias e suas aringas ou tabas, pelo carnaval. A tradição passou aos filhos, aos netos e estes estavam ali a observá-la com as inevitáveis deturpações" (BARRETO, HSo, 1956, p. 79).

Tal referência e a indagação íntima do professor sobre o porquê de a filha e a mulher gostarem de tais músicas que ele deplorava, levam-no a concluir que há "em toda a sociedade complicados movimentos de trocas e influências – trocas de ideias e sentimentos, de influências e paixões, de gostos e inclinações" (BARRETO, HSo, 1956, p. 81). A fantasia de Cló e o fato de o pai pensar que, no comportamento dela "havia o estofo de uma grande hetaira" (BARRETO, HSo, 1956, p. 73-74), sugere manifestação de dois vetores de moral: um das camadas populares e outro das camadas médias. Naquele, eivado de tradição africana, uma liberação maior da sensualidade, e, neste, de tradição mais europeia, uma regulação rígida que, entretanto, dá sinais de afrouxamento, pois que o deputado, "apesar de casado, a filha do antigo professor, a lasciva Cló, esperava casar-se com ele, pela religião do Sol..." (BARRETO, HSo, 1956, p. 75). Tempos de desconformidade com a velha ordem patriarcal. Tempos em que diversas mulheres contemplam as Ismênias, de *Policarpo Quaresma*, com desdém, e que a traição, no âmbito da classe burguesa, pode ser tratada abertamente, como no caso de Edgarda, que trai, com o primo Benvenuto, o marido, Deputado Numa Pompílio, no romance *Numa e a Ninfa*. O interesse profissional do marido revela-se acima da moral contrária à traição. O amante escreve-lhe os discursos a serem lidos em plenário. Logo, quando fica sabendo do fato, releva-o. E Edgarda mantém a posição e o prestígio de casada, bem como vive a fruição de sua sexualidade com o primo. Essa nova imagem da mulher atua no sentido de mostrar não só a sua liberação, mas também de concebê-la participante, e não apenas vítima do sistema machista, inclusive atuando na sua desmontagem. Aliás, as reações, sobretudo nas camadas populares, encontram eco nos textos de Lima Barreto. Um dos exemplos singulares é o da Ermelinda, do conto "Quase ela deu o 'sim'; mas..." (GS), que, ao ser assediada por um rapaz que pretende aproveitar-se de sua estabilidade de viúva, depois de ouvir-lhe a proposta de casamento, ao perceber o puro interesse do rapaz, responde, entregando-lhe uma lista de compras, e quando ele diz não ter dinheiro, ela argumenta: " – Mas você não quer casar comigo? É mostrar atividade meu filho! Dê os seus passos... Vá! Um chefe de família não se atrapalha... É agir!" (BARRETO, GS, 1956, p. 222).

A obra de Lima Barreto e a de Cruz e Sousa, no âmbito do desejo, não apenas projetam na mulher o machismo, mas ainda articulam as contradições existentes no comportamento dos vários tipos de mulher diante dos interditos impostos pelo moralismo, como ainda apresentam novas possibilidades de fruição do prazer, realizando a crítica da sociedade brasileira do final do século XIX e início do século XX.

A ENCENAÇÃO DA MEMÓRIA

Esta parte pretende mostrar como se manifesta ficcionalmente, nas obras literárias de Cruz e Sousa e de Lima Barreto, a noção de memória enquanto acervo coletivo de lembranças e de registros históricos, sua conotação venturosa ou funesta e seu significado para uma memória coletiva negro-brasileira.

O processo de violência do período colonial, instituído principalmente pela escravização dos africanos e de sua descendência, por mais que tenha sido suavizado pela produção cultural, não deixou de pulsar, às vezes fortemente travestido, nas relações interétnicas e surpreender em vários momentos da Literatura Brasileira.

Por meio do controle social do Estado e de um tratamento ideológico singular foi gerado o mito da cordialidade do povo e o da democracia racial. A arte dos setores afinados à ideologia dominante buscou representar o apaziguamento das contradições sociais, procurando os ingredientes mais eficazes da ilusão para promover o descolamento da realidade. A par dos modismos de escolas literárias, cuja influência baudelairiana, no caso simbolista, está mais que repisada pela crítica genética, bem como por aquela que vê o Brasil, até antes do Modernismo, um mero eco da Europa, vamos considerar que as determinações para o nascimento de um texto não são de fontes apenas textuais e escritas. A oralidade tem sua importância, não apenas como inspiradora, mas também como componente de certas estruturas literárias e de seus conteúdos. Quando se apontava essa relação entre oralidade e literatura escrita, havia uma tendência a se desqualificar esta pelo contágio daquela. Tal vertente própria do pensamento burguês, que via na escrita a marca da classe dominante e na oralidade o traço das classes dominadas, sofreu fortes ataques às suas bases de convicção, seja pela valorização do testemunho oral para a História, seja pelo reconhecimento de autores de ficção, cuja fonte e traço estilístico pautaram-se pelas características da fala.

Por outro lado, não se pode descartar o encontro de noções universais valendo-se de diferentes experiências nacionais. Por exemplo, a noção de maldade, ou forças destruidoras, os povos autóctones do Brasil já as possuíam, alinhavando-as em suas concepções de mundo. Também a colonização, ainda que tenha destruído em parte as manifestações culturais africanas, não as reduziu a nada. E o que delas restou em sua situação limite, a partir de determinado momento na História, voltou a crescer pelo processo da recriação.

Considerando também a influência da experiência coletiva e sua projeção na vida individual e vice-versa, temos que um texto, além de ser um feixe de outros textos escritos, traz o feixe de outras falas, sentimentos e visões do mundo não pertencentes ao propriamente dito "padrão literário hegemônico". Da experiência histórica negro-brasileira é preciso considerar os sentimentos e as emoções que não foram registrados por historiadores – por estarem excluídos de suas atividades específicas –, nem levados em conta por literatos brancos, tanto pela falta da experiência subjetiva desses quanto pelo posicionamento ideológico antinegro. A circunstância racial da colonização, com o seu requinte de violência empregado contra os africanos e seus descendentes, foi uma usina de ressentimentos. Mas o que vem a ser o ressentimento? Do ponto de vista da psicanálise, trata-se de uma frustração que não recebeu o ingrediente próprio que a transformasse em sublimação, ou seja, em regulada entronização da violência: o amor. Ou pode ser assim resumido:

> Um acontecimento digerido é um complexo de forças decomposto, em parte eliminado e em parte aproveitado pelo corpo/espírito para expandir e intensificar a sua potência. Um acontecimento indigesto, ao contrário, é um bolo azedo entalado, que não se metaboliza e que retorna continuamente, em busca de um espaço de alocação possível dentro de nós. Quando por fim parece digerido, deixa um resíduo, um veneno, sob a forma de *sentimento*: os acontecimentos passam; ficam os *afetos* com que marcaram nosso corpo/espírito. É esse sentimento reiterado que constitui o *ressentimento*. Sua força advém do seu caráter *codificador*, *interpretante*, que invade a consciência e se impõe como absoluto: marcas mnêmicas que projetam na realidade o sentido passado, perpetuado via sentimento. (NAFFAH NETO, 1997, p. 109, grifo do autor)

Se tal noção diz respeito ao movimento do aparelho psíquico individual, pode-se, a partir dela, inferir noções para o coletivo?

> O interesse pelo indivíduo, herdado do romantismo, traz consigo uma visão elitista. Seus sujeitos são os "cultos" que alcançaram sua individualidade reconciliando-se com seus instintos, é a maturidade como meta de chegada da existência. Perfila o tipo do homem racional, prudente, liberto interiormente da autoridade, quites com sua quota de conflito e neurose. (TRAGTENBERG, 2003)

A concepção desse modelo elevado de racionalidade afetou a concepção que o intelectual brasileiro nutriria por si próprio, não somente pela transposição das concepções europeias no mesmo sentido, mas também pelo distanciamento entre o homem letrado e a população brasileira analfabeta em sua maioria, e ainda aquele modelo foi uma resposta ao desprezo pelo literato manifesto no seio dos grupos econômicos dominantes, geralmente de baixo nível cultural, que disputavam o prestígio na sociedade.

No contexto mundial, o final do século XIX e as primeiras décadas do século XX, sobretudo após a Primeira Guerra Mundial, caracterizaram-se pela defesa do indivíduo, em particular com a divulgação da psicanálise, ainda que seu próprio fundador tenha procurado desenvolver a reflexão sobre as relações entre indivíduo e sociedade, já com os reflexos da política da época,[112] mantendo, contudo, o primado do indivíduo. Freud procedeu a uma relativização – em face do cientificismo social, com base em Durkheim,[113] – do positivismo de

---

[112] Em *Psicologia das massas e análise do eu*, Freud equaciona as perdas e aquisições do indivíduo no seio da massa, partindo da ideia da horda primitiva, do parricídio nela ocorrido e da fundamentação do complexo de Édipo, para apontar a manifestação das tendências sexuais coartadas: "[...] o indivíduo que passa a fazer parte de uma multidão se coloca em condições que lhe permitem suprimir as repressões de suas tendências inconscientes. Os caracteres aparentemente novos que então manifesta são precisamente exteriorizações do inconsciente individual, sistema em que se acha contido em germe tudo quanto de mau existe na alma humana. [...] Enquanto a formação coletiva se mantém, os indivíduos comportam-se como talhados no mesmo molde; toleram todas as particularidades dos outros, consideram-se iguais a eles e não experimentam o mínimo sentimento de aversão. De acordo com nossas teorias, tal restrição do narcisismo só pode ser provocada por um único fator: pela ligação libidinosa a outras pessoas. [...] o indivíduo renuncia a seu ideal do Eu, trocando-o pelo ideal da massa, encarnado no caudilho" (FREUD, 19--, p. 14, 50, 85).

[113] Entre outros, Durkheim, em *Sociologia e filosofia*, insiste na ênfase ao coletivo: "Se se pode dizer, sob certos aspectos, que as representações coletivas são exteriores com relação às consciências individuais, é porque não derivam dos indivíduos considerados isoladamente, mas de sua cooperação, o que é bastante diferente. Naturalmente na elaboração do resultado comum, cada qual traz a sua quota-parte; mas os sentimentos privados apenas se tornam sociais pela sua combinação, sob a ação de forças *sui generis*, que a associação desenvolve; em consequência dessas combinações e das alterações mútuas que delas decorrem, *eles se*

Comte e do materialismo dialético que se disseminava através das obras de Marx e da mobilização política, que deixavam o indivíduo em segundo plano.

No Brasil, contudo, o individualismo recebeu do positivismo um grande influxo de racionalismo, que se atrelava à ideia de orgulho pátrio, projetando o sentido de compromisso social do escritor enquanto responsável por esclarecer e ensinar a civilização ao leitor, consolidando as instituições.

Na dialética entre o individual e o coletivo, quanto à dimensão psíquica, traços de histórias semelhantes entre indivíduos devem caracterizá-los de alguma maneira com a marca de uma ou mais identidades comuns. E, ainda que tais histórias não tenham sido vividas, pessoas delas receberão traços que, pela importância dada pelo seu grupo, farão parte na formação das suas próprias estruturas de pensar, sentir e agir, pois

> [...] nossas lembranças permanecem coletivas, e elas nos são lembradas pelos outros, mesmo que se trate de acontecimentos nos quais só nós estivemos envolvidos, e com objetos que só nós vimos. É porque, em realidade, nunca estamos sós. Não é necessário que outros homens estejam lá, que se distingam materialmente de nós: porque temos sempre conosco e em nós uma quantidade de pessoas que não se confundem. (HALBWACHS, 1990, p. 26)

Ainda que a citação atente quase que pelo desaparecimento do indivíduo, não se pode desconsiderar que se trata de fusão de manifestações entre os indivíduos, e não de anulação. Uns passam a viver dentro dos outros enquanto imagens, vozes, símbolos, sensações, processo pelo qual se criam identidades comuns, caracterizadas pelo que Halbwachs chamou de "comunidade afetiva"[114]: "Para ele cada memória individual é um ponto de vista da memória coletiva, e esse ponto de vista varia de acordo com o lugar social que é ocupado; este lugar, por sua vez, muda em função das relações que se tem com outros meios sociais" (BARROS, 1989, p. 31). Tais mudanças, operadas por indivíduos e grupos, caracterizam aquela afetividade,

---

transformam em outra coisa." [...] Eis aí também como o fenômeno social não depende da natureza pessoal dos indivíduos. É que, na fusão da qual ele resulta, todas as características individuais, sendo divergentes por definição, neutralizam-se e apagam-se mutuamente" (DURKHEIM, 1970, p. 34, grifo do autor).

[114]A expressão diz respeito ao capítulo intitulado "Necessidade de uma comunidade afetiva", do livro *A memória coletiva*, p. 33-36, de Maurice Halbwachs, em que o autor demonstra a complementariedade das memórias individuais e adverte: "Para que nossa memória se auxilie com a dos outros, não basta que eles nos tragam seus depoimentos; é necessário ainda que ela não tenha cessado de concordar com suas memórias e que haja bastante pontos de contato entre uma e as outras para que a lembrança que nos recordam possa ser reconstruída sobre um fundamento comum" (HALBWACHS, 1990, p. 34).

nem sempre relacionada ao agradável. Por vezes, o seu contrário é o que mais une os indivíduos, é o que os irmana, como, por exemplo, o sofrimento, fator identitário que delineia diversos povos e grupos humanos. A memória, que determina tais identidades, em contextos adversos, será silenciada. Seja por estratégia de sobrevivência, seja mesmo por repressão da ordem vigente, ou até mesmo por sua consequência: a autocensura (Pollak, 1989, p. 6-7). Haverá, entretanto, uma situação pendular entre o silêncio e a fala que, dependendo da conjuntura social, ora tenderá para um lado ora para o outro. Os motivos do silêncio coletivo podem estar associados ao receio da repressão brutal, à tentativa de aplacar o sentimento de culpa do(s) outro(s), à mesma tentativa de fazê-lo dentro do próprio grupo e à estratégia, pura e simples, de aguardar o momento propício para desencadear a memória clandestina e suas consequentes reivindicações. Entretanto,

> A despeito da importante doutrinação ideológica, essas lembranças durante tanto tempo confinadas ao silêncio e transmitidas de uma geração a outra oralmente, e não através de publicações, permanecem vivas. O longo silêncio sobre o passado, longe de conduzir ao esquecimento, é a resistência que uma sociedade civil impotente opõe ao excesso de discursos oficiais. (Pollak, 1989, p. 5)

A lembrança da escravidão constituiu-se em um trauma coletivo, diferente, entretanto, dos traumas de guerra, porque ocasionado por um deslocamento espacial durante longo tempo e trabalho forçado vivido por diversas gerações de povos africanos e seus descendentes, dentro de um estatuto oficial. Para os primeiros, o desenraizamento brutal arrancou-lhes os referenciais espaciais, culturais e, entre estes, os linguísticos, os quais lhes garantiam as identidades. Para os que nasceram, viveram e morreram na escravidão, o desenraizamento foi transmitido. Para ambos, a violência e a negação, pelo escravizador, de sua identidade de seres humanos constituíram o trauma. Seus descendentes receberam aquele trauma através da transmissão de relatos orais, mas também, para os que tiveram acesso, por meio dos livros e da pintura. Contudo, a rejeição social do branco constituiu a atualização do que lhes veio pela memória. Se a Abolição cuidou de extinguir a legalidade da escravidão, não excluiu o racismo e suas consequentes práticas discriminatórias, nem anulou outras sequelas da primeira. O sentimento de pertencer ao grupo dos escravizados no passado e discriminados no presente oscilará, pelos motivos já apresentados que explicam o silêncio. A busca de um *modus vivendi*, a vergonha e a estratégia vão se articular segundo as variações fenotípicas, pois que a classe dominante utilizará ideologicamente a realidade da miscigenação para desestimular a identidade negro-brasileira.

Promovendo as ideias de que a mestiçagem significava um desaparecimento do africano e sua descendência, os brancos da classe dominante procuravam apaziguar o remorso da memória da escravidão, isso para todos os demais brancos, incluindo os pobres, sem terem de admitir uma convivência destruidora da ilusão de sua superioridade congênita, nem ter de renunciar às vantagens psicológicas e materiais que o racismo lhes garantia em substituição aos privilégios da escravidão. Contudo, a ameaça da ascensão social dos negros e mulatos tornou-se geradora de um tipo de ressentimento, também silenciado, constituído pela sensação da perda do privilégio. No momento em que a identidade entre "raça" e *status* deixa de existir, pelo menos teoricamente, a memória da escravidão deixa de constituir-se em herança de padrões para as relações sociais. O rancor do branco, de todas as classes, surge com a perda do chão que costumava pisar, o último lugar que não imaginava ocupar e que agora o ameaça com o deslocamento de seu ocupante até então oficial, pois, mesmo para o branco pobre, constituía motivo de orgulho não ser escravo, o que equivalia a não ser negro. Ter de admitir a igualdade de direitos constituiu para os brancos forte pressão psíquica. A mestiçagem foi alívio encontrado pelos ideólogos. Afinal, o mestiço não era o negro, logo não significava a presença completa do ex-escravizado. Ficando o negro fadado a desaparecer, tudo se tornava mais confortável. Isso talvez ajude a explicar a dificuldade de as camadas governantes fazerem sua autocrítica perante a história da escravidão. Sabiam também que isso ativaria as reivindicações, por parte dos negros, de uma igualdade de fato.

A ambiguidade de serem discriminados, mas poderem discriminar, contribuiu bastante para que reinasse entre os mestiços o silêncio quanto ao seu ressentimento de não pertencerem à "raça" branca e, em diversas situações, de serem tratados como negros. Absorviam, portanto, parte de ambos os ressentimentos raciais, que, pela necessidade de buscar uma distensão para uma sobrevivência menos conflituosa, eram silenciados no seio da própria família, por vezes constituída de fenótipos variados, incluindo os de negros, mestiços e brancos.

As razões do silêncio, bem como seu contrário – a necessidade de a memória da escravidão se dizer –, estarão presentes na Literatura Brasileira, privilegiando, em geral, a perspectiva dominante branca e machista, e se estenderam do século XIX para o século XX.[115] Por outro lado, o insulamento de negros

---

[115] Singular, como exemplo, é o comentário do livro *O mulato*, de Aluisio Azevedo, que atribui o preconceito de cor contra o mestiço às mulheres brancas e que tenta esvaziar-lhe o conteúdo classista, de manutenção do *status quo*: "O preconceito de cor tenderia a atenuar-se

e mulatos escritores em um mundo literário branco levaria aqueles a uma luta com a própria memória pessoal, na concepção de suas obras, sobretudo no que elas apresentavam de potencial da memória coletiva. A memória da escravidão, absorvida enquanto testemunha direta durante vinte e sete anos por Cruz e Sousa, e nos sete primeiros anos da vida de Lima Barreto, e as experiências posteriormente vivenciadas em face dos preconceitos raciais constituem o acervo mnemônico de sustentação para o sujeito étnico de suas obras valorizar a lembrança de certos tipos e das referências familiares,[116] inclusive em seu aspecto extensivo, o que abrangeria a noção de origem. Mas, em termos de recepção, far-se-iam presentes as variáveis que afetam as memórias subterrâneas, pois

> As fronteiras desses silêncios e "não-ditos" com o esquecimento definitivo e o reprimido inconsciente não são evidentemente estanques e estão em perpétuo deslocamento. Essa tipologia de discursos, de silêncios, e também de alusões e metáforas, é moldada pela angústia de não encontrar uma escuta, de ser punido por aquilo que se diz, ou, ao menos, de se expor a mal-entendidos. (POLLAK, 1989, p. 8)

Os não ditos serão sinais de um acúmulo de energias que atuam na zona misteriosa do inconsciente em sua dimensão pessoal e coletiva, potências cumulativas, cuja atenuação de seu potencial destrutivo encontrará sua dificuldade na própria conjuntura social:

> [...] a possibilidade de acolhimento e elaboração afetiva desses lados, tornados escuros e malditos por milênios a fio, constitui tarefa bastante difícil, num mundo onde o sentido da vida torna-se cada vez mais restrito, mais miserável, mais voltado à mera sobrevivência e onde as ideologias fascistas tornam-se extremamente úteis, na medida em que são capazes de justificar todos os racismos, exclusões e eliminações daquilo que importuna e questiona o caminho homogeneizante e totalizador da cultura contemporânea. (NAFFAH NETO, 1997, p. 106-107)

A precária perspectiva de conseguir uma "escuta" para a memória subterrânea negro-brasileira teve grande influência para dificultar a adesão

---

com o tempo, à medida que fosse ficando para trás a razão profunda da ira contra a negra, ao mesmo tempo em que se ia apagando, com a miscigenação, o pigmento africano. [...] O mulato, que resultava da união do senhor branco com a negra ou com a mulata, tinha de receber, por transferência, parte desse ódio das sinhás-donas, sob a forma da repulsa à mão das sinhás-moças, no pretexto do preconceito de cor" (MONTELLO, 1975, p. 46).

[116]"[...] ao lado de uma história escrita, há uma história viva que se perpetua ou se renova através do tempo e onde é possível encontrar um grande número dessas correntes antigas que haviam desaparecido somente na aparência" (HALBWACHS, 1990, p. 67).

de nossos autores àquela memória coletiva.[117] Entretanto, como tal adesão só se efetiva em função da vida presente, estimuladora das lembranças, a experiência do pós-Abolição, com a presença ostensiva da população negra e mulata na cidade do Rio de Janeiro, atuou no sentido de instigar uma identidade, como resposta aos desafios imediatos para a consolidação de uma igualdade tão almejada e retardada durante os quase quatro séculos anteriores. Como há uma "permanente interação entre o vivido e o aprendido, o vivido e o transmitido" (POLLAK, 1989, p. 8), a presença de personagens negras e mulatas, bem como de seus pontos de vista, puderam abrir caminhos para a opção de enfrentamento ao silêncio impositivo das camadas dominantes. No campo estritamente literário, o Realismo e o Naturalismo já haviam aberto as portas do escândalo por onde era possível passar sem grande risco que não fosse o de não conseguir reconhecimento e sucesso profissional, aliás, no século XIX, difícil até para escritores brancos representantes da ideologia da classe que dominava o País. Se não era favorável, a conjuntura era bastante instigante e fresca a memória da escravidão, assim como presente o aparato repressivo para solidificar a hegemonia cultural[118], pois dirigida aos negros brasileiros:

> [...] a ação punitiva tornara-se exclusiva do Estado, deixando de ser dividida com a dos proprietários dos escravos. Foi característica dessa ação punitiva o empenho do regime republicano no sentido de enfraquecer, ou mesmo desarticular, as formas de aglutinação cultural da população negra. Se a capoeiragem sofrera um rude golpe com a ação de Sampaio Ferraz durante o governo provisório de Deodoro da Fonseca, as perseguições ao candomblé e ao nascente samba, por exemplo, caracterizaram a persistência no alcance daqueles objetivos. [...] Se a população de baixa renda do Rio de Janeiro – a "massa despreparada para viver em liberdade", nas palavras de Rui Barbosa – constituíra

---

[117] No processo de negar a expressão ao oprimido, quando falha a imposição do silêncio, a recepção tende a ser nula. O potencial coletivo é o que ameaça, pois "a memória, essa operação coletiva dos acontecimentos e das interpretações do passado que se quer salvaguardar, se integra, como vimos, em tentativas mais ou menos conscientes de definir e de reforçar sentimentos de pertencimento e fronteiras sociais entre coletividades de tamanhos diferentes... [...] A referência ao passado serve para manter a coesão dos grupos e das instituições que compõem uma sociedade, para definir seu lugar respectivo, sua complementariedade, mas também as oposições irredutíveis" (POLLAK, 1989, p. 9).

[118] "Etimologicamente, hegemonia deriva do grego *eghestai*, que significa 'conduzir', 'ser guia', 'ser chefe' e do verbo *eghemoneuo*, que quer dizer 'conduzir', e por derivação 'ser chefe', 'comandar', 'dominar'. *Eghemonia*, no grego antigo, era designação para o comando supremo das Forças Armadas. Trata-se, portanto, de uma terminologia com conotação militar. O *eghemon* era o *condottiere*, o guia e também o comandante do exército" (MORAES, 2005, cap. 2).

> o alvo dessa ação autoritária do governo, desde Deodoro, sua parcela negra merecia atenção especial. Afinal, era ela a portadora de práticas culturais bastante enraizadas no seio dos seus componentes, quer pela sua longa história, quer pela afeição ao confronto e à negociação.
> (DIAS, 1997, p. 330)

Diante do quadro repressivo contra a população negra, evidenciava-se uma fantasia contar com a escuta branca para ressentidos relatos negros. Daí que uma desilusão básica povoasse as páginas das obras de Cruz e Lima, como um acento pessoal e histórico às influências de um pessimismo europeu que invadia a cultura brasileira, apesar do positivismo em sua vertente utópica.

A literatura, com a imprecisão de seus dados, alusivos e metaforizados, franqueia em seu desenvolvimento as possibilidades idealizadoras de uma memória coletiva, o que nem sempre será de todo negativo, mesmo porque os grupos dominantes também impõem suas idealizações como memória nacional, em seu intento de homogeneizar os diversos segmentos sociais. No caso de Cruz e Sousa e Lima Barreto, a perspectiva nula de contar com uma recepção dos negros brasileiros – a grande massa de analfabetos – desloca seus interesses para o aspecto universalista e nacionalizante, visando a atingir a camada ledora branca, única destinatária possível. Aquelas perspectivas exercem forte atração pela possibilidade que ensejam de realização de uma literatura que participe dos destinos globais, o que também faz parte da manifestação de uma memória coletiva subterrânea, que não pretende apenas apontar os limites fronteiriços, mas também deslocá-los.

Em jogo nos textos, faz-se presente um trabalho psicológico de reconstrução de seus egos na busca de se situarem em uma identidade que, mesmo precária, promovesse o equilíbrio interno para "controlar as feridas, as tensões e contradições entre a imagem oficial do passado e suas lembranças pessoais" (POLLAK, 1989, p. 12) e também para situá-los no presente.

Ao serem ficcionalizadas ou poetizadas, as recordações pessoais, incluindo as diversas manifestações subjetivas (sonhos, divagações, desejos, frustrações, traumas, etc.), são submetidas, como no processo das autobiografias, a uma seleção consciente e inconsciente, são interpretadas e distorcidas, entretanto, diferente daquele processo, com o objetivo de atender, pela complementação ou pela subtração, à construção imaginária a serviço de um propósito estético e ideológico. Nesse processo, a própria recordação é submetida a uma visão metalinguística, passando a pertencer a um ente inventado e com ele estabelece relações, bem como com seu mundo construído pela palavra. Na ficção e na poesia, portanto, a maleabilidade das recordações autorais encontra seu máximo ponto de moldagem, constituindo-se, pois, em transfiguração. Nelas surgirá o embate, travado como constituição da própria identidade, entre o indivíduo e seu(s) grupo(s) racial(ais)/social(ais), pondo em xeque o próprio sentimento de pertencimento. Como a literatura porta em seus propósitos também a tentativa de persuadir o leitor, ela atua de forma indireta no jogo social de impor interpretações ao passado, na disputa contínua travada para se constituir a memória nacional, através da redução ou do aumento de certas influências. Vai inserir-se na luta das memórias coletivas pela predominância.

Quanto aos valores culturais adquiridos, esses também constituem leituras do passado, portando memórias, com as quais luta o artista, muitas vezes em vão, tanto no sentido de contribuir para maior cristalização como para transformar ou destruir esquemas míticos consagrados, formadores da visão oficial ou majoritária. Nesse nível, dá-se, muitas vezes, o confronto de memórias coletivas.

O "eu" poético e o narrador-personagem dos textos de Cruz e Sousa e de Lima Barreto foram, com certa frequência, tomados pela crítica do período em que viveram como elementos denunciadores dos traços de personalidade dos autores, que os revelariam como indivíduos socialmente desajustados e, portanto, desqualificados para o mister literário a que se propunham.[119]

A mediação criativa entre o "eu" pessoal e o "eu" autoral, descartada de pronto, foi submetida a um enfoque empobrecedor das obras dos dois autores que, por muito tempo, foram repasto para as análises biográficas estigmatizantes. Um dos fatores daquela reação encontra-se no fato de o conteúdo do passado de suas personagens ou do "eu" poético surgirem como

---

[119] Entre os várias exemplos de recepção contrária à obra de Cruz e Sousa e ao Simbolismo, apresentados por Celestino Sachet, transcrevemos este que consideramos sintomático: "O estudioso do Simbolismo Brasileiro que percorrer as páginas da *História da literatura brasileira* – de Bento Teixeira (1601) a Machado de Assis (1908) –, publicada em 1916, pelo crítico paraense José Veríssimo, perderá seu tempo pois nenhum dos dezenove capítulos do livro leva o nome do importante movimento literário do final do século passado. E se a pesquisa devesse concentrar-se em João da Cruz e Sousa, pior ainda: negro 'pur sang' é mancha branca ao longe das 319 páginas, na 4ª edição de 1963" (SACHET, 1993, p. 65). Sobre Lima Barreto, destacando José Veríssimo, Medeiros de Albuquerque e Alcides Maia, Maria Amélia Lozano Dias escreve: "A crítica estava voltada predominantemente para uma abordagem histórica do fenômeno literário. A obra de Lima Barreto foi vista como uma espécie de diário da própria vida do autor, apenas, e destinada a atacar pessoas. Muitos consideram, por isso, que o escritor não produziu um texto para fruição, mas problemas íntimos de teor confessional, obra de revoltado" (DIAS, 1988, p. 59-61).

testemunhos sobre concepções e práticas racistas presentes na sociedade brasileira daquela época.[120]

Quando Cruz e Sousa e Lima Barreto utilizam-se de traços de suas vidas em suas obras, eles não deixam de aproveitar as ilusões de veracidade de textos autobiográficos propriamente ditos. Descartando a identidade entre o pessoal e o ficcional, seja não assumindo, simplesmente, o propósito de fazer autobiografia, sem maiores explicações, seja apresentando explicitamente uma personagem, eles quebram a necessária lógica autobiográfica. Por exemplo, em nenhum momento, Cruz e Sousa assumiu que o "Emparedado" era um texto autobiográfico, nem o escritor emprestou o próprio nome ao narrador. Tampouco Lima Barreto deixou de ir mais longe com as *Memórias do escrivão Isaías Caminha*, chegando a criar um prefácio no qual apresenta o prefácio da personagem que narra. Com tais recursos, os autores demonstraram que não pretendiam realizar autobiografia, e sim ficção e poesia. No entanto, as duas obras são as que mais foram consideradas como testemunhos reais de autobiografias disfarçadas, como se mesmo o próprio gênero autobiográfico não operasse com a distância temporal entre o narrado e o ato de narrar, o que leva a alterações que fazem da verossimilhança um subproduto das zonas nebulosas da memória. Representar a si mesmo é um exercício que implica a flutuação do ato de rememorar, que é provocado principalmente pelas circunstâncias do presente. É assim que a própria autobiografia passa pela invenção. Mas, no embate ideológico, enfrentado por Lima e Cruz, o fator étnico foi a base para as críticas patologizantes que receberam porque abrigava, além das intenções repulsivas, um ponto de convergência dos problemas sociais, econômicos, políticos e culturais do presente, mas cuja carga principal advinha do passado escravista.

A existência da "alma" do escravizado, que fora colocada em questão na época colonial, era a garantia da memória a ser usufruída pela consciência. Negar-lhe a interioridade era solapar pela base a capacidade de senso crítico, de reflexão. Se tal apaziguava o branco brasileiro, não deixava, contudo, de mostrar-se uma grande ilusão que as personagens e os narradores de Cruz e Sousa e Lima Barreto contribuíram para desconstruir, em especial quando as duas dimensões estão fundidas em uma só: o narrador é a personagem.

Nesse caso, ao rememorar, o narrador demonstra de pronto o compromisso com a memória. Seu acervo implicará uma história individual,

---

[120]Cruz e Sousa, por mais de uma vez, fará referência ao fato de abordar temas desgradáveis, e, em "O estilo", sintetiza: "O escritor nada se tem que importar que os fatos ou os assuntos lhe sejam simpáticos ou não." (SOUSA, OE, 2000, p. 686)

mas também coletiva, à medida que suas relações surgem não apenas episódicas, mas como testemunho de uma ligação com o grupo social mais próximo, seja ela de identidade, seja de atrito do indivíduo em face da rejeição coletiva.[121]

A ausência de uma comunidade literária negro-brasileira levou Cruz e Sousa e Lima Barreto a projetarem-se também como seres libertários, cujo compromisso estético transcendia os grupos literários dos quais participavam marginalmente, dadas as suas condições étnicas e de *status* social. A solidão étnica, produzida pelo caráter isolador da discriminação racial, se por um lado foi um peso para a biografia dos autores, por outro lhes permitiu maior liberdade de invenção, já que não se sentiram tão atrelados a fidelidades estéticas. E, ainda que pressionados pela expectativa do leitor possível, sabiam-se solitários pela rejeição social e assumiram, cada qual a seu modo e dentro de suas possibilidades, o que a solidão lhes permitia: a liberdade interior para os projetos literários, nos quais as personagens e os narradores poderiam ser portadores de memórias, entre elas aquela que se caracteriza pelo traço da experiência étnica negro-brasileira, trazendo momentos idílicos, caracterizadores da idealização compensatória, e funestos, voltados para a denúncia e também para a espiritualização.

A encenação da memória nas obras de Lima Barreto e Cruz e Sousa surgirá de maneira variada. Contudo, a poesia em verso de Cruz e Sousa, pautada pelo tempo presente, pouca referência faz à rememoração. Quando isso ocorre, por não ser um poetar narrativo, não nos permite uma referencial visão do passado. A rememoração souseana dos versos é de caráter emocional e, naqueles dos primeiros tempos, de aspecto cultural encomiástico em relação aos valores da cultura ocidental. Assim, do ponto de vista individual, o "eu" poético, ao transitar pela memória, traz à tona esfumaçados eventos que formam momentos de admiração e de frustração.

Os poemas de *Faróis* e *Últimos sonetos*, embora o tempo presente e o futuro deem o tom característico, trazem, quanto às lembranças, principalmente as mazelas e as decepções, caracterizando o passado enquanto conjunto de perdas, sofrimento e ilusões. O presente surge como um tempo de perplexa observação e fantasmagoria, e o futuro como um tempo ora perdido nos mistérios da morte, ora neles espiritualizado.

---

[121] A personagem Isaías Caminha, na apresentação de seu relato, abordando seus primeiros impactos com as hostilidades racistas, enfatiza: "Cri-me fora de minha sociedade, fora do agrupamento a que tacitamente eu concedia alguma coisa e que em troca me dava também alguma cousa" (BARRETO, IC, 1956, p. 41).

No campo da prosa sousiana, a encenação da memória dos narradores-personagens segue em um crescendo, tomado os três livros organizados pelo poeta: *Tropos e fantasias*, *Missal* e *Evocações*. A perspectiva em terceira pessoa é quase absoluta no primeiro, exceto para o texto intitulado "O padre", em que o enunciador parte da terceira pessoa para a primeira, concebendo o padre como destinatário direto, inquirindo-o e acusando-o. Contudo, ainda que se tenha um equilíbrio temporal, incluindo uma narrativa passada ("A bolsa da concubina"), não há qualquer apelo à memória representada. Quando há narração, essa é feita com afastamento do sujeito da enunciação, sem apelo a um tempo de outrora.

Em *Missal*, ainda que a perspectiva seja flexível, o tempo por excelência também é o presente, ficando o passado reduzido a onze textos, mesmo assim em convivência ora com o presente, ora com o futuro. O equilíbrio se faz quanto à perspectiva narrativa entre a primeira e a terceira pessoa. Mas a predominância é da descrição. O "eu" poético porta-se, sobretudo, como um paisagista, inclusive quando se trata de descrever o próprio processo emocional ("Emoção", "Gloria in Excelsis", "Som", "Dias tristes", "Umbra", "Modos de ser", "Ritmos da noite" e "Estesia eslava"). Nesse contexto de rarefação do passado, fica diminuta a encenação da memória, inclusive quando se trata dos esboços de personagens. Das situações (nove textos) em que ocorre o apelo à recordação, em "Sobre as naves", "Bêbado" e "Gloria in Excelsis", o passado atua juntamente com a primeira pessoa e alguns índices sugestivos.

Caso singular, quanto à recuperação do passado, dá-se em *Dolências*, em que o enunciador dirige-se a um "Tu", de um artista. Diferente das outras ocorrências similares ("Noctambulismo", "Psicologia do feio", "Fidalgo", "Aparição da noite" e "Sugestão"), a recordação coloca-se em retrospectiva futura. O enunciador do texto diz que recordar será uma função do destinatário:

> Em vão te recordarás da doçura de mãos aveludadas e brancas, da amorosa diafaneidade de uns olhos claros... [...]
>
> Mas, velho já, lembrarás um sol apagado, cuja forma material poderá persistir talvez ainda e cuja chama fecundadora e ardente se extinguirá para sempre... (Sousa, MI, 2000, p. 460)

Esse perscrutar o futuro e a ele atribuir uma ação de recordar caracteriza bem a discrepância com o tempo estritamente transcorrido da narrativa tradicional, acrescentando o elemento de retrocesso a partir de um amanhã. A própria mecânica mental projeta-se no futuro, para de lá olhar o presente transformado em passado.

Em "Bêbado", do mesmo livro, o narrador assinala, como conteúdo de sua memória – "eu via", "eu observava" (SOUSA, MI, 2000, p. 465-466) –, o tipo de personagem: um sujeito alcoólatra que perambulava pela cidade, do qual também se aventa a hipótese de recordações:

> No entanto, quanto mais eu observava esse fascinado alcoólico, pasmando instintivamente, na confusão neblinosa da embriaguez, para as ondas adormecidas da noite, mais meditava e sentia as profundas visões de sonâmbulo que lhe vagavam no cérebro, as saudades e as nostalgias. (SOUSA, MI, 2000, p. 466)

O "eu", que observa e narra, mostra que a perda do presente em substituição pelo passado seria um dos efeitos do álcool: "Porque o álcool, pondo uma névoa no entendimento, apaga, desfaz a ação presente das ideias e fá-las recuar ao passado, levantando e fazendo viver, trazendo à flor do espírito, indecisamente, embora, as perspectivas, as impressões e sensações do passado" (SOUSA, MI, 2000, p. 466).

Assim, a memória, como é concebida, teria grande poder de inundar o presente sob o efeito do álcool, o que demonstra que a capacidade de se estar atento ao presente é um fator de equilíbrio mental. A perda desse equilíbrio (alcoolismo, por exemplo) levaria àquele mergulho involuntário.

Em *Evocações*, o passado e o presente encontram certo equilíbrio, da mesma forma que a incidência de perspectiva narrativa em primeira pessoa, embora mais adensada, aproxima-se da terceira. Contudo, o apelo à encenação da memória apresenta-se reduzido. O enunciador de *Evocações* está mais propenso a descrever poeticamente paisagens e sensações, como em *Missal*. Reminiscências e recordações, dessa forma, também serão pontuais.

"Anho branco", por outro lado, apresenta a memória como receptáculo das potências agressivas, quase como uma ideia de inconsciente, através de expressões como "despertariam [...] anseios intensos", "despertar a lembrança" (SOUSA, EV, 2000, p. 547), mas sem conteúdo que caracterizasse ideias de pessoas ou episódio passado.

"Sensibilidade" mostra que o narrado resulta de rememoração do narrador, apresentado como testemunha, marcando tal caracterização com expressões como "Fazia lembrar...", "O seu nome carinhoso e parnasiano recordava...", "E quantas, quantas vezes eu a vi..." (SOUSA, EV, 2000, p. 564-565).

O uso do passado e a perspectiva da primeira pessoa favorecem o movimento recordativo em "Mater", "Adeus", "Sonambulismo", "Talvez a morte", "Balada de loucos", "Abrindo féretros", "A sombra" e "Emparedado". Mas, como em toda a prosa poética de Cruz e Sousa, diluídos são os fatos. O que se tem são nuanças, apenas, de referenciais da realidade. Entretanto, o envolvimento do narrador-personagem remete o texto, pelos elementos de pessoalidade que apresenta, às características do testemunho, que não se firma, contudo, tendo em vista a resistência ao factual. Apesar de tal resistência, a perspectiva de um passado narrado com envolvimento induz, em *Evocações*, que vários conteúdos pertencem à memória de quem narra. A verossimilhança robusta de textos como "Mater", "Adeus", "Sonambulismo", "Talvez a morte", "Balada de loucos", "Abrindo féretros", "A sombra" e "Emparedado" promove a ilusão autobiográfica, mesmo ante a virulência simbólica e sonora dos textos.

As trinta e cinco unidades do livro *Outras evocações* seguem o equilíbrio de perspectiva de *Evocações*. Contudo, o tempo presente diminui, pela sua grande predominância, as alusões e significativas condições textuais para se presenciar a atuação da memória. A marca acentuada de *Outras evocações* é o conjunto de retratos e paisagens. O enunciador em "Luz e treva", sintomaticamente voltado para a descrição, afirma ser seu intento "[...] as cousas sublimes que o escritor transporta à tela incomparável dos seus quadros fantásticos, luminosos..." (SOUSA, OE, 2000, p. 712). Ainda que não seja um traço apenas dessa obra, mas também presente nas demais, o fato é que a exposição do propósito estético se faz no corpo mesmo do livro, demonstrando uma aproximação entre a pena e o pincel, como em *Policromia*, considerado a primeira um "pincel imaginativo" (SOUSA, OE, 2000, p. 725).

A massa de textos, pois, tende ao desfile de imagens detalhadas e de estados de alma. Entretanto, alguns exemplos incluem a questão atinente à memória. "Consciência Tranqüila" é um dos textos em que a rememoração ganha maior importância, embora a pessoalidade seja transferida para a personagem e a perspectiva na terceira pessoa. O velho no leito de morte recorda suas maldades de forma delirante, mas com descritiva nitidez, apesar de o narrador nos orientar de que se trata de um "amorfo monólogo" para os parentes do moribundo ouvirem. E, em um contexto de explosão verbal, no qual "transpareciam faces verdadeiras das cousas, já galvanizadas pelo passado" (SOUSA, OE, 2000, p. 680), a memória ressurge como o poderoso receptáculo das situações vividas, capaz de ser acionado pelo presente para funcionar à revelia dos indivíduos, manifestando, como o texto diz, "uma outra natureza [...] que falava pela voz dele" (SOUSA, OE, 2000, p. 680). A aluvião mnemônica caracterizada como "delirante epopéia de lama, treva e sangue" é apresentada por um narrador onisciente.

Outro agonizante que recorda surge em "Hora certa", de *Outras evocações*. Aqui se coloca um elemento singular no processo de recuperação do passado pelo emprego do tempo futuro, como em "Dolências", de *Missal*: "Como por um mapa fabuloso, viajará ainda a imaginação desfalecida pelas regiões de outrora, onde se agitaram, vivas e palpitantes, todas as grandes forças do seu sentir" (SOUSA, OE, 2000, p. 736). E, reiterando o apelo à memória – "[...] e certas recordações, já nebulosas na memória [...] E, relembrando cousas, revendo todas as veredas passadas, como quem revolve poeira [...] E, de reminiscência em reminiscência [...]" (SOUSA, OE, 2000, p. 736) –, o texto se constrói, aludindo à consideração imaginativa da rememoração. Para a própria personagem, os dados do passado retornam alterados pela própria via de acesso. Imaginar ganha o sentido de recordar em "Rosicler": "E imaginar, também, que a tua infância... [...] E imaginar, também, celeste Rosicler, que tu, já na pubescência [...]" (SOUSA, OE, 2000, p. 737). Estabelece aí a íntima ligação dos dois processos. O verbo "sentir" também atua como índice de recordação, assim como outras expressões, pois estão contextualizadas pela conformação narrativa dos elementos mais explícitos naquele propósito: "Uma vez que ainda diante dos olhos vejo a rosada e consoladora luz difusa da tua Infância; que ainda sinto os leves e perfumados eflúvios [...]" (SOUSA, OE, 2000, p. 737).

Distante da fatura trágica de "Consciência tranqüila" e "Hora certa", o "Fugitivo sonho" aponta, entretanto, para semelhante concepção de memória: "Mas tu cantaste. Cantaste, e o que eu tinha já morto nas recordações ressurgiu, enfim, nesse canto" (SOUSA, OE, 2000, p. 732). A memória é facilmente acionável. Com um toque na sensibilidade, ela é capaz de permitir o contato íntimo com o passado. No mesmo texto, o emprego da primeira pessoa e do passado verbal contribuem para se detectar a memória como substrato da própria criação textual, assim como ocorre também em "Beijos mortos" *(*OE, *Formas e coloridos*), no qual, além da oposição da lembrança e o presente narrativo, o "eu" narrador apela para o futuro, agora no sentido de garantir que o conteúdo da memória (os beijos) seja preservado: "Para mim, cá da terra, embaixo, eu os verei e os sentirei ainda palpitar para sempre sobre a minh'alma..." (SOUSA, OE, 2000, p. 738). O valor de semelhante preservação é destacado em "Natal", texto que trata do retorno ao campo de uma personagem e narrador que vive na cidade.

Na poética sousiana, a questão da memória traz consigo a sua importância, além do que já foi demonstrado, na própria titulação dos dois últimos livros, embora o último não tenha sido organizado pelo poeta. Evocar nos remete ao passado, ao que se encontra inerte, porém latente.

Quanto aos romances de Lima Barreto, *Recordações do escrivão Isaías Caminha* e *Vida e morte de M. J. Gonzaga de Sá*, trazendo a identidade entre narrador e personagem, denunciam mais a presença da memória, ainda com a ressalva de que, no segundo, a fala se dá através de uma personagem-testemunha (Augusto Machado) que se manifesta como um pretenso biógrafo, entretanto não deixando de autobiografar-se, como sugere o autor na "Advertência" que abre o livro.[122]

A memória de Isaías faz parte da própria estrutura da obra. O texto identifica a leitura com a feitura. A personagem-narradora está elaborando uma obra de rememoração, garimpando o seu passado e, intercalado no prefácio do autor Lima Barreto, Isaías apresenta o seu, no qual justifica a iniciativa de seu projeto de obra:

> Eu me lembrei de escrever estas recordações, há dous anos, quando, um dia, por acaso, agarrei um fascículo de uma revista nacional, esquecida sobre o sofá de minha sala humilde, pelo promotor público da comarca.
>
> Nela um dos seus colaboradores fazia multiplicadas considerações desfavoráveis à natureza da inteligência das pessoas do meu nascimento, notando a sua brilhante pujança nas primeiras idades, desmentida mais tarde, na madureza, com a fraqueza dos produtos, quando os havia, ou em regra geral, pela ausência deles.
>
> Li-o a primeira vez com ódio, tive desejos de rasgar as páginas e escrever algumas verrimas contra o autor.
>
> Considerei melhor e vi que verrimas nada adiantam, não destroem; se, acaso, conseguem afugentar, magoar o adversário, os argumentos deste ficam vivos, de pé.
>
> O melhor, pensei, seria opor argumentos a argumentos, pois se uns não destruíssem os outros, ficariam ambos face a face, à mão de adeptos de um e de outro partido. (BARRETO, IC, 1956, p. 40-41)

Isaías nos dá notícia de suas motivações. As pessoas de seu "nascimento" são plurais, portanto, um coletivo. O propósito é de oposição, de luta de ideias em defesa própria, baseando-se nas próprias lembranças. A seleção necessária dessas deverá obedecer a esse intento. As lembranças da personagem-narradora, a partir do momento que ela resolve narrar trecho

---

[122] Dando as razões de não considerar o livro uma biografia, argumenta Lima Barreto: "Faltam-lhe, para isso, a rigorosa exatidão de certos dados, a explanação minuciosa de algumas passagens da vida do principal personagem e as datas indispensáveis em trabalho que queira ser classificado de tal forma; e não só por isso, penso assim, como também pelo fato de muito aparecer e, às vezes, sobressair demasiado, a pessoa do autor. Aqui e ali, Machado trata mais dele do que do seu herói" (BARRETO, GS, 1956, p. 27).

de sua vida, pretenderão mostrar: "[...] ao tal autor do artigo, que, sendo verdadeiras as suas observações, a sentença geral que tirava não estava em nós, na nossa carne, no nosso sangue, mas fora de nós, na sociedade que nos cercava, as causas de tão feios fins de tão belos começos" (BARRETO, IC, 1956, p. 40-41). Isaías, de pronto, utiliza o plural "nós", que aponta para a sua identidade coletiva. Já em meio aos relatos, voltará a reforçar seu objetivo acerca das *Recordações*: "Com elas, queria modificar a opinião dos meus concidadãos, obrigá-los a pensar de outro modo, a não se encherem de hostilidade e má vontade quando encontrarem na vida um rapaz como eu e com os desejos que tinha há dez anos passados" (BARRETO, IC, 1956, p. 120).

Estribando-se em Taine (Brayner, 1979, p. 148), vai mostrar, através de uma falsa modéstia, que cumprirá uma das funções reveladoras da obra de arte, a de mostrar "aquilo que simples fatos não dizem" (BARRETO, IC, 1956, p. 42). Pressupõe-se aqui algo que estaria, portanto, escondido pelos fatos. O propósito será, pois, de ir além dos fatos. O objetivo realista parece ceder à ambição maior, já que, além dos fatos, estariam aspectos da realidade de difícil observação, os camuflados, a ideologia e todo o universo da subjetividade. A este "além" é que se aventurará o narrador a partir da rememoração. Em verdade, o conteúdo programático do livro cumpre-se.

O desmoronamento das idealizações do jovem Caminha sobre a sociedade do Rio de Janeiro e sobre as possibilidades de seu futuro realça a subjetividade do narrador como uma ressonância sensível de uma sociedade opressiva, constituindo o lado difícil de enfrentamento para o próprio ato de elaboração das recordações. As humilhações, constituindo marcas indeléveis na memória, ao serem recordadas reatualizam a dor sentida, o esforço para a contenção dos impulsos agressivos e, por isso, levam o narrador a refletir sobre a própria obra que realiza:

> Despertei hoje cheio de um mal-estar que não sei donde me veio. [...] Penso – não sei por que – que é este meu livro que me está fazendo mal... E quem sabe se excitar recordações de sofrimentos, avivar as imagens de que nasceram não é fazer com que, obscura e confusamente, me venham as sensações dolorosas já semimortas? (BARRETO, IC, 1956, p. 119)

O recurso metalinguístico torna-se aqui matéria ficcional. O ato de refletir sobre a redação do livro está estreitamente relacionado ao conteúdo de memória que ele pressupõe.

Desdobramentos mnemônicos incluem não só o acervo do próprio narrador. Há nas recordações de Caminha conteúdos mnemônicos de pessoas que ele conheceu. Uma delas, a do coronel Figueira, hóspede do mesmo hotel em que o narrador morava, traz um elemento importante para a caracterização do espaço físico da cidade do Rio de Janeiro. Surpreendendo Caminha em um momento de divagação saudosa do lar que para trás deixara, o coronel lamenta:

> – Como isto está mudado! Conheci isto quando ainda era um brejo, um depósito de cisco... Havia barrancos, covas, capinzais... As lavadeiras faziam disto coradouro... Acolá (apontou) estava o teatro, o Provisório... Oh!, o Provisório... Eu me lembro que... (eu era muito rapaz, muito...) vim com meu pai assistir à "Sonâmbula"... Nunca vi uma sala tão bonita... A Stoltz cantava... Nunca ouviu falar nela? [...] Está tudo mudado: Abolição, República... Como isso mudou! Então de uns tempos para cá, parece que essa gente está doida; botam tudo abaixo, derrubam casas, levantam outras, tapam umas ruas, abrem outras... Estão doidos!!!
> (BARRETO, IC, 1956, p. 89-90)

A cidade aparece como um espaço em mudança vertiginosa. As ideias das alterações urbanas, demonstradas como um desconforto, estão sintonizadas com o périplo da própria personagem-narradora, que também experimenta diversas mudanças de comportamento, de estratégia de sobrevivência e de valor.

A imaginação que foi destacada na prosa de Cruz e Sousa, como ingrediente a afetar a memória, também se faz presente nas recordações de Isaías Caminha. Ao referir-se à casa em que foi morar, após conseguir trabalho no jornal *O Globo*, projeta nela a mesma capacidade de recordação:

> Houve noites em que como que ouvi aquelas paredes falarem, recordando o fausto sossegado que tinham presenciado, os cuidados que tinham merecido e os quadros e retratos veneráveis que tinham suportado por tantos anos. Lembrar-se-iam certamente dos lindos dias de festa, dos casamentos, dos aniversários, dos batizados, em que pares bem postos dançavam entre elas os lanceiros e uma veloz valsa à francesa. (BARRETO, IC, 1956, p. 221)

Além dessa irônica animação das paredes, concebendo à memória o passeio imaginário ao passado, há, nas recordações de Caminha, momentos em que seu relato pressupõe interlocutores. Ao referir-se a uma negociata de falsificação de quadros, em que estava envolvido um dos jornalistas de *O Globo*, bem como ao referir-se ao critério do jornalista Leporace para redigir artigos, destaca:

> Na transação dos quadros que ficou célebre, outros entraram e ganharam uma boa fatia. Não sei se se lembram ainda do caso. Eu recordo. [...]

> Os senhores lembram-se daquela passagem dos *Reis no Exílio* [...]?
> Lembram-se [...]. (BARRETO, IC, 1956, p. 259, 278)

A recordação de possíveis interlocutores do texto passa por um leitor contemporâneo ao relato, sintonizado com o escritor no ponto de vista temporal. Esse questionamento à memória do leitor é estranho, uma vez que remete a um recurso próprio da crônica de época, visto que no corpo da narrativa não há a criação do interlocutor enquanto personagem.

Também insólita é a passagem em que é citado o livro intitulado *Clara* como de autoria de Isaías, o que trai a atenção dos que sabem ser do autor Lima Barreto... Mas, não! Deste trata-se de *Clara dos Anjos*. O recurso, a propósito, serve para marcar o relato daquela verossimilhança difusa e dúbia entre narrador e autor.

Quanto ao romance *Vida e morte de M. J. Gonzaga de Sá*, o narrador Augusto Machado coloca-se inteiramente senhor de sua memória, demonstrando que a organização de seu relato obedecerá a um plano prévio: "De Gonzaga de Sá, vou contar-lhes as suas cousas íntimas e dizer-lhes, antes de tudo, como ocorreu, para fazer bem ressaltar certos trechos e particulares que serão mais tarde contados, de sua bela obscuridade. Narraremos os fatos" (BARRETO, GS, 1956, p. 38). Apesar de tal projeto, Machado também corrobora a ideia de a memória ter qualquer independência, já que pode ser acionada por elementos externos cuja presença fica alheia à nossa vontade. Assim é que, em face da paisagem urbana e de outra lembrança, nos dá o seguinte testemunho de um processo que citamos anteriormente:

> A Glória, do alto do outeiro, com o seu séquito de palmeiras pensativas, provocou-me pensar e rememorar minha vida, cujo desenvolvimento – conforme o voto que os meus exprimiram no meu batismo – se devia operar sob a alta e valiosa proteção de Nossa Senhora da Glória. E, quando alguma cousa nos recorda essa apagada e augusta cerimônia, vêm à lembrança fatos passados, cuja memória vamos perdendo. (BARRETO, GS, 1956, p. 39)

Seus planos mostram-se relativizados pela mecânica própria do ato de recordar, que seria também uma forma de buscar algo perdível, ou seja, concebe a noção de memória finita, limitada em sua função preservadora e, por vezes, incontrolável, como a que atingiu "O caçador doméstico, de "Histórias e sonhos", que é povoado instantaneamente por imagens da escravidão, como uma centelha de "Consciência tranqüila", de "Outras evocações".

Os fragmentos de *O cemitério dos vivos* trazem um comprometimento estrutural com a memória, assim como os dois livros anteriores, *Recordações do escrivão Isaías Caminha* e *Vida e morte de M.J. Gonzaga de Sá*. Vicente Mascarenhas, também como narrador-personagem, inicia o texto lembrando a morte da esposa e propondo-se a narrar seu casamento, o que faz, e, em seguida, a sua vida no manicômio. O processo analógico da memória é reconhecido por ele como constituinte de sua personalidade:

> Sou, e hoje posso afirmar sem temor, sujeito a certas impressões duradouras, tenazes, que acodem todos os dias à lembrança, por estas ou aquelas circunstâncias aparentemente sem relação com o fundo delas. [...] Lembro-me de um grande pé de eucalipto que havia na entrada da casa de um amigo de minha família, e isto vi quando tinha sete anos ou menos; lembro-me de uma cadeira de jacarandá, estilo antigo [...] (BARRETO, CV, 1956, p. 127)

Há, portanto, certo automatismo a induzir que a memória teria uma insondável autonomia. Reafirma, assim, a concepção de mundo interior à revelia, pelo menos no seu aspecto mais profundo. Isso, que já foi demonstrado existir em outros textos, amplia-se e configura-se de maneira mais consistente em *O Cemitério dos vivos*, não só pela situação que descreve – um homem recordando um tempo vivido principalmente no hospício – mas, sobretudo, pela confiança em transformar aquele período em depoimento escrito, cujo presente é, assim como em *Recordações do escrivão Isaías Caminha*, o tempo da elaboração.[123] A consistência da memória está implícita na própria visão de Mascarenhas sobre a vida:

> A nossa vida é breve, a experiência só vem depois de um certo número de anos vividos, só os depósitos de reminiscências, de relíquias, as narrações caseiras dos pais, dos velhos parentes, dos antigos criados e agregados é que têm o poder de nos encher a alma do passado, de ligar-nos aos que foram e de nos fazer compreender certas peculiaridades do lugar do nosso nascimento. (BARRETO, CV, 1956, p. 193)

Individualmente, a memória mostra todo o seu teor coletivo. O processo da memória reaparece como farol para elucidação do entorno e para possibilitar a retomada íntima com os mortos. Em outro momento, contudo, o acesso ao passado servirá também para oprimir em sua comparação com o presente.

---

[123]Há uma reiteração do ato de refletir sobre o escrito em fase de elaboração: "Escrevendo estas linhas hoje e percorrendo na lembrança toda a minha vida passada, causa-me assombro de que, em face de todos esses episódios, a minha atitude fosse de completo alheamento" (BARRETO, CV, 1956, p. 136).

É o que faz a empregada Ana quando, para acicatar Mascarenhas, relembra, à sogra, o marido desta, no intuito comparativo de relacioná-lo a um tempo de fartura com o presente de certa escassez. A isso o narrador mostra plenamente consciente, assim como sua esposa que diz, tentando aliviar a humilhação do marido: "– É assim, Aninhas: pensa sempre em muito; mas se contenta com pouco e nada exige quando não se tem. Essas lembranças do passado são para ela como os nossos sonhos de futuro" (BARRETO, CV, 1956, p. 171).

Em *Gonzaga de Sá*, o cruzamento da memória do narrador e de seu biografado remete-nos também à ideia de que a memória coletiva sobrevive também pela transmissão, não só oral, mas também escrita. Machado, em seu livro, publica um escrito de Gonzaga sobre a frustração de um cientista em face de um objeto voador, além de se referir à memória advinda da cultura letrada, citando os seus autores preferidos, o que também o fez Caminha, e que encontramos em vários momentos da obra souseana em prosa e verso. Além do argumento de autoridade, há uma referência ao significado do que se guarda da leitura, do acervo cultural memorizado. Essa memória condicionada não deixará de ter a sua influência explicitada enquanto condicionamento conceptivo, por exemplo, quanto à beleza. "Uma conversa" (HSo) elucida o fato de um homem ter projetado sobre uma mulher concreta a imagem de outra vista em um livro, concluindo em seguida o relato:

> [...] essa nossa mania de beleza é um contágio dos delirantes sonhos de alguns homens, dados a loucuras de Arte, exacerbados com os delírios das tradições de antigas raças e sofrendo a tirania dos ideais belos; é que as nossas sensações são interpretadas pelo nosso entendimento, de acordo com as imagens de certos padrões que já estamos predispostos a recebê-las [...]. (BARRETO, HSo, 1956, p. 238)

Essa memória condicionada pela aculturação não só faz lembrar coisas e fatos imaginados, mas também avaliar aqueles que um dia tiveram existência real. Contudo, o contraponto feito através da reflexão sobre o estágio cultural brasileiro faz da personagem Gonzaga de Sá também um filósofo, que apresenta relação íntima com a história do Rio de Janeiro e, como um cicerone, passeia com Machado, transmitindo-lhe conhecimentos, pontilhando-os com as expressões indicativas da variação temporal, tais como "agora, em Petrópolis". Seu papel instrutivo chega a ponto de, na ausência do mestre, seu discípulo imaginar, reconhecendo nele a comunhão com a cidade:

> Imaginava ao vê-lo, nesses trejeitos, que, pelo correr do dia lembrava-se do pé para a mão: como estará aquela casa, assim, assim, que eu conheci em 1876? [...] Assim, vivendo todo o dia nos mínimos detalhes da cidade,

> o meu benévolo amigo conseguira amá-la por inteiro, exceto os subúrbios, que ele não admitia como cidade nem como roça, a que amava também com aquele amor de cousa d'arte com que os habitantes dos grandes centros prezam as coisas do campo. Desse modo era um gosto ouvi-lo sobre as coisas velhas da cidade, principalmente os episódios tristes e pequeninos. (BARRETO, GS, 1956, p. 64)

Assim, por esse prisma, Machado vai revelando seu biografado como um homem "com uma memória muito plástica, de uma exatidão relativa, mas criadora" e um "[...] historiador artista e, ao modo daqueles primevos poetas da Idade Média, fazia história oral, como eles faziam epopeias" (BARRETO, GS, 1956, p. 39). O fato de Gonzaga ser velho não é gratuito. Outros exemplos na obra de Lima contribuirão para a relação entre memória e velhice, colocando os idosos como guardiães do passado e promotores de uma história oral. Florêncio, de "Uma conversa vulgar", conto de *Histórias e sonhos*, assim é caracterizado:

> [...] contava perto de setenta anos mas ainda era forte, pisava com liberdade e segurança e a sua conversa tinha o pitoresco e o encanto singular de ser como as "memórias" vivas do Rio de Janeiro.
>
> Muito observador, com uma memória muito fiel para datas e fisionomias, tendo vivido em certas rodas de algum destaque, podia-se, conversando com ele, saber a vida anedótica do Rio de Janeiro, quase desde a coroação e sagração de Pedro II, em 1841, até os nossos dias. (BARRETO, HSo, 1956, p. 207)

Quanto ao perfil de Gonzaga de Sá, ele se faz com um apelo básico à memória. É a sua capacidade de lembrar que constitui o conteúdo narrativo, juntamente com a atividade de Machado para, por sua vez, reconstituir-lhe a figura, como o fez Isaías Caminha com a própria. Há também, em *Gonzaga de Sá*, o acréscimo da memória de sua tia Escolástica a debulhar as recordações. O contraponto entre o passado e o presente, mesmo quando eivado de ligeiro saudosismo, torna-se uma constante. Aí, a função da memória surge como a forma de elucidar o momento histórico atual através da revelação do passado, inclusive no campo da história de vida, como no caso de Alice, a personagem do conto "Um especialista", que, por meio de rápida rememoração, revela que seu amante é seu pai. A reflexão de Machado, após o jantar em casa de Gonzaga de Sá, elucida o poder iluminador da memória:

> Tinha penetrado no passado, no passado vivo, na tradição. Em presença daqueles velhos bons que me falavam das coisas brilhantes de sua mocidade, tive instantaneamente a percepção nítida dos sentimentos e das ideias das gerações que me precederam. Em torno daquele "Provisório"

[salão para espetáculo lírico do tempo do Império], grotesco e formalista, que eles evocaram, pude ver os trabalhos e as virtudes dos antepassados e, também, seus erros e seus crimes. (BARRETO, GS, 1956, p. 102)

A memória é, pois, no interior da própria ficção de Lima e da poesia de Cruz, um elemento importante para situar o comprometimento com a recuperação do lado sombrio e misterioso do indivíduo e da sociedade, incluindo a pulsão do conteúdo coletivo a partir de um processo histórico e socialmente identitário.

Ventura

O passado, ante as dificuldades, tende também a abrir seus baús idílicos, incluindo aí as possibilidades de idealizações que tornem a sua função benfazeja mais eficaz.

As obras de Cruz e as de Lima não se furtaram a buscar esses oásis de equilíbrio e bem-estar de outrora.

No poema "Recorda", de *Faróis*, como um *leitmotiv*, a palavra que dá nome ao texto, associada à expressão "volta", propõe um passado variado, no qual é possível se vislumbrar frustrações, mas também prazeres, inclusive no próprio ato de rememoração:

> [...]
> Ah! volta à infância dos primeiros beijos,
> Dos momentos sidéreos,
> Volta à sede dos últimos desejos,
> Dos primeiros mistérios!
> [...]
> Fique na Sombra e no Silêncio d'alma
>   Todo o teu ser dolente,
> Para tranquilo, com ternura e calma,
>   Recordar docemente...
> [...]. (SOUSA, FA, 2000, p. 100-101)

Recordar, entretanto, é passagem para as altas esferas. Com raros momentos de prazer, o passado tem o peso que impulsiona para uma superação rumo às estrelas.

No *Livro derradeiro*, por conter também poemas dos primeiros tempos do escritor, encontram-se as recordações mais entusiastas, entre as quais os perfis de mulheres, particularmente as artistas, em uma perspectiva romântica. Também as lembranças revestem-se de um sentido menos emocional do sujeito, incluindo aí a rememoração de fatos históricos, como o 7 de Setembro, e de ícones da cultura europeia. O tom ameno das lembranças, tanto na perspectiva da primeira pessoa como na da terceira, traz à cena uma idealização da mulher que remonta aos primeiros tempos do Romantismo, quando concebida apenas para a admiração. Poemas como "Celeste", "Delírio do som", "Na mazurka", "Botão de rosa" e "Seu Boné" revelam um sujeito contemplador da beleza e proezas femininas. Em "Celeste", o "eu" poético empenha-se em guardar a recordação:

> [...]
> E agora... deixa que ao cair da noite
> Esta lembrança dentro de mim se acoite,
> Como a andorinha no telhado amigo! (SOUSA, LD, 2000, p. 255)

O *Livro derradeiro*, pela característica de reunião póstuma de textos, apresenta aspectos de variedade próprios de obras dessa natureza. O tom ameno é dado em especial pelas partes intituladas "Cambiantes", "Campesinas" e "Julieta dos Santos".

Broquéis, quanto a situações venturosas, oferece os perfis femininos, nos quais há a densidade positiva de um erotismo de fruição. Também na possibilidade amena, o fio da memória desenrola-se a partir de elementos sonoros, nos poemas "Incensos" e "Cristais", de completa conotação prazenteira, sendo que o primeiro evolui na sequência de analogias: violinos/hinos/incenso/turíbulo/incenso/corpo/seio. A própria correlação harmoniosa das palavras dá a tônica do envolvimento e da entrega à fruição. Em "Cristais", a sonoridade dos tercetos fica por conta do sibilar das consoantes fricativas: "Filtros sutis de melodias, de ondas / De cantos voluptuosos como rondas / De silfos leves, sensuais, lascivos... / Como que anseios invisíveis, mudos, / Da brancura das sedas e veludos, / Das virgindades, dos pudores vivos" (SOUSA, BR, 2000, p. 86).

Broquéis é um livro no qual a memória luta pelo equilíbrio e, ainda que haja maior presença de um vivido calcado no sofrimento, o prazer não esconde o rosto e viabiliza a sua presença.

Em *Missal*, as emoções experimentadas diante da visão da mulher desejada assinalam o poder do envolvimento erótico enquanto fator de recuperação do passado. Em "Sob as naves", embora no recinto de uma igreja, a visão extrapola a religiosidade:

> Nos altares laterais, os santos, histerismos mumificados, no imortal resplendor das coisas abstratas, dos impulsos misteriosos que alucinam e por vezes fazem vacilar a matéria, tinham dolorosas e fortes expressões de luxúria.
>
> Eu sentia, sob aquelas rígidas carnes mortificadas, frêmitos vivos do sangue envenenado e demoníaco do pecado. (SOUSA, MI, 2000, p. 462)

O pecado ligado à luxúria, mesmo guardando significações de censura, não abdica de sua relação com o prazer.

Além de visual, o processo mnemônico em que se baseia o texto remete a sensações oriundas de observações passadas, bem como à constatação de um procedimento ilusório que, embora revele um engano no envolvimento erótico, o substitui pelo envolvimento com a mulher concreta que vem a seu encontro, mesmo que romantizada:

> E, de repente, não sei por que profana, tentadora sugestão, vi nitidamente Nossa Senhora descer aos poucos do altar... [...] Ah! naturalmente eu sonhara acordado, porque Tu, durante este meu sonambulismo de sátiro lascivo, subitamente entraste, trêfega, com vivacidade de pássaro, no templo iluminado [...]. (SOUSA, MI, 2000, p. 462)

Em "Gloria in Excelsis", indo a um templo como que "sonambulamente", durante a cerimônia, o narrador nos dá notícia de suas emoções e intenções:

> No peito, como numa urna de cristal, o coração batia-me, pulsava-me, anelante, na ânsia, na vertigem de vê-la por entre todo aquele confuso e amplo borboletear de cabeças. [...] ...o coração, como estranho pássaro de sol, fugiu-me do peito, num alvoroço, arrebatado, maravilhado na grande luz do templo, em busca dos olhos dela... (SOUSA, MI, 2000, p. 476)

Essa recordação das emoções, como também ocorre em "Visões": "Encurva-se por sobre mim a pompa negra da noite densa, vagamente lembrando o luminoso esplendor de uns olhos dentre a pompa negra de aromados cabelos" (SOUSA, MI, 2000, p. 492), é ligeira notícia do sujeito emocional que preside o Missal, mesmo quando não se apresenta em primeira pessoa, e que dará notícia de seu processo interior, de forma cabal, em "Emoção", em que, apesar dos aspectos funestos, as cordas da ventura também vibram. Depois de referir-se aos encantamentos de um incêndio, lembra o mar:

> Também o mar, a emoção que experimento ao vê-lo, verde, amplo, espelhado, dá-me uma saúde virgem, uma força virgem.
>
> Sinto o gozo repousante de sondá-lo, de descer à imensa e profunda necrópole gelada onde uma florescência de algas vegeta; e, ao mesmo tempo, diante

> do Mar, sinto o peito alanceado da incomparável saudade de países vistos através do caleidoscópio da imaginação, dos sonhos fantasiosos – países lindos e felizes, floridos trechos de terra, ilhas tranquilas, províncias loiras, simples, de caça e pesca, onde a sombra amorosa da paz benfazeja fosse como uma sombra doce, protetora, de árvore velha, e onde, enfim, a Lua tudo imaculasse numa frescura salutar de pão alvo... (Sousa, MI, 2000, p. 471)

No poema em prosa "Som", o "eu" pode vislumbrar o dado selecionado da memória como um achado prazeroso:

> Trago todas as vibrações da rua, por um dia de sol, quando uma elétrica corrente de movimento circula no ar...
>
> Mas, de todas as vibrações recolhidas, só me ficou, vivendo a música do som no ouvido deliciado, a canção da tua voz, que eu no ouvido guardo, para sempre conservo, como um diamante dentro de um relicário de ouro. (Sousa, MI, 2000, p. 484)

A memória, assim positivada e que se metaforiza em "ouvido", ganha foros de uma parte do próprio indivíduo, que pode guardar sensações agradáveis. Em "Tísica", o passado saudável de uma jovem, tuberculosa no presente narrativo, é lembrado como contraste:

> Quanta vez a ouvi, e quantas outras a vi no rés-do-chão que enfrentava a minha morada, sempre com um vermelho esmaecido, manchado em ambas as faces.
>
> Como era feliz, e que ruidoso e festivo acordar de canários tinha Ela! (Sousa, MI, 2000, p. 513)

Laivos positivos de memória fazem-se presente aqui e ali, como em "Página flagrante", em que dois amigos conversam enquanto caminham pelos campos:

> [...] um deles fazia lembrar a urze das montanhas áridas, sobre a qual, entretanto, o Azul canta de dia os hinos claros do sol e à noite a amorosa barcarola da lua e das estrelas.
>
> O outro recordava também, pela sua exótica natureza perpetuamente envolta numa bruma de mistério, um Cristo célebre de Gabriel Marx, corpulento, viril, de aspecto igualmente aterrador e piedoso, que *vi* uma vez numa galeria [...] (Sousa, MI, 2000, p. 477, grifo nosso).

Fazendo-se observador, o sujeito que enuncia surge para dar o testemunho do prazer estético da personagem.

O conteúdo de tais recordações também dá a ideia de um acervo, onde as imagens agradáveis fazem vibrar positivamente o presente, o que avulta em *Missal*, fazendo-o um livro em que a concepção do passado, além de pequena, é em sua maior parte idílica, e a memória aí concebida remete a um paraíso perdido.

Também a infância, reavivada em "Natal" (OE), é assinalada como "[...] perfumosa e idolatrada recordação, o mais carinhoso, o mais casto e consolador presente de festas que o Natal me poderia trazer à comovida e espiritual alegria" (SOUSA, OE, 2000, p. 719). A infância, tempo no qual é reduzida a consciência do mundo, é por excelência a época mais propícia para a idealização. Cruz e Sousa, herdeiro dos românticos, faz também da infância seu momento de paz e reencontro com a inocência.

Lima Barreto, nas *Recordações do escrivão Isaías Caminha*, constitui a personagem em uma postura de sentinela avançada no posto da denúncia a respeito de uma organização jornalística do poder vigente. Funcionará como um espião a revelar dados de bastidores de um jornal. Os lances da vida pessoal de Isaías acabam se situando na lógica daquele propósito. Contudo, no início da obra e em vários outros momentos, os traços da vida íntima do narrador apontarão para a subjetividade coletiva. Ao recordar-se dos anseios de adolescente na preparação de viagem, de uma cidade interiorana para o Rio de Janeiro, o narrador-personagem destaca as lembranças positivas de suas projeções no futuro, em face das negativas: "Ah!... Seria doutor! Resgataria o pecado original do meu nascimento humilde, amaciaria o suplício premente, cruciante e omnímodo de minha cor [...]" (BARRETO, IC, 1956, p. 53). Apesar do peso dado a sua cor, a lembrança diz que houve um passado em que o sonho de vencer as dificuldades colocadas pelas lembranças que então o atingiam se desabrochava.

O pouco de sua infância que aparece no livro, assim como da adolescência, esta um tanto mais, quanto à parte relacionada a seus estudos, nos quais teve sucesso a ponto de criar, a partir dele, as fantasias de um futuro promissor, são lances que lhe remetem à saudade de um tempo feliz. O relato inicia-se, pois, com sua ida ao Rio de Janeiro. Com referências breves aos conhecimentos do pai, à ignorância da mãe e à generosidade do Tio Valentim, a personagem se põe a caminho daquela cidade.

Os fatos do passado funesto são aliviados quando ele traz à lembrança o seu convívio familiar anterior – entre os quais os desvelos de seu pai – e aquele que se dá durante a elaboração do texto. Como verdadeiro contraponto para distensão de seu esforço, essas memórias que se desdobram assumem importância, no momento da narrativa, como a mostrar seu funcionamento para o equilíbrio psicológico: "Tal fora a minha infância, que, nas dobras da saudade, aquela tarde carregada de cogitações vitais à minha vida, me vinha trazendo à memória com uma nitidez assombrosa" (BARRETO, IC, 1956, p. 92).

Desventura

Relatar as dificuldades é uma ação mais comum quando se trata do passado, seja porque não se expõe a felicidade aos riscos da inveja, nem tampouco de ela ser interpretada como vaidade ou tentativa de humilhar o próximo. A felicidade costuma ser a joia que se guarda a sete chaves. Ainda, narrar as dificuldades abre a probabilidade de gerar comiseração do próximo e também permite que se exponha a carência original do ser humano desde a expulsão do paraíso-útero. Com a propensão natural e cultural para o relato sórdido, em termos de literatura outros propósitos podem aproveitar da situação condicionante para fazer mover o moinho das águas passadas. Deles, no caso das obras de Cruz e de Lima, podemos destacar o protesto e a denúncia. Como foi dito, a obra de Cruz e Sousa não se pauta pela precisão do referencial e, sim, por sua nebulosidade simbólica.

No poema "Eternidade retrospectiva", constante dos *Últimos sonetos*, há certo apelo ao espiritismo. A memória de outra vida já vivida, sendo o argumento básico do texto, afirma a ideia de uma preexistência. "Eu me recordo de já ter vivido" (SOUSA, US, 2000, p. 204), é o primeiro verso da primeira estrofe. A localização dessa vida situava-se nas "fundas regiões do Pranto e do Gemido" (SOUSA, US, 2000, p. 204), habitado pelas almas mais graves, mais austeras. Ainda que o mote seja uma alusão espírita, a conformação metafórica das tais "regiões" está em sintonia com a noção de ascese que permeia, além da obra citada, *Faróis*. Recordar os sofrimentos mundanos enseja o oposto, qual seja projetar-se para o alto, para o espaço cósmico espiritualizado, no qual as almas refugiam-se em busca da plena realização existencial. O tempo recordado caracteriza, portanto, um tempo sofrido. Os poemas, das duas mencionadas obras, que demonstram um apelo mnemônico, trafegam na senda que leva à supremacia do espírito sobre o corpo, enfatizando a sentença de que a vida é uma trajetória de provação e purificação. "Triunfo supremo" (US) é um dos poemas mais representativos neste sentido. Apartar-se do mundo, dele ficar redimido depois de ter travado batalhas e rasgado florestas e mares é ter como recompensa o sonho, apesar do gemido. A ideia de sonho pressupõe a esperança, mas de outra vida. A memória como retomada de uma dor passada, tem, pois, o futuro feito um bálsamo. No momento do fazer literário, o enunciador encontra-se premido pela sombra do passado e também pela condição espacial do mundo. O futuro e o céu representam, dessa forma, o projeto de ascese. "Eternidade retrospectiva", portanto, remonta ao passado funesto, na busca de uma anterioridade que representasse um idílio espiritual. Se há um "Sonho ideal", ele surge como resultado de um "Sonho proscrito", como é bem enfatizado no poema "Lírio astral" (FA), no qual o apelo à subida é reiterativo:

> Que eu suba na tua essência
> Sacramental
> Para a excelsa Transcendência,
> Ó lírio astral!
>
> E lá, nas Messes divinas,
> Paire, eternal,
> Nas Esferas cristalinas,
> Ó lírio astral! (Sousa, FA, 2000, p. 116-117)

Embora abrangente, do ponto de vista da caracterização do passado, o sofrimento expõe sua face em "Recorda" (FA):

> [...]
> Recorda mágoas, lágrimas e risos
> E soluços e anseios...
> Revive dos nevoeiros indecisos
> E dos vãos devaneios. (Sousa, FA, 2000, p. 100-101)

A recordação caleidoscópica no poema "Violões que Choram" (FA) é impulsionada pelo poder de rememoração da música. Aquele conteúdo de passado em vários momentos do texto expõe a ponta de seu *iceberg*:

> [...]
> Noite de além, remotas, que eu recordo,
> Noites da solidão, noites remotas
> Que nos azuis da Fantasia bordo,
> Vou constelando de visões ignotas. (Sousa, 2000, FA, p. 123)

O tom sombrio do poema percorre suas vinte e seis quadras. Os violões são "chorosos" e reavivam, no lamento, as reminiscências enevoadas de um tempo de sofrimento e frustrações. São as "lacerações" que embalam o "eu" poético, que conclui:

> [...]
> Tudo isso, num grotesco desconforme,
> Em ais de dor, em contorções de açoites,
> Revive nos violões, acorda e dorme
> Através do luar das meias-noites! (Sousa, 2000, FA, p. 126)

As partes denominadas "Outros sonetos e "Dispersas", do *Livro derradeiro*, apresentam, quanto à memória, textos que destoam da inflexão positiva do livro, tendendo mais para a atmosfera predominante dos livros *Faróis* e *Últimos sonetos*.

Em "A ermida" (LD), ao contemplar a construção sobre a colina, o poeta conclui:

> Daquela triste esbranquiçada ermida,
> Que me recorda, me parece a vida
> Jogada às mágoas e ilusões da sorte. (SOUSA, LD, 2000, p. 259).

A visão do passado funesto perpassa, juntamente com as frustrações, o grande conjunto de idílios e religiosidade. Como frustração, há a relembrança também do impacto racial no amor. Em "O eterno sonho", saudoso, o enunciador relembra o amor não correspondido e dá, no terceto final, a razão do fato, como resposta de sua amada, na possibilidade de ela vir a ler o poema:

> – Ah! bem conheço o teu afeto triste...
> E se em minha alma o mesmo não existe,
> É que tens essa cor e é que eu sou branca! (SOUSA, LD, 2000, p. 268-269)

Momento raro de uma lembrança que se propõe referencial nos poemas em verso, esse arremate suscita uma consciência dos fatos sociais, em particular no campo do relacionamento interétnico pessoal. Pela ausência nos demais poemas de exemplos como esse, e a preferência pela não referencialidade, o processo de sublimação de fatos aponta para o quanto a linguagem simbolista foi assumida por Cruz e Sousa por atender a um intento subjetivo de não se render à linguagem realista, mantendo a subjetividade resguardada no enevoado da sugestão. A reflexão sobre o próprio valor da memória enquanto acervo de autoconhecimento desenvolve-se no poema "Réquiem" (FA). Aí, o sentido vão da memória em recuperar lembranças agradáveis, pelo bloqueio na situação presente, estabelece-se. O peso do passado sobe como obstáculo pessoal para o que nele existiria em leveza:

> Que hão de ser vãos esforços da memória
> Para lembrar os tempos virginais,
> As rugas da matéria transitória
> Hão de lá estar como a dizer: – jamais!
> [...]
> Recordarei as íntimas ternuras,

> De seres raros, porém mortos já,
> E de mim, do que fui, pelas torturas
> Deste viver pouco me lembrará.
> [...]. (Sousa, FA, 2000, p. 134)

A pessoalidade desiste de seu movimento mnemônico, voltando-se para o coletivo dos "seres raros" engolfados pela morte. A desimportância que o "eu" se atribui enquanto memória sugere a dor de lembrar o vivido, uma recusa íntima em fazê-lo. Ao buscar o coletivo, que traria o alívio ("ternuras"), constata que este está perdido, engolfado pela morte.

Os mortos na obra souseana têm também significado especial para a memória, metaforizada em saudade. O "eu", no desdobramento quase autônomo de "alma", tenta em vão um contato com os entes queridos já mortos. Estes, também nomeados de "sombras", mesmo com as aproximações possíveis, restam mudos, perdidos para sempre no tocante a um contato direto. O irremediável, contudo, sempre reconhecido, não deixa de aparecer como um desafio a enfrentar através de uma perquirição reiterativa. Em "Luar de lágrimas" (FA), poema de setenta e seis estrofes distribuídas em vinte quartetos e cinquenta e seis dísticos, e versos decassílabos, conjunto de aspecto sonoro de ladainha, é dividido em duas partes. Da primeira, até as duas últimas estrofes, realça, em terceira pessoa, um mundo harmonioso de remissão da vida terrena, um mundo entre as estrelas, "nos estrelados, límpidos caminhos/Dos Céus" (Sousa, FA, 2000, p. 167). Nesse espaço imaginário onde anjos e magos celebram a plenitude, surge a observação das lágrimas, que se camuflaram em forma de estrelas. A partir daí, prepara-se a segunda parte com as duas derradeiras estrofes:

> Mas ah! das Almas esse azul letargo,
> Esse eterno, imortal Isolamento,
> Tudo se envolve num luar amargo
> De Saudade, de Dor, de Esquecimento!
>
> Tudo se envolve nas neblinas densas
> De outras recordações, de outras lembranças,
> No doce luar das lágrimas imensas
> Das mais inconsoláveis esperanças. (Sousa, FA, 2000, p. 169)

Então, o poema, já em primeira pessoa, é dirigido aos "mortos meus" na tentativa inútil, e reconhecida como tal, de reatar com eles os laços rompidos. Então o "eu" descreve a trajetória da sua "alma", que, lançando-se em vôo, chega a adquirir asas de águia, mas por fim

> Depois de voar a tão sutis Encantos,
> Vendo que as Ilusões a abandonaram,
> Chora o luar das lágrimas, os prantos
> Que pelos Astros se cristalizaram. (Sousa, FA, 2000, p. 173)

O papel que a memória desempenha é o de colocar as fantasias em contato com o passado doloroso, desfazendo-as. A memória ergue-se enquanto caminho para consciência, é por onde a "alma" retorna e chora o luar que, em verdade, dela mesma faz parte, uma vez que se trata do "luar das lágrimas". Entretanto, não seria a capacidade de rememorar a própria responsável pelo incômodo que representa a saudade, motivadora da fantasia? Sim. Ela implica os vários tempos em confronto. Esse embate, entretanto, atende às carências do tempo presente: sonhar e despertar do sonho. A consciência do passado é o despertador.

Mesmo não expressando termos que indiquem com nitidez a presença da memória, os poemas "Presa do ódio" e "Vida obscura", ambos do *Livro derradeiro* (p. 180-181), trazem em suas configurações verbais o pretérito, bem como apresentam a perspectiva de terceira pessoa com um interlocutor, a respeito de quem o "eu" perscruta o tempo de outrora. Assim, a ação mnemônica se faz presente na análise da "funda galeria" da alma. Esse ser a quem se fala ficou, no primeiro soneto, ao "sangrento ódio acorrentado", e, no segundo, à "cruz infernal". A tragicidade do passado, com o "eu" poético funcionando como testemunha – ainda que possa ser a testemunha de si mesmo – expõe não apenas o alto teor de violências sofridas, mas também de violências introjetadas. Essa terraplanagem da subjetividade tem em mira a reconstrução da própria vítima.

Quanto a *Broquéis*, o movimento da memória no sentido da desdita traz, nos poemas, um tempo passado de sofrimento para um tempo presente de elevação espiritual, a lembrança libidinosa acompanhada pela culpa do envolvimento, a dúvida quanto à santidade da Santa Virgem, a passagem da saúde para a doença, o desejo de se livrar de lembranças de desejos não realizados.

Em "Lembranças apagadas", propõe que outros lembrem, visto que para fazê-lo teria que superar os traumas. O acesso à fruição do prazer de lembrar, como em "Cristais" e "Incensos", precisa de uma superação que, conforme o texto apresenta, se refere aos entraves do presente:

> Outros, mais do que o meu, finos olfatos.
> Sintam aquele aroma estranho e belo
> Que tu, ó Lírio lânguido, singelo,
> Guardaste nos teus íntimos recatos.
>
> Que outros se lembrem dos sutis e exatos
> Traços, que hoje não lembro e não revelo

> E se recordem, com profundo anelo,
> Da tua voz de siderais contatos...
>
> Mas eu, para lembrar mortos encantos,
> Rosas murchas de graças e quebrantos,
> Linhas, perfil e tanta dor saudosa,
>
> Tanto martírio, tanta mágoa e pena,
> Precisaria de uma luz serena,
> De uma luz imortal maravilhosa!... (SOUSA, BR, 2000, p. 91)

O primeiro verso do último terceto conjetura, assim como a última estrofe de "Dilacerações",[124] aspectos do passado que se sobrepõem às lembranças agradáveis. Há necessidade de paz interior no presente – "uma luz serena [...] imortal maravilhosa" (SOUSA, BR, 2000, p. 91) – para que seja rompido o travamento do acesso. *Broquéis* reveste-se de um vaivém entre o desprazer e o prazer, entre a carne e o espírito, sendo que aquelas instâncias misturam-se e uma influencia a outra, como, por exemplo, em "Aparição", em que o texto narra um contato com a "Santa Virgem", cuja figura apesar de excelsa,

> No entanto os olhos d'Ela vacilavam,
> Pelo mistério, pela dor flutuavam,
> Vagos e tristes, apesar de Santa! (SOUSA, BR, 2000, p. 80)

Em "Tuberculosa", o passado saudável cede terreno para a doença, e, em "Dança do ventre", o ventre da dançarina transmuta-se em ventre do demônio.

No poema em prosa "Emoção" (MI), já citado, o "eu" poético nos dá, além de sinais de suas vinculações positivas, um aspecto sombrio que apela para a noção masoquista de experimentar prazer na dor:

> Da Dor, bem poucas vezes sinto só o que ela tem de selvagem, de rugidora.
>
> Emoções delicadas, sutis, que me doem também fundo na alma porque me melancolizam, deixam-me um ritmo de música, uma afinada dolência de suavíssimos violinos, e que por fim delicia. (SOUSA, MI, 2000, p. 470)

"Iniciado", "A noite" e "Anho branco", de *Evocações*, apesar de apresentarem índices pouco significativos quanto à rememoração, no primeiro, rapidamente, são mencionadas a infância e a mocidade da personagem como perda, em razão da entrega à missão artística. No segundo texto, o narrador,

---

[124]Referindo-se às "carnes" que amou: "Passai, passai, desfeitas em tormentos/Em lágrimas, em prantos, em lamentos,/Em ais, em luto, em convulsões, em dores..." (SOUSA, BR, 2000, p. 84).

descrevendo suas sensações diante da noite, apresenta a memória como um acervo longínquo, o qual oferece referências abstratas, mas importantes quanto ao seu conteúdo, quando louvando a noite a caracteriza, entre outras coisas, como:

> [...] liberdade de todos os cativos: como eu recordo a galeria subterrânea dos teus mórbidos bêbados, dos teus ladrões cavilosos, das tuas lassas meretrizes, dos teus cegos sublimes e formidáveis, dos teus morféticos obumbrados e monstruosos, dos teus mendigos teratológicos, de aspecto feroz e perigoso de tigres e ursos enjaulados, acorrentados na sua miséria, dos teus errantes e desolados Cains sem esperança e sem perdão, toda a negra boêmia cruel e tormentosa, ultra-romântica e ultratrágica, dos vadios, dos doentes, dos degenerados, dos viciosos e dos vencidos! (Sousa, EV, 2000, p. 539)

A opção pelos oprimidos é visível, com o recorte em torno dos socialmente desajustados e marcados pela infelicidade.

O ser lembrado, em "Sensibilidade", também de *Evocações*, é uma "velhinha, trêmula, triste, frágil... nômade eterna" (Sousa, EV, 2000, p. 566, 567), de quem poucas notícias o texto revela de sua dor, mas sugestiona ser uma dor lancinante.

Funestas são as evocações dos textos "Mater", em que o "eu" relata o parto do filho e as sensações que experimenta, as quais, mesmo apresentando aspectos de afetividade, fazem sobressair a desdita própria da existência humana; "Adeus", um rompimento de relação amorosa; "Sonambulismo", sensações em face da noite e uma visão de um Cristo satânico; "Talvez a morte", a visão da mesma em forma de mulher e as vibrações emocionais do narrador; "Balada de loucos", caminhada com a esposa louca, rumo ao sanatório; "Abrindo féretro", a recordação das características das pessoas íntimas que morreram; "A sombra", reencontro, difícil e pontilhado de culpa, com a figura da mãe defunta; "Emparedado", balanço da "vida" e da arte, balizado pelos obstáculos sociais das concepções retrógradas da incultura e do racismo.

A perda ou o medo de sua ocorrência avulta enquanto massa recordativa, perda de entes queridos, da fé em Deus, de realização dos projetos de vida. E trata-se de perda com muita dor.

Na mesma linha, embora mostrada como memória de personagens, em perspectiva narrativa de terceira pessoa é vazado o texto "Anjos rebelados", no qual três velhas se dirigem ao cemitério para fazer suas imprecações contra a divindade depois de rememorar os seus filhos mortos. É nítido em cada imprecação o protesto contra a ideia de Deus, enquanto representação da bondade.

Cruz e Sousa, assim, brande a memória como quem acusa, recuperando a posição mitológica do demônio cristão. Em outro diapasão, o de reformista social, Lima Barreto realiza semelhante atitude.

Em *Recordações do escrivão Isaías Caminha*, à pobreza do narrador é acrescido o fato de ter tido como pai "o vigário da freguesia de***" (BARRETO, IC, 1956, p. 51), que se constitui em desgosto, mesmo o personagem mostrando, em relação ao genitor, momentos de boa recordação. Por outro lado, ao destacar o "suplício premente, cruciante e omnímodo" (BARRETO, IC, 1956, p. 53) do racismo, o narrador dirige seu foco para a potencialidade e abrangência do preconceito de cor, mesmo em sua cidade natal, único lugar de onde poderia advir a sua experiência.

Alguns episódios de estreia de Isaías no Rio de Janeiro determinarão o posicionamento do narrador enquanto observador da realidade circundante. Os atos de discriminação que o atingem fazem-no ficar atento para com a sua situação de rejeitado social. Em um desses episódios, é colocada sob suspeita a sua capacidade de observar, demonstrando, por outro lado, que ela representa algum poder. Chico Nove Dedos, capanga de político que ao lado de Isaías fazia viagem de bonde, adverte-o, por confundi-lo com observadores do jornal *Azeite*, "um pequeno semanário em que se denunciavam os namoros e também, com grosseiros circunlóquios, os escândalos familiares e os adultérios da cidade" (BARRETO, IC, 1956, p. 74). Tal incidente se dá em função de suposta manifestação de um figurão político que, ao descer do veículo, demonstrou atitudes de quem estaria incorrendo na prática de amor clandestino. É um primeiro exemplo que ilustra um dos propósitos do livro. Detrás da fachada social, manifestam-se os comportamentos julgados moralmente censuráveis praticados por pessoas respeitáveis.

Se Isaías Caminha pode – como é próprio de quem faz uso sistemático da recordação – selecionar o conteúdo a ser transmitido, por que dá importância àqueles que lhe trazem sofrimento? O processo catártico apresenta-se como um dos ingredientes da narrativa, não tão somente para aliviar o seu narrador, mas por trazer elementos de humanidade que respondam também à sistemática desvalorização social das pessoas "de [seu] nascimento": os mulatos. A possibilidade catártica da memória é, pois, empregada por Isaías, apesar de dificultar-lhe a empreitada. Há, portanto, um enfrentamento interno, ante a recordação de fatos como as ofensas na prisão, que o levou a ter "convulsão de personalidade" (BARRETO, IC, 1956, p.117) ao reagir. A rebelião da memória contra seu instigador demonstra o potencial catártico que ameaça fazê-lo capitular na realização da própria obra. Por isso reflete:

> Que tortura! E não é só isso: envergonho-me por esta ou aquela passagem em que me acho, em que me dispo em frente de desconhecidos, como uma mulher pública... Sofro assim de tantos modos, por causa desta obra, que julgo que esse mal-estar, com que às vezes acordo, vem dela, unicamente dela. Quero abandoná-la; mas não posso absolutamente. (BARRETO, IC, 1956, p. 121)

A obra, por outro lado, traduzindo um movimento de retorno ao passado, situa as alterações sofridas pelo narrador. A sua ingenuidade, por exemplo, reconhece que se havia transformado rapidamente, após a sua chegada ao Rio de Janeiro. Recuperando a lembrança do desejo de se vingar, em um episódio cotidiano, no qual um sujeito dá-lhe um empurrão sem se desculpar, ele assinala: "Hoje que sou um tanto letrado sei que Stendhal dissera que são esses momentos que fazem os Robespierres. O nome não me veio à memória, mas foi isso que eu desejei chegar a ser um dia" (BARRETO, IC, 1956, p. 103). O narrador assinalará em suas memórias que as mudanças da cidade guardavam no seu bojo a ideologia racista e classista, e, quando do projeto obrigando a população a usar sapato, destaca: "Projetavam-se avenidas; abriam-se nas plantas *squares*, delineavam-se palácios, e, como complemento, queriam também uma população catita, limpinha, elegante e branca. [...] Foi esse estado de espírito que ditou o famoso projeto dos sapatos" (BARRETO, IC, 1956, p. 205).

As *Recordações*, em suas últimas páginas, exemplificam o próprio vaivém da memória, privilegiando o lado funesto e a sua estreita ligação com as preocupações presentes:

> Chegamos afinal a uma casa. Lembrei-me da minha casa paterna. Era o mesmo aspecto, baixa, caiada, uma parte de tijolos, outra de pau-a-pique; em redor, uma plantação de aipins e batata doce. [...] Lembrava-me da vida de minha mãe, da sua miséria, da sua pobreza, naquela casa tosca; e parecia-me também condenado a acabar assim e todos nós condenados a nunca a ultrapassar. (BARRETO, IC, 1956, p. 286, 287)

O ciclo da memória realiza seu périplo. O presente da história passa a ser memória, com todo o sentido de reflexão sobre o destino: "Lembrava-me... Lembrava-me de que deixara toda a minha vida ao acaso e que a não pusera ao estudo e ao trabalho com a força de que era capaz" (BARRETO, IC, 1956, p. 287).

Humilhação e enfrentamento, perda e insatisfação, as *Recordações do escrivão Isaías* caminham no sentido do autoconhecimento e surgem como a grande possibilidade não só de construção literária, mas também de proceder à análise da sociedade.

Em *Gonzaga de Sá*, o clima pessimista que envolve o livro, nas reflexões do narrador Machado e de seu biografado, está ligado às perdas. Gonzaga está velho. O passado bom foi vencido pelo passado ruim. A lembrança dos ricos – como Gonzaga e a tia Escolástica – apesar dos momentos de alegria envereda pelas perdas. Por outro lado, há o assalto involuntário da memória, trazendo os aspectos sombrios do passado, como explicita o narrador: "Uma noite má, povoada de recordações amargas, pusera-me de mau humor, irritado, covardemente desejoso de fugir para lugares longínquos" (BARRETO, GS, 1956, p. 139).

O próprio biógrafo de Gonzaga não deixa de assinalar que sua vida constitui-se de múltiplas dificuldades, assim como Mascarenhas, de *O cemitério dos vivos*, não deixa de considerar sua vida uma lástima:

> Tinha trinta e poucos anos, um filho fatalmente analfabeto, uma sogra louca, eu mesmo com uma fama de bêbedo, tolerado na repartição que me aborrecia, pobre, eu vi a vida fechada. Moço, eu não podia apelar para minha mocidade; ilustrado, não podia fazer valer a minha ilustração; educado, era tomado por um vagabundo por todo o mundo e sofria as maiores humilhações. A vida não me tinha mais sabor e parecia que me abandonava a esperança. (BARRETO, GS, 1956, p. 139)

Em Lima e Cruz, o lembrar dói, entretanto o concebem como o remédio amargo exigido para conscientizar; influência do cristianismo, quanto ao culto do sofrimento como forma de ascese, de autores como Dostoievski,[125] mas, sobretudo, como uma tradução da tragédia que significou o tempo do escravismo e sua continuidade após a Abolição e a sua relação com a própria tragédia da existência humana, pois "nossa receptividade para a dor é quase infinita, aquela para o prazer possui limites estreitos. Embora toda infelicidade individual apareça como exceção, a infelicidade em geral constitui a regra" (SCHOPENHAUER, 1985, p. 216).

Enlace memorial negro-brasileiro

A adesão à memória coletiva torna-se explícita em vários momentos das duas obras e implícita em outros. Ao caracterizar personagens com traços étnicos, ao apontar fatos de discriminação racial ou conflitos internos relativos

---

[125] Analisando as influências literárias recebidas por Lima Barreto, Sonia Brayner esclarece: "Bakunine, contemporâneo de Dostoievski, escrevera certa vez que o 'sofrimento é condição essencial para a felicidade porque somente o sofrimento nos conduz à consciência'. Essa frase encontra-se mais tarde nos *Carnets* do livro *Démons*, de Dostoievski" (BRAYNER, 1979, p. 154).

à identidade, opera-se com elementos de fácil identificação. Contudo, um conteúdo de memória coletiva, por vezes, é extravasado de maneira metafórica ou simbólica. A escravidão dotou a cultura brasileira de inúmeros símbolos. Por exemplo, o chicote. Assim, a sutileza de um detalhe pode fazer emergir um aspecto profundo de toda uma coletividade.

O narrador Machado, em visita a Gonzaga de Sá, após o jantar é levado para uma sala onde se destacam os retratos da família.[126] Relatando o episódio no campo subjetivo, assim o descreve:

> Havia uma galeria de mais de seis veneráveis retratos de homens de outros tempos, agaloados, uns, e cheios de veneras, todos; e de algumas senhoras. Sem bigodes, de barba em colar, com um olhar imperioso e sobrecenho carregado, um deles me pareceu que ia erguer o braço de sob a moldura dourada, para sublinhar uma ordem que me dizia respeito. Cri que ia ordenar: "Metam-lhe o bacalhau." Virei o rosto e fui pousar o olhar na figura impalpável de uma moça com um alto penteado cheio de grandes pentes, muito branca, num traje rico de baile alto de outros tempos. (BARRETO, GS, 1956, p. 93)

O confronto estabelecido entre Augusto Machado e a figura do retrato marca a singularidade subjetiva. Quando diz "uma ordem que me dizia respeito" e essa ordem é "metam-lhe o bacalhau", o narrador estabeleceu intimamente a sua relação com a memória da violência vivida por seu grupo étnico e com as consequências daquela na própria vida, que mais tarde ele assim descreverá: "E eu ascendi a todas as injustiças da nossa vida; eu colhi num momento todos os males com que nos cobriam os conceitos e preconceitos, as organizações e as disciplinas" (BARRETO, GS, 1956, p. 141). O possessivo utilizado marca sua relação de identidade com "dois populares" que ele contempla, enquanto aqueles admiram a tropa que se prepara para o desfile do feriado nacional. A identidade aqui foi ampliada. A ideia do "bacalhau" daquele outro momento aqui se amplia, atingindo a "pobre gente". Da etnia à pobreza, tudo perpassa a subjetividade de Machado. E, assim como desviou o olhar do quadro que lhe oprimiu, assim também depois de elaborar a sua "utopia", cai no niilismo: "Tive o louco desejo de

---

[126]"Não são apenas os retratos antigos dos avós, tios, primos, pais e irmãos que têm a função de relembrar a união familiar, mas também móveis e objetos. [...] Os detalhes dessas figuras antigas dos avós, ouvidos pessoalmente ou através das histórias contadas no meio familiar, são um traço constante nos depoimentos de pessoas que procuram marcar sua identidade através da inserção em famílias consideradas importantes, seja do ponto de vista político e econômico, seja também por sua força moral, representada pelas figuras de patriarcas e de matriarcas que congregaram os familiares por muito tempo, estando as crônicas sempre revivendo a importância da união familiar" (BARROS, 1989, p. 35).

acabar com tudo; queria aquelas casas abaixo, aqueles jardins e aqueles veículos; queria a terra sem o homem, sem a humanidade, já que eu não era feliz e sentia que ninguém o era... Nada! Nada!" (BARRETO, GS, 1956, p. 93). A dispersão do pensamento de Machado, a sua falta de angularização das questões que envolvem a opressão social ganha realce quando ele descreve os pelotões que passam: "Passaram aos meus olhos lisas faces negras reluzentes, louros cabelos que saíam dos capacetes de cortiça; homens de cor de cobre, olhar duro e forte, raças, variedades e cruzamentos humanos que se moviam a uma única ordem, a uma única voz" (BARRETO, GS, 1956, p. 142). A partir daí, desiste de meditar a respeito, conformado com a sua "anulação" à conclusão de que "sábio é não agir".

Machado parece influenciado por seu mestre Gonzaga de Sá, que, em vários momentos, ao falar de raça, aborda o assunto como uma questão menor e, como o primeiro, foge quando sente que está à beira do envolvimento emocional a respeito, como na circunstância de referir-se à ligação com seu escravo Inácio, observa:

> Não imaginas, menino, que tesouro de dedicação há nesse homem. [...] A mim me acompanha desde os primeiros dias do nascimento. É um irmão de leite. Viu-me nas atitudes mais humildes; apreciou-me em propósitos repugnantes; assistiu ao desmoronamento da grandeza da minha casa familiar; entretanto, não sendo, como parece a todos, destituído de inteligência crítica, sou para ele o mesmo, o mesmíssimo, cuja representação se lhe fez na consciência, no correr dos seus primeiros lustros de vida. Eu não o chego absolutamente a compreender. Acho-o obscuro; mas me deslumbra – é grandioso!... Às vezes, confesso, me parece uma subalterna dedicação animal; às vezes, também confesso, me parece um sentimento divino... Eu não sei, mas amo-o. (BARRETO, GS, 1956, p. 87)

O paternalismo de Gonzaga cede à constatação de sua ignorância do outro. Machado observa a "comoção" com que ele diz tais palavras, e como "talvez para disfarçar" (BARRETO, GS, 1956, p. 87) ele pega um jornal e muda repentinamente de assunto. Assim o faz, também, quando aborda as questões atinentes ao racismo da época. E sempre pela via da miscigenação. O que pulsa, contudo, é a memória negro-brasileira de Inácio, que Gonzaga prefere evitar, "compreender", pois sabe que ela está intimamente ligada ao "bacalhau" sentido pelo narrador, e, portanto, à violência praticada pela própria família.

A visão de Vicente Mascarenhas, narrador de *O cemitério dos vivos*, faz desabrochar também esse diluir de oposição por uma afetividade do tempo colonial, ao referir-se ao relacionamento de sua sogra Clementina com a velha Ana, criada:

> Não era bem preta e tinha sido cria do pai de minha sogra, senão filha ou parenta próxima dele. As duas velhas se tratavam pelos apelidos e por tu e você. Era você, Aninhas, pra ali; era tu, Clementina, pra lá...
>
> Entre as duas, havia muitos vestígios daqueles singulares costumes existentes entre senhores e escravos, nas pequenas propriedades rurais, antes das agitações abolicionistas. (BARRETO, CV, 1956, p. 170)

Ainda que o conhecimento histórico do narrador situe aquela circunstância no tempo, o fato é que, após a Abolição, memórias de relacionamentos anteriores e amistosos da época da escravidão fossem atualizadas na relação com os criados, com o significado de que a situação para os descendentes de escravizados pouco se alterava.

Em *Triste fim de Policarpo Quaresma* o protagonista também tem lembranças do tempo do cativeiro, mas vagamente, um simples e meteórico devaneio, sem qualquer consequência em suas convicções e ações:

> Quando o serviço ficou pronto, ele viu com tristeza aquelas velhas árvores amputadas, mutiladas, com folhas aqui e sem folhas ali... Pareciam sofrer e ele se lembrou das mãos que as tinham plantado há vinte ou trinta anos, escravos, talvez, banzeiros e desesperançados!... (BARRETO, PQ, 1956, p. 174)

A importância da memória negro-brasileira para a memória nacional, bastante enfatizada pela antropologia cultural e sociologia do século XX, não prescinde a rememoração dos próprios negros brasileiros. No caso de Lima Barreto e Cruz e Sousa, nesse aspecto, a constituição da individualidade, contra a homogeneização racista que fez do negro e do mulato um ajuntamento dissociado da vida interior, foi uma das grandes contribuições. Os narradores-personagens de Lima Barreto e a configuração dos "eus" poéticos em Cruz e Sousa, ao assumirem suas características étnicas, firmam na subjetividade a luta contra as ideologias que, por princípio, tendem a anulá-la. Ao referir-se ao poeta catarinense, Alfredo Bosi acerta também no romancista carioca:

> A expressão da sua subjetividade rebelde é um dado inarredável que merece manter-se em primeiro plano na tela do leitor, *mas pressupõe as contradições da cultura objetiva do final do século XIX no Brasil*, que é a sua plataforma próxima. Esta plataforma, por sua vez, pôde existir e prosperar ignorando ou minimizando os sofrimentos do seu objeto: é tão fácil racionalizar a dor alheia! (BOSI, 2002, p. 171)

As dificuldades de travar a luta ideológica sem a luta coletiva, difusamente empreendida na dispersão do cotidiano, levaram os autores à ambiguidade no processo de identificação com a população de que descendiam. O estágio cultural que alcançaram serviu também para dificultar-lhes a empatia em face da miserabilidade daquele segmento social. Assim, por vezes, Lima Barreto, na caracterização das personagens negra ou mulata, vai se colocar em uma situação distanciada, chegando a fazer do próprio discurso racista, embora relativizado, o ponto de enfoque para as mesmas.[127] Ao pretender uma neutralidade, expõe sua ambiguidade, emprestando-a a personagens como Isaías Caminha e Gonzaga de Sá. O primeiro deixa explícito o seu distanciamento das pessoas de sua origem, quando, em um jardim, o narrador-personagem descreve:

> [...] não reparei que uma pessoa viera sentar-se no mesmo banco que eu. Num dado momento, virei-me e dei com uma rapariga de cor, de olhos tristes e feições agradáveis. Tinha uma bolsinha na mão, um chapéu-de-sol de alpaca e o vestuário era pobre. Considerei-a um instante e continuei a ler o livro, cheio de uma natural indiferença pela vizinha. (BARRETO, IC, 1956, p. 131)

"Natural" é a indiferença. O primeiro detalhe, a cor. Mesmo em situação precária de desemprego e sem saber direito o que o destino lhe reservava, a personagem, também de cor, espelha, já como um hábito, o desprezo pela mulher de seu mesmo grupo social. Depois do visível desprezo, a moça reage com as palavras: " – Que tipo! Pensa mesmo que é doutor..." (BARRETO, IC, 1956, p. 131). Isaías, diante daquela reação, afasta-se e, já fora do Passeio Público, considera: " – Olhei uma, duas, mil vezes, os pobres e os ricos. Eu estava só" (BARRETO, IC, 1956, p. 132). A sua observação não diz respeito à cor da pele das pessoas, certamente porque a coincidência entre pobres e não brancos era, para ele, visível. Sua solidão étnica é a mesma que a solidão de *status*.

Quanto a Gonzaga de Sá, caracterizado como de pele amarelada, o discurso evasivo com relação ao racismo situa exatamente a sua condição

---

[127]Em vários trechos da obra barretiana, encontram-se referências como "primitivo", "símio", "selvagem", para caracterizar personagens negras ou mesmo mestiças. Há também outras referências que indicam tal comprometimento. Anastácio, o antigo escravo, empregado de Quaresma, que o ensina a arte de capinar, é assim descrito quando contempla a chegada de Olga, a afilhada do patrão: "Anastácio tirara o chapéu e olhava a 'sinhazinha', com o seu terno e vazio olhar de africano" (BARRETO, PQ, 1956, p. 157). Em *O subterrâneo do Morro do Castelo*, tropeça em sutilezas racistas: "Saindo a negra, a mulher que lhe dera ordens ergueu o busto acima do bufete [...]" "[...] quatorze paulistas e alguns índios e negros" (BARRETO, MC, 1999, p. 64, 108).

entre branco – pendente a este, entretanto – e negro. Colocando a diversidade miscigenada como um fato, sobre ela desconversa a respeito da opressão racial, apenas realçando-lhe o absurdo, mas colocando-se como pessoa jamais atingida por ela.

Cruz e Sousa, por seu turno, se busca o afastamento diferenciador para marcar sua individualidade em relação a seu grupo racial, não se coloca como isento do racismo que, por vezes, revela no discurso. A negritude de seu narrador não abandona a perspectiva negra, nem tende para a relatividade.

As duas obras, contudo, atuariam como a troca especular entre negros, mestiços e brancos, porque chamam para si os pontos de conflito no plano subjetivo. Por outro lado, confluem para possibilitar a utopia negra, pois

> O imaginário social expressa-se por ideologias e utopias, e também por símbolos, alegorias, rituais e mitos. Tais elementos plasmam visões de mundo e modelam condutas e estilos de vida, em movimentos contínuos ou descontínuos de preservação da ordem vigente ou de introdução de mudanças. [...] A imaginação liberta-nos da evidência do presente imediato, motivando-nos a explorar possibilidades que virtualmente existem e que devem ser realizadas. O real não é só um conjunto de fatos que oprime; ele pode ser reciclado em novos patamares. (MORAIS, [2005], cap. 1)

Tanto Cruz e Sousa como Lima Barreto não perderam a noção do futuro. O poeta, projetando metaforicamente em uma vertente da consciência cósmica, situou a possibilidade conciliatória dos homens para além das notações físicas. O romancista, mostrando os entraves, para um projeto social futuro, especialmente em *Triste fim de Policarpo Quaresma*, na crítica produzida projetava seu anseio de melhorar a sociedade e transformá-la no sentido de promover mais justiça:

> Talvez o sentido mais comum da *utopia* seja mesmo este: o de uma transformação *sem lugar*, impossível; talvez, nesse sentido, a própria noção possa permanecer enredada pelas teias do Absoluto, na maior parte das vezes. Convém, pois, abandonar as representações utópicas, sempre que elas possam significar um desalento para o nosso desejo, um limite para o nosso entusiasmo. (NAFFAH NETO, 1997, p. 114, grifo do autor)

As "paredes", tão bem elucidadas no texto "Emparedado",[128] que se ergueram para os dois autores, não impediram que as lembranças ficcionalizadas por eles gritassem o seu nome étnico, no campo dos sentimentos, das

---

[128] O alcance de "Emparedado" assim é descrito por Alfredo Bosi: "Trata-se de um fenômeno notável de resistência cultural pelo qual o drama de uma existência, que é subjetivo e público

emoções e das ideias. Eles tinham em mente que a vida deveria ultrapassar o mero aspecto vegetativo e alcançar as grandes expansões das criações do espírito. Haviam enxergado o outro lado da fronteira, por isso tentaram não só ultrapassá-la, mas com suas obras deslocar-lhe os limites, pois, segundo Naffah Neto, estudando a *Gaia Ciência*, de Nietzsche:

> A vida é um fluir de intensidades que se apropriam do mundo e se expandem em novas intensidades, num movimento crescente e inesgotável. Ela engloba, sem dúvida, a sobrevivência, mas como a sua dimensão mais baixa, o seu *alicerce*: esse *funcionamento adaptativo* que pode ser o ponto de apoio para movimentos de maior expansão, *criativos, transformadores*. A sobrevivência depaupera a vida quando a reduz aos seus horizontes utilitários, toscos. (NAFFAH NETO, 1997, p. 112, grifo do autor)

Eram os horizontes que ambos, Lima e Cruz, pretendiam alargar. Mas, para isso, era preciso remover as pedras que se interpunham ao olhar.

A presença da família enquanto substrato da memória surgirá nos narradores-personagens de Cruz e Sousa e de Lima Barreto de forma pouco consistente enquanto motivação de orgulho ou prazer, demonstrando ligação difusa na transmissão de lembranças, mais afeita a retratar a crise de identidade do que sua plenitude.

Quanto à presença de personagens negras e mulatas no processo de rememoração ou como guardiães das tradições, há ausência na obra de Cruz e Sousa, enquanto, na de Lima Barreto, surge sob certa ironia, como se tais figuras ou inexistissem ou tivessem suas funções em processo de encerramento.

Policarpo Quaresma, no romance de mesmo nome, levado pelo amigo General Albernaz, vai buscar o folclore, consultando pessoas pobres, entre elas uma senhora negra, que, ao ser inquirida sobre o bumba meu boi, responde:

> – Quá, ioiô, já mi esqueceu.
> – E o "Boi Espácio".
> – Cousa véia, do tempo do cativeiro – pra que sô coroné qué sabê isso? (BARRETO, PQ, 1956, p. 50)

E, mais adiante, instada a prosseguir na recuperação de seu acervo de memória, ela, por fim, canta o "Bicho Tutu":

---

ao mesmo tempo, sobe ao nível da consciência inconformada e se faz discurso, entrando assim, de pleno direito, na história objetiva da cultura" (BOSI, 2002, p. 168)

> É vêm tutu
> Por detrás do murundu
> Pra cumê sinhozinho
> Cum bucado de angu. (BARRETO, PQ, 1956, p. 51)

Insatisfeito, o general insiste em novas lembranças, mas recebe como resposta: " – Não, sinhô. Já mi esqueceu." (BARRETO, PQ, 1956, p. 51).

A memória coletiva cultural, a princípio, é rejeitada pela própria informante, referindo-se ao tempo do cativeiro, o qual, entretanto, o narrador insinua, como preparativo para a cantiga entoada: "[...] e a preta velha, talvez com grandes saudades do tempo em que era escrava e ama de alguma grande casa, farta e rica, ergueu a cabeça para melhor recordar-se, e entoou [...]" (BARRETO, PQ, 1956, p. 51). A princípio contraditória a manifestação da personagem em relação à do narrador, ambas, entretanto, convergem para uma crítica a respeito da situação do ex-escravizado. Com toda a sua sanha, a escravidão é rejeitada como memória por parte dos que sofreram sua violência. Contudo, a situação desses no pós-Abolição, sendo de completo abandono, tenderia a levá-los ao cultivo de alguma saudade. A situação de moradia da velha Maria Rita exemplifica:

> Para além do caminho, estendia-se a vasta região de mangues, uma zona imensa, triste e feia, que vai até ao fundo da baía e, no horizonte, morre ao sopé das montanhas azuis de Petrópolis. Chegaram à casa da velha. Era baixa, caiada e coberta com as pesadas telhas portuguesas. Ficava um pouco afastada da estrada. À direita havia um monturo: restos de cozinha, trapos, conchas de mariscos, pedaços de louça caseira – um sambaqui a fazer-se para gáudio de um arqueólogo de futuro remoto... (BARRETO, PQ, 1956, p. 49)

A ambiguidade quanto à disposição e indisposição de lembrar, entretanto, não deixou de dar o troco, de forma irônica, no conteúdo da cantiga. O bicho-papão (tutu), sairá detrás do morro (murundu) para comer o sinhozinho.

Em nova investida pela memória popular, Quaresma encontra um velho poeta, dedicado a coletar manifestações do folclore. Aprende algo, mas também se desencanta ao saber que a maioria daquelas eram de origem estrangeira, o que o faz voltar-se para as culturas indígenas.

Em *Isaías Caminha*, o narrador-personagem se recorda que uma criada da casa contava-lhe histórias de conteúdo estranho às origens dela:

> Acabado o chá, eu ainda ouvia "histórias" da tia Benedita, uma preta velha, antiga escrava do meu reverendo pai. Eram cândidas histórias da

> Europa, cousas delicadas de paixões de príncipes e pastoras formosas que a sua imaginação selvagem transformava ou enxertava com combates de gênios maus, com malefícios e feiticeiras, toda uma ronda de forças poderosas e inimigas da vida feliz dos homens. (BARRETO, IC, 1956, p. 92)

Realça, assim, a pouca importância dessa memória cultural, sendo soterrada pela própria dominação. Mas, quando se trata de a memória funcionar para servir ao patrão, ela surge, faz-se presente com desenvoltura, como quando o empregado de Quaresma auxilia-o lembrando nome de bichos: "Anastácio que o acompanhara, apelava para as suas recordações de antigo escravo de fazenda, e era quem ensinava os nomes dos indivíduos da mata a Quaresma muito lido e sabido em cousas brasileiras" (BARRETO, PQ, 1956, p. 121).

Dessa forma, a "comunidade afetiva" (HALBWACHS, 1990, p. 34) existe distanciada, de maneira geral, enquanto grupo capaz de atuar no sentido de representatividade no corpo das narrativas de Lima enquanto parte do enredo, bem como na concepção dos poemas em verso e poemas em prosa, de Cruz. Ela, através da preservação de seus valores, não se expressa para influir positivamente na vida das personagens negras e mulatas no interior da trama. Aliás, tanto em uma obra quanto em outra, exceto no caso das personagens que são ao mesmo tempo narradoras, as demais personagens negras quase não têm voz, não espelham sua interioridade, não dispõem de profundidade ficcional. O caso d'"Os negros" (Esboço de uma peça?), de Lima Barreto, é uma exceção. Nela as personagens estão em fuga do cativeiro e trocam confidências. É um texto datado de 21/9/1905. O jovem escritor envereda pela memória do escravizado para mostrar-lhe o estado frágil como resultado do trauma sofrido. Indagado a respeito de sua terra, uma das personagens responde com lembranças vagas, entrecortadas pela expressão "Não sei..." E outra personagem reforça tal perda de memória ou sua concentração no impacto emocional:

> NEGRA VELHA – Eu não sei nada mais donde vim. Foi dos ares ou do inferno? Não me lembro... Do que me lembro foi do desembarque. Havia muito mar. Fomos para o barracão. Davam-nos uma gamela e nela comíamos todos, ao mesmo tempo. Depois, vieram homens. Escolheram dentre nós alguns. Experimentavam os dentes, os braços, faziam abrir as pernas, examinavam a nós, com cuidado; e, ao fim, andávamos por muitas terras. Eu fui comprada pelo coronel. (BARRETO, MA, 1956, p. 309)

Ainda que seja um esboço (cuja interrogação do subtítulo – salvo não seja uma falha tipográfica – põe em dúvida), o texto caracteriza uma faceta identitária do projeto literário de Lima Barreto, assim consignado oito meses antes daquela tentativa de texto dramático, no *Diário íntimo,* com as preocupações a ela atinentes:

> Veio-me à ideia, ou antes, registro aqui uma ideia que me está perseguindo. Pretendo fazer um romance em que se descrevam a vida e o trabalho dos negros numa fazenda. Será uma espécie de *Germinal* negro, com mais psicologia especial e maior sopro de epopéia. Animará um drama sombrio, trágico e misterioso, como os do tempo da escravidão. [...]
>
> [...] o grande amor que me inspira – pudera! – a gente negra, virá, eu prevejo, trazer-me amargos dissabores, descomposturas, que não sei se poderei me pôr acima delas. [...]
>
> Dirão que é o negrismo, que é um novo indianismo e a proximidade simplesmente aparente das cousas turbará todos os espíritos em meu desfavor; e eu, pobre, sem fortes auxílios, com fracas amizades, como poderei viver perseguido, amargurado, debicado?
>
> Mas... e a glória e o imenso serviço que prestarei a minha gente e a parte da raça a que pertenço. Tentarei e seguirei avante. "Alea jacta est".
>
> Se eu conseguir ler esta nota, daqui a vinte anos, satisfeito, terei orgulho de viver! eus me ajude! (BARRETO, DI, 1956, p. 84)

Apesar da escassez de protagonismo das personagens negras e mulatas, na perspectiva da terceira pessoa narrativa, lá estão elas, sendo citadas,[129] pensadas, lamentadas por seus destinos e estabelecendo o papel de motivo para se enredar crise de identidade.

Assim, a importância das obras de ambos para a memória negro-brasileira se dá nos seguintes aspectos:

a) traços da história coletiva presentes nos textos, a partir de referências familiares[130] ficcionalizadas ou poetizadas;

b) presença de personagens negras e mulatas que retornam como lembrança;

c) liame entre a memória enquanto reveladora do racismo presente;

d) fixação de uma identidade no plano dos sentimentos e das emoções, através da rememoração, mesmo que instantânea de um passado coletivo;

---

[129] Em Cruz e Sousa, o texto "Asco e dor", do livro *Evocações*, e em Lima, no conto "O moleque", de *Histórias e sonhos*, nos dão a ideia dessa comunidade, vista pelo viés da repulsa, no primeiro caso, e com certa simpatia no segundo.

[130] Fator de identidade, "a importância do grupo familiar como referência fundamental para a reconstrução do passado advém do fato de a família ser, ao mesmo tempo, o objeto das recordações dos indivíduos e o espaço em que essas recordações podem ser avivadas" (BARROS, 1989, p. 33-34).

e) reflexão sobre o distanciamento do indivíduo negro-brasileiro em relação ao seu grupo étnico, resultante da evolução cultural no sentido dos padrões dominantes da sociedade letrada da época;

f) revisita crítica à história, mediante a abordagem da escravidão enquanto tema, como auxiliar de uma memória coletiva;

g) revelação identitária do narrador ou do "eu" poético, por meio da participação emotiva, opinativa, e caracterizadora de situações, ambiente ou personagens.

A ligação entre as obras de Cruz e Sousa e de Lima Barreto e a memória coletiva negro-brasileira efetiva-se como a busca de sentido, trazendo, mesmo que distante, importantes sinais de uma comunidade de imaginação, cujas funções Bronislaw Baczko conceituou, em *Les imaginaires sociaux*:

> *Ainsi, au travers de ces imaginaires sociaux, une collectivité désigne son identité en élaborant une représentation de soi; marque la distribution des rôles et positions sociales; exprime et impose certaines croyances communes en plantant notamment des modèles formateurs tels que le 'chef', le 'bon sujet', 'le vaillant guerrier', le 'citoyen', le 'militant', etc. [...] Désigner son identité collective, c'est, du coup, marquer son 'territoire' et les frontières de celui-ci, définir ses rapports avec les 'autres', former des images des amis et des ennemis, des rivaux et des alliés; c'est également conserver et modeler les souvenirs du passé, ainsi que projeter sur l'avenir ses craintes et espoirs.* (BACZKO, 1984, p. 32)[131]

Ainda que tenham lutado para serem aceitos pela camada que dominava a sociedade da época, tomando-a como representação em suas obras, Cruz e Lima, pela consideração que tiveram para com a memória, permitiram-se estabelecer vínculos importantes com a memória coletiva negro-brasileira, reforçando-a no embate subjetivo e objetivo de suas identidades em crise.

---

[131] "Assim, por meio desses imaginários sociais, uma coletividade determina sua identidade, elaborando uma representação de si; determina a distribuição de papéis e posições sociais; exprime e impõe certas crenças comuns, assentando principalmente os modelos formadores, tais como o 'chefe', o 'bom sujeito', o 'guerreiro valente', o 'cidadão', o 'militante', etc. [...] Determinar sua identidade coletiva é, sobretudo, marcar seu 'território' e as fronteiras dele, definir seus intercâmbios com os 'outros', formar imagens dos amigos e dos inimigos, dos rivais e dos aliados; é, igualmente, conservar e modelar as lembranças do passado, de forma a projetar no futuro as crenças e esperanças" (tradução).

Parte III
Impacto e forma

A escolha de um gênero, espécie ou forma literária por um autor está associada a circunstâncias várias que dizem respeito aos fatores externos ao mundo literário, bem como às idiossincrasias daquele e a consequente necessidade de expressão de certos conteúdos.

Como vimos no segundo capítulo, a exclusão histórica revestiu-se de muita violência, veiculação, adaptação e cristalização de ideias de hegemonia de raça, um sentido restrito de brasilidade, tudo dentro de uma conjuntura cultural precária no campo da educação. Consequentemente, com a restrição do público leitor, cujo recorte étnico tornava o leitor branco o único disponível, autores negros e mulatos, que se pretendiam profissionais, deviam respeitar-lhe o gosto. Entretanto, tal atitude precisava ser observada, primeiramente, em relação à crítica, no âmbito de sua função educativa em prol da nacionalidade. Além disso, aqueles autores teriam de dar conta da sua subjetividade enredada nos embates emotivos gerados na realidade adversa.

Em razão de a ideologia dominante justificar um passado de massacre e exploração dos africanos e de sua descendência, as questões sobre raça desencadearam nos escritores a marca da etnicidade, qual seja, de sua postura perante o assunto, manifesta nos sujeitos dos discursos, redundando em pronunciamentos formulados pelas personagens e, principalmente, por seus narradores e pelos "eus" líricos. Consistindo o sujeito étnico manifestação de um posicionamento existencial gerado pela opção de identidade, implica argumentação e subjetividade.

Cruz e Sousa e Lima Barreto, optando por afrontar o toque de recolher no campo da expressão racial negro-brasileira, muniram seus projetos literários de estratégias de escrita que lhes permitissem veicular as pulsões subjetivas oriundas dos impactos, sempre renovados, com as práticas discriminatórias e suas restrições. Mirando em seus projetos, atingir um *status* literário respeitável que lhes garantisse audiência, por um lado, e, por outro, que assegurasse existência literária às suas experiências subjetivas, construíram obra plural, no tocante à temática, incluindo aí as próprias identidades étnicas assumidas e os aspectos da vida social que mais lhes permitissem manifestá-la, mesmo de forma cifrada. Daí que suas obras constituíram um convite ao leitor para experimentar outro ângulo de visão da realidade com base na experiência social dos marginalizados. Para tanto, atuaram no sentido radical de firmar a individualidade e seu papel de microcosmo social, estabelecendo, assim, a relação com os seus grupos étnico e social de origem, ampliando a identidade com diversos tipos de oprimido. Nesse sentido, a ficcionalização e a poetização da memória fizeram sobressair um passado tendente a manifestar sofrimento, sem, contudo, abrir mão inteiramente das noções de prazer.

A consciência do impacto de viver em uma sociedade racialmente excludente impôs a ambos os escritores a escolha das melhores "armas" formais para seus combates. As "armas", que eram aceitas socialmente, foram importantes para que se situassem em condições de, com suas obras, tentar atingir o cânone. Entretanto, foi preciso ir mais longe, fazendo opções formais que também refletissem sua postura de oposição a diversos valores então em voga na formação intelectual que, às duras penas, iam conquistando.

Cruz e Lima não eram indivíduos aculturados, ou seja, não saíram de uma cultura, com padrões definidos, para outra que apresentasse diferentes concepções de vida. Como brasileiros letrados da época, desenvolveram-se dentro dos adaptados padrões culturais europeus. Contudo, a pobreza e a situação racial do período em que viveram, submetendo-os a inúmeros constrangimentos e restrições, indicam que, por aquelas circunstâncias, estariam vinculados à cultura popular, pelo menos nos primeiros anos de vida, além de tê-las como referência pelos vínculos familiares. Contudo, o vetor de suas pretensões, muito cedo, foi o da cultura letrada. O desenvolvimento do exercício da escrita levou-os a dirigir sua atenção para as brechas da ideologia estética e seus pontos de desarticulação. Sabiam que as formas literárias tinham seus significados sociais, bem como que elas operavam no sentido de traduzir a conformação da hierarquia.

O choque entre o *status* cultural que foram atingindo e as possibilidades restritas de ascensão social, pela resistência do racismo, abriu o caminho para a ficcionalização e poetização daquele impacto, não somente em seu aspecto objetivo, mas, em especial, subjetivo.

A literatura apresentava na época, em boa consideração junto a leitores e críticos, quanto aos gêneros, no campo da poesia, o soneto, e no tocante à prosa, o romance. O conto principiava sua busca de aceitação. A crônica, manifestação cuja metonímia jornalística tornou-a presa do cotidiano, não se situava como de alto valor literário. Quanto à sátira, revestida da repulsa dos atingidos, não era assumida, pelos que através dela se desforravam dos inimigos, como um gênero cuja leitura deveria ser cultuada para a elevação do espírito. O poema em prosa, por sua vez, era apreciado por poucos escritores e espezinhado por muitos como tão somente um exercício de estilo verborrágico e destinado ao esquecimento.[132]

A grande movimentação mundial do capitalismo, levada a termo pela industrialização, fez da passagem do século XIX para o XX um período de incômodas transformações, exacerbação de expectativas e inúmeros choques armados resultantes dos conflitos ideológicos. No campo das artes, a variedade de tendências produziu amplos debates em torno de uma inovação que traduzisse as inquietações da modernidade:

> Assim, o romance torna-se histórico, simbolista, social, político, psicológico, naturista, em algumas das múltiplas denominações que recebe. Predomina uma coexistência sem imposição, na ausência de estética diretora que pudesse conter todas as ambições. Há tendência nítida para um menosprezo pelo enredo, desprestigiando-se os meandros da trama em benefício de estudos psicossociais, do ensaio filosófico, da autobiografia ou da poesia. (BRAYNER, 1979, p. 145)

O Brasil, pelo estágio cultural em que se encontrava no campo das Letras, recebia as novidades e tentava absorvê-las e adaptá-las à nacionalidade que se firmava em amplo espectro de equívocos e contradições.

No que tange especificamente à literatura, o clima seguia aquela ampla variedade de tendências, apesar de o imponente e preponderante Parnasianismo pretender orientar não apenas a poesia, mas também a linguagem em sentido geral.

A obediência a padrões estéticos rígidos foi contradita pelos nossos autores em vários momentos da ficção e da poesia, como também no que produziram de crítica literária. Lima Barreto, no prefácio de *Histórias e*

---

[132] Massaud Moisés utiliza como terminologia "derramentos enfáticos e jactos logorréicos" (MOISÉS, 1984, p. 136) e Davi Arrigucci Jr., analisando o poema "Olhos do sonho", cai no lugar comum de comparar a poesia do poema em verso "infinitamente superior à dos poemas em prosa, quase ilegíveis hoje [...]" (ARRIGUCCI JR., 1999, p. 170).

sonhos, intitulado "Amplius!", expõe sua desconformidade com a abdicação às regras:

> Parece-me que o nosso dever de escritores sinceros e honestos é deixar de lado todas as velhas regras, toda a disciplina exterior dos gêneros e aproveitar de cada um deles o que puder e procurar, conforme a inspiração própria, para tentar reformar certas usanças, sugerir dúvidas, levantar julgamentos adormecidos, difundir as nossas grandes e altas emoções em face do mundo e do sofrimento dos homens, para soldar, ligar a humanidade em uma maior, em que caibam todas, pela revelação das almas individuais e do que elas têm de comum e dependência entre si. (BARRETO, HSo, 1956, p. 33)

Elementos não pertencentes à linguagem crítica, as palavras "sinceros" e "honestos", com que se autocaracteriza e a seus possíveis confrades traz um dado moral para a literatura. Ao empregar os dois termos, Lima Barreto coloca-se na posição de alguém que possui o conhecimento de seus contrários e demonstra tê-los em mira. Por isso também propõe superar as "velhas regras", pois elas não servem para operar as necessárias abordagens do real e da subjetividade, segundo sua ótica. A opção da sátira, pela possibilidade de ataque e pela aproximação com a linguagem cotidiana da crônica, além de sua marginalidade assumida no cânone dos gêneros, não serviu para o autor consolidar apenas seus objetivos morais, mas também estéticos, uma vez que aquele gênero influenciou e esteve presente na sua concepção de romance e conto, com os quais se mesclou. A presença ostensiva do narrador onisciente em *Triste fim de Policarpo Quaresma*, *Clara dos Anjos*, *Numa e a Ninfa*, por meio de opiniões e de um trabalho de caricatura, mostrará também as transgressões barretianas no contexto de um gênero mais afeito à formalidade.

Cruz e Sousa, por seu turno, expõe em diversos textos seu intento de criar para além das balizas preestabelecidas. Em "Intuições" (EV), abordando a questão da prosa e da poesia, uma das personagens do diálogo demonstra seu anseio de superar tais conceituações:

> Prosa e verso são simples instrumentos de transmissão do Pensamento. E, quanto a mim, se me fosse dado organizar, criar uma nova forma para essa transmissão, certo que o teria feito, a fim de dar ainda mais ductilidade e amplidão ao meu Sonho. Nem prosa nem verso! Outra manifestação, se possível fosse. [...] A prosa não pode ser sempre de caráter imutável, impassível diante da flexibilidade nervosa, da aspiração ascendente, da volubilidade irrequieta do Sentimento humano. (SOUSA, EV, 2000, p. 585)

O compromisso com a subjetividade sugere que o conteúdo determina a forma, e não o contrário. A discussão estética prolonga-se[133] no texto e, assim como em "Iniciado" e "Espelho contra espelho" (EV), "Emoção e sugestão" (MI), "Arte" (LD), "Estilo" (OE) e outras unidades textuais, a discussão literária ganha corpo. Neste último, ao referir-se a Émile Zola, o poeta passa a exaltar os autores que transcendem os limites externos e destaca o rumo que admira e preza: o da liberdade de criação (SOUSA, OE, 2000, p. 686).

Para o poeta catarinense, o estro libertário, a par do contexto experimental generalizado no final do século XIX, do ponto de vista formal, encontrará seus momentos mais destacados no poema em prosa, seja por seu hibridismo próprio, seja porque se tratava de um gênero novo, pouco reconhecido e, portanto, menos cercado pelas regras, ainda que, no seio da própria poesia em verso, o poeta imprimirá suas dissonâncias, fazendo imbricar aspectos da concepção de arte parnasiana, simbolista, romântica e impressionista, selando também, pela variedade de formas quanto à estrofação e métrica, sua marca pessoal e tendente para o ecletismo.

Um dos aspectos que aproxima os textos de Cruz com os de Lima é a importância dada ao diálogo, enquanto manifestação literária, com longas falas. O propósito argumentativo faz das personagens que dialogam porta-vozes de ideias e concepções em jogo nos debates que importam aos autores, tais como: literatura, vida literária, correntes políticas em confronto na época, ciência racista, arrivismo, bovarismo e hipocrisia, assim como as posturas de subserviência dos brasileiros em face dos valores culturais dos países desenvolvidos.

Os diálogos que estruturam os textos "Intuições" (EV) e "Je dis non" (OE), de Cruz e Sousa, e *Vida e morte de M. J. Gonzaga de Sá*, de Lima Barreto, enquanto forma, sugerem um elemento estrutural da dramaturgia. Ocorre, entretanto, que o recurso do diálogo daqueles textos não implica a ocorrência de uma ou várias ações, que fosse o índice do estabelecimento do conflito. A *flânerie* é o formato do deslocamento das personagens no espaço

---

[133] Tendo estudado o livro *Evocações*, constatamos que a "[...] ideia de que a literatura é também um campo de combate entre várias concepções estéticas acompanhará o Poeta, tanto no verso quanto na prosa. [...] Quanto à distinção entre prosa e verso, a argumentação titubeia na conceituação de ambas. Chega a reconhecer a impropriedade de denominar como prosa a sua prosa. Ao transferir a discussão para o sentido intrínseco das 'cordas vibráteis', é o ritmo que levanta como divisor de águas. O mais leve exigiria o verso – que o autor assinala como Poesia. O mais austero, a prosa, tendo como referência o Salmo. O indicador metalinguístico, apontando para os evangelhos, marca uma influência estética e um embate metafísico. A prosa balizada por este enfoque estaria submetida a um ritmo adequado para transmitir as vibrações emocionais mais intensas" (SILVA, 1999, p. 66-67).

enquanto conversam. Estar em curso, no espaço externo, não necessariamente para um lugar determinado, é estar à disposição de uma troca de impressões que evolui com o movimento dos próprios passos. Essa disposição também enseja a observação lírica, importante fator para o poema em prosa, inclusive quando está incrustado em um romance ou em um conto, como ocorre no citado romance de Lima e em outros momentos de sua obra. A observação, em caráter detalhista, torna-se também um fator que permite estabelecer similitudes, se não quanto aos referenciais, ao menos quanto a certo ímpeto de abarcar a totalidade, um movimento incisivo que projeta ressonâncias do plano psíquico para o plano visual.

Analisa-se a seguir o potencial transgressor do poema em prosa e, após, o da sátira, enquanto manifestações periféricas do cânone literário e, por isso, aptas a maior liberdade criativa que permitisse ao sujeito étnico manifestar-se pelo ângulo do oprimido.

POEMA EM PROSA

O poema em prosa, a rigor, demandou a mesma contenção de síntese do poema em verso, em seu nascimento, cujo marco foi o livro *Gaspar de la Nuit*, de Aloysius Bertrand, publicado em 1841, na França.[134] Contudo, a sua evolução, passando pelas obras de inspiração estilística baseada nos textos bíblicos – sequência de uma tradição francesa que remontava a "chantefable" da Idade Média e atingiu importância no século XVI – e, principalmente, pelas obras de Baudelaire – autor que assumiu o gênero como título –, Rimbaud, Mallarmé e Lautréamont, redundou na grande dificuldade de, em torno dele, se estabelecerem consensos. Tendo em seu processo evolutivo exemplos de predileção pela brevidade, atmosfera urbana e noturna, aproximação com a pintura, subjetividade, divisão do texto em estâncias para lembrar a estrofe, convergência de opostos, transcendência, emprego de gêneros diversos em um mesmo texto, musicalidade, relações sintáticas inusitadas, plágio, etc., o poema em prosa pode ser considerado um grande palco de experimentação de linguagem, para o qual o critério de poeticidade será tão diverso quanto as ênfases dadas por seus autores. Pela influência da prosa poética, que com ele sempre se confundiu e se misturou – aquela de caráter religioso tinha forte sentido oratório, dentro do qual o ritmo surgia como um facilitador da memorização, uma das premissas importantes da catequese –, o poema

---

[134]Suzanne Bernard argumenta ser Bertrand o criador do poema em prosa: "[...] *parce qu'il y a une poésie de la prose qui commence à Gaspar, parce que Bertrand est le véritable créateur (et ce point n'a jamais, je crois, été contesté) du poème en prose comme genre littéraire.*" (BERNARD, 1994, p. 51, grifo da autora). "[...] pois há uma poesia da prosa que começa com o Gaspar, porque Bertrand é o verdadeiro criador (e este ponto jamais, creio, foi contestado) do poema em prosa enquanto *gênero literário*" (tradução).

em prosa também foi atraído pelo movimento da oralidade, sobretudo em seu caráter dinâmico que visava a arrebatar o ouvinte, nele desencadeando uma vibração emotiva capaz de despertá-lo para aspectos misteriosos e encantados da vida.

No Brasil, a oralidade impregnava o Romantismo, que, por sua vez, a transferiu ao Simbolismo. Tal influência direcionou determinados textos de alta frequência emotiva e o decorativo da linguagem, este um recurso que havia ganhado público nos poemas parnasianos e no naturalismo ornamental de escritores como Coelho Neto.

Pelo empenho em publicar seus livros, Cruz e Sousa, mostrando-se mais voltado para a prosa do que para o verso, certamente nela encontrou a possibilidade maior de articulação das suas emoções, juntamente com a necessidade de criticar e debater assuntos que lhe diziam respeito. O verso estava situado pelo Parnasianismo como a expressão poética por excelência. O poeta haveria de se curvar diante do padrão de reconhecimento e apresentar uma obra tecnicamente bem elaborada para inserir-se no rol de consideração e respeito. No entanto, organizou *Tropos e fantasias*, *Missal* e *Evocações*. Publicou, em vida, os dois primeiros e *Broquéis*, este em verso. Contudo, a sua produção em ambos os registros foi equilibrada em termos de volume. É provável que seu empenho na organização dos originais tenha objetivado dizer coisas de maneira a confrontar o estabelecido, expor sua subjetividade com maior desenvoltura, de maneira mais livre, sem a formalidade e os rigores da composição em verso.

Os textos de Cruz e Sousa em *Tropos e fantasias* são em número de nove. Com exceção de "A bolsa da concubina" e "Sabiá-rei", nenhum outro faz apelo à narrativa. Por outro lado, o primeiro alia-se, em sua parte inicial, a um ímpeto digressivo similar a "Piano e coração", naquele falando de amor e neste sobre a relação entre o mencionado instrumento e o órgão humano, em sua função metafórica tradicional. Quanto a "O padre", trata-se de um libelo cuja mira é a Igreja e seu conluio com o escravismo, com o direcionamento do discurso para o próprio padre, cuja caracterização, embora permaneça no plano genérico, é constituída pela ironia e pelo sarcasmo que o atinge e, gradativamente, vai sugerindo a sua concretude, através de uma incisividade no direcionamento do discurso, como é possível se verificar nos trechos seguintes:

> Ah! É verdade, és muito pobre, andas com os sapatos rotos, não tens que comer e... és muito caridoso...
>
> Mas, escuta, vem cá: -

> Eu tenho também minhas fantasias; gosto de sonhar às vezes com o azul.
> [...]
> Mas é porque tu és míope e os míopes não podem encarar o sol...
> Mas eu dou-te uns óculos feitos da mais fina pele dos negros que tu azorragas... (SOUSA, TF, 2000, p. 451)

A primeira parte do título do livro (*Tropos*) parece justificar textos como esse. A noção de argumentos dos céticos contrários à ideia de se atingir a verdade insinua-se em peças como a mencionada. Isso é provável, uma vez que o sentido figurado já está previsto na expressão "fantasias", além do que, em "O padre", a oralidade, marcada pelo tom do discurso, é reforçada pela presença do destinatário, uma constante na obra souseana em prosa. As duas dimensões – tropos e fantasias – indicariam um dos caminhos do projeto literário. Da prosa de Cruz e Sousa o teor poético estaria, assim, dividido, a princípio por esses dois vetores. No livro em análise, as fantasias concentram-se em "Allegros e surdinas", "Piano e coração" – apesar de digressivo – e "Sabiá-rei" – mesmo tendendo para a narrativa. Nos demais, predomina o argumento, cuja referencialidade atinge o ápice com *Pontos e Vírgulas*, que incorpora, por sua vez, a exortação, outro recurso constante na obra do poeta.

> É curta a piedade dos homens.
> O poeta vos pede pouco.
> Atirai em leilão os livros que ele traz, arrematai-vos todos, ponde em quermesse os vossos corações, enchei aquelas mãos calosas e dignas, dos mais simpáticos e sonoros níqueis e tudo será feito.
> Deixai um momento o sarcasmo [...] (SOUSA, TF, 2000, p. 453)

Nesse texto, outro recurso recorrente: frases à guisa de refrão. No caso de "Pontos e vírgulas", as duas que iniciam a citação anterior. Todos esses traços estarão presentes nos livros subsequentes.

A titulação ritualística de *Missal*, em consonância com a reiterada presença do templo como ambiente, associa-se à apresentação de diversas descrições de paisagens, sobretudo marítimas, em uma linguagem sonora, conotativa do sentido musical embutido na ideia de "missa", iniciada pela exortação ao sol e finalizada com a exortação ao mar. Também um novo padre ("Artista sacro") surgirá, em pleno ato de celebração. Dessa vez será o controle da sua libido colocado em questão. As "fantasias" darão o tom preponderante do livro, desprovidas de vínculos narrativos e argumentativos.

No entanto, estes últimos encontrarão seu espaço de manifestação.[135] *Missal* introduz a presença do "eu" e seus estados de alma,[136] ausente em *"Tropos e Fantasias,* o que será uma das marcas significativas da obra souseana. Por essa perspectiva, o sujeito do discurso nos informa não apenas o que sente, mas como sente a noite, o mar, as pressões sociais, etc., informações que o situam como um universo a ser desvendado, um microcosmo. *Missal* traz também outro traço importante para a compreensão da obra: a descrição de perfis humanos,[137] para alguns dos quais o enunciador volta-se, movido pela admiração, pelo encantamento ou pela comiseração. Tais sentimentos aflorados situam-se na linha da relação humana direta, quente, como se dá em "O padre", de *Tropos e fantasias*, mesmo quando não se dirige diretamente à figura enfocada, como naquele caso. Também é apresentado o diálogo, demarcado em "Sugestão" e mais descrito em "Página flagrante", de forma intensa:

> INFLAMADOS DE SOL, como pássaros no esplendor da aurora, partiam Ambos a digressões singulares, por manhãs alegres, da alegria impulsiva e bizarra dos Halalis de caça. [...]
>
> A verve esfuziava, mentalizada pela Análise, pela Abstração e pela Síntese; sátiras frias, cortantes como rijos e aguçados cutelos, espetavam capras a carne tenra, viçosa, próspera, de S. Majestade Imbecil; e, para supremamente assinalar todas as surpresas e elevação do Entendimento, uma psicologia rubra, flamante, sangrava, sangrava em jorro, torrencialmente sangrava. [...]
>
> Diziam cousas aladas, quase fluidas... (SOUSA, MI, 2000, p. 476-477)

O diálogo também é insinuado quando o texto pressupõe a presença de um destinatário silencioso, o "tu" a quem se refere o enunciador.[138] A oralidade, assim, ganha forte sentido intimista, como se o enunciador preferisse o pé do ouvido ao púlpito. O distanciamento que este último pressupõe, no entanto, será valorizado em *Evocações*.

---

[135] Traços de narração encontram-se em "Dolências", "Sob as naves", "Bêbado", "Lenda dos campos", "Gloria in Excelsis", "Página flagrante", "Gata", "Artista sacro", "A janela", "Campagnarde", "Sugestão", "Tísica". Com aspectos argumentativos, são destaques "Psicologia do feio", "Modos de ser" e "Mulheres".

[136] "Emoção", "Som", "Dias tristes", "Visões", "Umbra", "Modos de ser", "Ritmos da noite" e "Estesia eslava".

[137] "No fáeton", "Ritos", "Sofia", "Aparição da noite" e "Tísica".

[138] Tal característica, quanto à figura humana, aparece em "Dolências", "Noctambulismo", "Psicologia do feio", "Fidalgo", "Ritos", "Sugestão", "Aparição da noite". Com relação à natureza, o direcionamento é assinalado em "Oração ao sol" e "Oração ao mar".

A temporalidade variada que Cruz e Sousa emprega em sua prosa quebra a sua filiação com a narrativa tradicional. A presença do futuro em diversos textos demonstra a possibilidade de uma escrita hipotética. Além disso o direcionamento a um destinatário, em diversos textos, é feito a um artista, ensejando a hipótese de tratar-se de um desdobramento do próprio "eu" poético, como forma de autorreflexão literária, e, ao mesmo tempo, da ficcionalização do leitor, dele exigindo uma disposição mental participativa, como personagem receptora das digressões formuladas. Afinal, o tradicionalismo e conservadorismo das relações sociais da época refletiam-se também na dificuldade de se ler diferente. O envolvimento do "eu" no narrado, expondo um sujeito étnico diferenciado, não só pelo conhecimento do autor acerca do racialismo na cultura, mas também pela evidência de uma focalização racialmente inusitada, constituía uma manifestação de difícil digestão para o público. Daí que, quanto à identidade do sujeito no campo racial, nenhum livro específico tenha sido produzido. O traço étnico negro-brasileiro de Missal está, visivelmente, reduzido a "Núbia" e às figurações da noite.

Quanto aos quadros descritivos da natureza, a fusão do "eu" poético no encantamento do que vislumbra merece consideração, já que não vai se tratar meramente de um detalhamento impressionista, visto que a presença da luz e do incomensurável traz consigo a ideia de elevação do espírito, bastante concentrada na poesia em verso de *Faróis* e *Últimos sonetos*.

Missal, assim, recupera e desenvolve a cosmovisão encetada no primeiro texto de *Tropos e Fantasias*, intitulado "Allegros e surdinas", em que:

> Cintilava, cantava o verde florido dos prados e o azul refrigerante dos céus.
>
> Almas e almas vagavam, como silfos, como asas, como nuvens e nuvens, pelas zonas consoladoras e luminosas do idealismo. (Sousa, 2000, TF, p. 441)

As almas e os céus serão disseminados, dando a *Missal* e àquelas obras de versos o sentido de uma constelação, na qual os símbolos e toda a sua gama conotativa farão com que a leitura torne-se uma experiência de flutuação entre os extremos da linguagem.

Teria Lima Barreto sido inteiramente indiferente à maneira de encarar a amplidão da natureza, como forma de contemplar a necessidade de transcendência, ou mesmo com o propósito ornamental de sua prosa? Tomemos, a título de ligeira comparação com uma passagem de *O Triste fim de Policarpo Quaresma*, um trecho descritivo de um autor que Lima Barreto combateu:

> A aragem fresca espalhava o aroma citrino das magnólias e o sussurro moroso das folhas tinha a doçura misteriosa de vozes que se distanciam. Toda a várzea esfuma-se em bruma diáfana.
>
> Poças d'água entre as ervas brilhavam como cacos de vidro. O brejo alastrava lustroso, sumia-se no açucenal em flor, reaparecia além irradiado em veios reluzentes; o rio estava como coalhado e o açude, largo e sereno, reproduzia profundamente o céu esmaecido. (COELHO NETO, [19--], p. 90)
>
> Havia uma grande profusão de luz e os ares estavam doces. Quaresma foi caminhando por entre aquele rumor de vida, rumor que vinha do farfalhar do mato e do piar das aves e pássaros. Esvoaçavam tiês vermelhos, bandos de coleiros; anuns voavam e punham pequenas manchas negras no verdor das árvores. Até as flores, essas tristes flores dos nossos campos, no momento, parece que tinham saído à luz, não somente para a fecundação vegetal mas também para a beleza. (BARRETO, PQ, 1956, p. 152)

Momentos em que se suspende a narração para se apreciar a natureza são momentos de contextualização daquela. A ideia de ambiente detalhado atingiu momentos áureos no romance romântico com José de Alencar e deitou raízes, trazendo como propósito de fundo a exuberância da natureza do Brasil a ser explorada como um toque de autenticidade nacional. Contudo, se o pormenor da natureza e também do ambiente urbano consistia em dar um toque de brasilidade ao texto, nas correntes realistas e suas variações, para o simbolismo era um espetáculo de estesia que projetava o observador para além da realidade, um trampolim para o mundo das correspondências como pretendia Baudelaire, no sentido das sensações e do mundo espiritual.

> Havia mesmo o propósito de ver, atrás das aparências, no trivial da vida cotidiana, a profundeza de sentidos transcendentes, a vida misteriosa, ou seja, uma outra vida. É um processo de transmutação, qual seja, transformar o trivial e o grotesco em obra de arte, fazendo presente o contraste. (SILVA, 1999, p. 32)

Por isso, prescindia do elemento caro à narrativa: a peripécia. Contudo, não se pode negar que romancistas tenham utilizado os objetivos do poema em prosa para pequenos enxertos em suas obras. Em outra comparação, agora com Cruz e Sousa, pode-se observar mais uma aproximação, com a constatação final do próprio romancista Lima Barreto:

> Considerei também a calma face da Guanabara, ligeiramente crispada, mantendo certo sorriso simpático na conversa que entabulara com a grave austeridade das serras graníticas, naquela hora de efusão e confidência. [...]

> O mar espelhejante e móvel realçava a majestade e a firmeza da serrania e, em face da sua suntuosidade, por vezes conselheiral, o sorriso complacente do golfo tinha uma segurança divina.
>
> O poeta tinha razão: era verdadeiramente a grandiosa Guanabara que eu via! (Barreto, GS, 1956 , p. 39)
>
> Às derradeiras cintilações doiradas do nobre Astro do dia, os navios, com o maravilhoso aspecto das maestrações, na quietação das ondas, parecem estar em êxtase na tarde.
>
> Num esmalte de gravura, os mastros, com as vergas altas, lembrando, na distância, esguios caracteres de música, pautam o fundo do horizonte límpido. [...]
>
> Um ritmo indefinível, como a errante, etereal expressão das forças originais e virgens, inefavelmente desce, na tarde que finda, por entre a nitidez já indecisa dos mastros... (Sousa, MI, 2000, p. 461)

A contemplação da natureza, entretanto, não constituirá a grande atração de Cruz e Sousa, mas sim a sua possibilidade de extravasamento subjetivo, que nas *Evocações* afinará o detalhe da presença humana e da ambientação noturna, o que ocorrerá também nas *Outras evocações*. As duas obras trarão os mesmos traços já apontados, contudo a subjetividade será movida por uma força torrencial, fazendo em certos trechos uma aproximação grande com o fluxo de consciência, pois, como em *Une Saison en Enfer*, de Rimbaud, chega-se ao grito. Som, espaço amplo, esferas, estrelas, descrição da natureza, agora como projeção das emoções, exacerbação subjetiva, tudo concorre para o desequilíbrio transgressor do padrão realista, naturalista e parnasiano, possibilitando ao leitor experimentar, através da leitura, a sensação da vertigem, não da vertigem contemplativa, mas emocionada. Nessas duas obras, a revolta, os dramas das figuras marginais da sociedade e da cultura, a angústia e a morte estarão mais presentes. A ambição de transcendência também é ampliada: "Se não tens Dor, vaga pelos desertos, corre pelos areais da Ilusão e pede às vermelhas campanhas abertas da Vida e clama e grita: quem me dá uma Dor, uma Dor para me iluminar! Que eu seja o transcendentalizado da Dor!" (Sousa, EV, 2000, p. 521).

Aumentam sensivelmente a extensão dos textos e seu teor argumentativo, bem como a revelação da interioridade do enunciador, que faz digressões, denuncia e anatemiza os meandros das pressões que o atingem. E é "Emparedado" o grande texto revelador, no qual está reunida a maioria dos recursos empregados nos textos de outros livros. Nele também fica exposta a concepção relativa à receptividade almejada:

> É esta bendita loucura de encontrar essa alma para desabafar ao largo da Vida com ela, para respirar livre e fortemente, de pulmões satisfeitos e límpidos, toda a onda viva de vibrações e de chamas do Sentimento que contivemos por tanto e tão longo tempo guardada na nossa alma, sem acharmos uma outra alma irmã à qual pudéssemos comunicar absolutamente tudo.
>
> E quando a flor dessa alma se abre encantadora para nós, quando ela se nos revela com todos os seus sedutores e recônditos aromas, quando afinal a descobrimos um dia, não sentimos mais o peito opresso, esmagado [...] (SOUSA, EV, 2000, p. 671)

Mais uma vez surge o plural abrigando o coletivo humano. A dor tem sua razão de ser Dor. O "eu" pode sentir-se irmanado em uma amplitude sem limites na busca de uma recepção compreensiva, compreensiva porque participativa no âmbito da subjetividade, identificada no "Sentimento que contivemos por tanto e tão longo tempo". Cifrada, a identidade étnica apresenta-se, por não se declarar, como universal. Ela também pode ser apreendida, em toda a sua profusão trágica, no texto "Dor negra", em que a vitimização da África traz a grandeza continental da injustiça e da crueldade. E tal dimensionamento é que permite ao sujeito do discurso superar "[...] a lama das teorias, a lama das conveniências [...]" (SOUSA, EV, 2000, p. 669): "Num impulso sonâmbulo para fora do círculo sistemático das Fórmulas preestabelecidas, deixei-me pairar, em espiritual essência, em brilhos intangíveis, através dos nevados, gelados e peregrinos caminhos da Via-Láctea [...]" (SOUSA, EV, 2000, p. 671).

Pela via ascendente da transgressão, o poeta logrou transpor as barreiras das "Fórmulas preestabelecidas" da linguagem, encontrando no poema em prosa o caminho largo da expansão de seus intentos estéticos e existenciais.

SÁTIRA

Uma das formas mais antigas de arte literária, a sátira atende à necessidade de correção moral da sociedade, pelo emprego do achincalhe ou do riso maroto, para levar o ouvinte ou o leitor a tomar partido pelo repúdio a tipos, pessoas, costumes, instituições e fatos:

> *Frente a la verdad "oficial", no siempre verídica, la sátira puede descubrir, abultándola quizá, la faz oculta de los hechos, el rostro que se esconde tras la máscara de un personaje ilustre, el enviés de lo que se presenta como realidad incontrovertible. La literatura se convierte, así, en elemento compensatorio de las miserias cotidianas.*[139] (SENABRE, [2005])

Em Lima Barreto isso se dá plenamente. O autor está voltado para a realidade social em seus textos, na tentativa de, com eles, corrigir aquela. Já em Cruz e Sousa, cuja preocupação incidia mais no mundo interior, o espírito satírico manifesta-se em poucos textos, mais precisamente nos triolés e no poema "Marche aux flambeaux", que fazem parte do *Livro derradeiro*. Este último irrompe com um sentido universalista. Com relação aos triolés, quando satíricos, apresentam reduzida contundência:

> Preso ao trapézio da rima
> Triolé – pega estes zotes
> E dá-lhes de baixo acima

---

[139]Diante da verdade "oficial", nem sempre verídica, a sátira pode descobrir, exagerando, talvez, a face oculta dos fatos, o rosto que se esconde atrás da máscara de um personagem ilustre, ao contrário do que se apresenta como realidade incontroversa. A literatura se converte, assim, em elemento compensatório das misérias cotidianas (tradução).

>Preso ao trapézio da rima
>Na mais artística esgrima
>D'estouros e piparotes,
>Preso, ao trapézio da rima
>Triolé – pega estes zotes.
>[Zat.] pseudônimo (SousaA, LD, 2000, p. 344).

Além dos triolés autorreferenciais, os demais de conteúdo satírico têm a mensagem circunstanciada ao momento utilitário, não apresentam grande alcance, cedendo ao ponto fraco do gênero: a efemeridade.

"Marche aux Flambeaux", depois de uma abertura de conotação épica, aponta suas setas para os "famulentos vícios" (Sousa, LD, 2000, p. 419) e também demonstra seus propósitos:

>Com toda intrepidez hercúlea de acrobata
>Vou sobre eles soltar, gloriosa, intemerata,
>A sátira que tem esporas de galhardo
>Cavaleiro ideal que joga a lança e o dardo. (Sousa, LD, 2000, p. 419)

Os versos bárbaros, distribuídos em estrofes sem simetria, voltam sua crítica aos burgueses, aos "ridículos da moda" e aos nobres "de papelão", os "velhacos de batina", sem poupar as "parvas multidões", que serão todos, em sua marcha, aproximados aos irracionais. Sem apontar nomes ou definir personagens, o poeta ainda lança seu anátema:

>Eu quero-vos assim, de fachos apagados,
>Apagados, ao alto, os joviais *flambeaux*,
>Que os tereis de acender nos campos ignorados
>Que de sóis de Vingança a Eternidade arou. (Sousa, LD, 2000, p. 423, grifo do autor)

A linguagem utilizada falha, enquanto sátira, pela ausência de popularidade, bem como pela própria métrica. Contudo, o poema traz uma postura moral que afronta a confraria genérica de "bandidos, vilões, burgueses rombos", a qual ameaça com "febre indômita", "cautério de fogo", e com o julgamento do futuro:

>Essa Marcha afinal penetrará aos urros,
>Titânica, sinistra e bêbada, irrisória,
>Num caos de pontapés, coices, vaias e murros,
>Na eterna bacanal ridícula da História. (Sousa, LD, 2000, p. 423)

Assim, para Cruz e Sousa, o exercício da sátira vazada em verso foi mais uma manifestação esporádica para extravasar sua profunda indignação diante das injustiças da sociedade em que vivia, uma tentativa que, se não logrou alcançar a atenção dos contemporâneos, tendo em vista que o texto ficou inédito até 1961, serve como exemplo de esforço na tentativa de expressar crítica social em sentido amplo. Aos seus contemporâneos, certamente, teria servido como funcional carapuça, como muitas ironias e sarcasmos veiculados em textos de outro jaez devem ter tido o mesmo efeito, pois

> Un país sin sátira es un país amorfo, aletargado, sin nervio. Necesitamos la sátira como necesitamos el aire fresco y limpio, la lluvia purificadora y la justicia sin trabas, elementos indispensables para vivir con dignidad. (SENABRE, [2005])[140]

Diferentemente, Lima organizou *Os bruzundangas* e parte de *Coisas do Reino do Jambon*, obras especificamente satíricas, sem contar que seu estro povoou os romances *Numa e a Ninfa*, *Triste fim de Policarpo Quaresma*, *Recordações do escrivão Isaías Caminha* e diversos contos. A linguagem próxima do cotidiano, exercitada na imprensa através de crônicas e artigos diversos, na sátira barretiana encontrou o apropriado caminho de um projeto de literatura militante, que trazia em seus pressupostos a crítica social direta:

> Eu não me canso nunca de protestar.
> Minha vida há de ser um protesto eterno contra todas as injustiças.
> (BARRETO, VU, 1956, p. 140)

A sociedade brasileira, em face da cultura europeia, foi um dos temas preferidos para o ataque, com o qual o autor tentará firmar a necessidade de o País encontrar a própria identidade. A imitação e a sujeição aos padrões europeus e norte-americanos, bem como aos seus propósitos de dominação econômica, serão combatidos veementemente. Daí a vertente bastante estudada em sua obra: o bovarismo.[141] A comparação comumente estabelecida entre a realidade e a fantasia, para se caracterizar o descompasso, pressupõe que se conceitue a distinção de ambas. Tal diferença repousa, basicamente,

---

[140]"Um país sem sátira é um país amorfo, sem ânimo, sem nervo. Necessitamos da sátira como necesitamos de ar fresco e limpo, da chuva purificadora e da justiça sem obstáculos, elementos indispensáveis para viver com dignidade" (tradução).

[141]Partindo de *Um mestre na periferia do Capitalismo*, de Roberto Schwarz, Andrea Saad Hossne sintetiza, para a sociedade brasileira, da segunda metade do século XIX, que o bovarismo se constitui "[...] em fabricar a auto-imagem liberal, em franco descompasso com a realidade interna escravocrata, ainda que afinada com o mercado externo e com o liberalismo burguês europeu" (HOSSNE, 1999, p. 174).

nas seguintes noções: exterior/interior, concreto/abstrato, visível/invisível. Às primeiras corresponderia o real, ficando o irreal para as demais. O bovarismo na sociedade brasileira constituiria, pois, em substituir uns pelos outros. Em particular, no autor Lima Barreto, ocorreria o descompasso entre suas pretensões e suas possibilidades de fato. Nestas situar-se-iam o concreto, do qual o racismo corresponderia um fundamento. Contudo, o racismo é a mais antiga e contundente forma do bovarismo brasileiro. O autor combateu-o, porque o racismo não só partia da falácia cientificada acerca da superioridade congênita dos brancos, mas projetava-se com a pretensão de estender tal brancura a todo o País, como forma de salvá-lo da decadência. Portanto, a realidade só existia enquanto tal por causa de uma fantasia. Àquele núcleo – mesmo que por vezes inicie pelas suas ramificações – é que Lima fará pontaria com sua crítica satírica. Mas, para tal, enfrentará na própria formação intelectual o estoque do risível, estabelecido por séculos e séculos que erigiram "[...] os pórticos milenários da vasta edificação do mundo" (Sousa, EV, 2000, p. 673), como assinala Cruz e Sousa no "Emparedado", para abordar os entraves em seu caminho. Naquele estoque, a figura negro-brasileira terá lugar de relevo como motivo para produzir o riso. Contudo, pelo caráter movente e flutuante da linguagem, em especial, a literária, é que a mudança de perspectiva possibilitou que o núcleo do bovarismo brasileiro passasse a figurar como risível, ainda que o autor tenha cedido em vários momentos ao "pré-conceito", fazendo com que o negro e o mulato figurassem também caricatos. O cômico não se constitui manifestação isolada de referenciais, mas do estabelecimento de suas relações. Assim na vida social quanto na literatura e nas artes em geral. O cômico, ao mesmo tempo, serve para, através do riso, punir e encetar uma proposta de correção de desvios morais, como para demarcar hierarquias ou tão somente provocar uma descontração gratuita. No contexto racial brasileiro, o pano de fundo do bovarismo é a manifestação rancorosa do branco em relação ao negro como se este fosse o culpado do afastamento daquele em relação a seus ancestrais europeus, portanto, da superioridade deles. Quase que um arrependimento tardio de se ter imiscuído sexualmente com a população da senzala e não poder voltar atrás e, ao pensar no futuro, tentar resolver a questão com passes de magia antropológica e uma reatualização cultural constante para amenizar o "contágio" realizado e vir, assim, a repará-lo. Nessa perspectiva, a cor da pele não "branca" torna-se um signo avesso à civilização e, por isso, a ela é atribuída a vocação para ser punida com o riso. Em outras palavras, o chicote da escravidão se metaforiza em achincalhe. Afinal

> Não temos meio de definir, de policiar as fronteiras que separam o nome de uma entidade do nome de outra; os tropos não são apenas

viajantes – tendem também a ser contrabandistas e, provavelmente, contrabandistas de bens roubados. O que torna as coisas ainda piores é que não há como descobrir se fazem isso com intenção criminosa ou não. (MAN, 1992, p. 24)

Daí que, pela perspectiva bovarista, o indivíduo não ser branco equivalia ao branco brasileiro da época não ser europeu. Pele e cultura em conluio risível, de memória trágica. Daí que o poema "Marche aux flambeaux", fazendo-se genérico, dirigido à civilização ocidental, acerta também o núcleo do racismo brasileiro, do qual Lima Barreto se desviou em vários textos, mas foi mais direto quando o assumiu como tema. Contudo:

> Sabe-se que o humor é relativo, o que tem graça para *A* não tem para *B*, o "grau de hilaridade" é imensurável etc. [...] A intenção, como o riso, não está na obra. A intenção está no autor e precede a obra; o riso está no leitor e sucede a obra. Mas o riso gera-se a partir da obra e a intenção pode explicitar-se a partir da obra. (CAMBOIM, 1999, p. 20-21, grifo do autor)

Os primitivos contatos entre negros e brancos certamente foram providos do estranhamento natural em face do diferente. Nas relações sociais que se seguiram, com a demarcação dos lugares sociais desses sujeitos, as alterações que ocorreram fazem saltar aquela reação inicial, visto que sobre ela foram erguidas as demais decorrentes do regime escravista. Bergson demonstra, neste sentido, como o riso traz consigo algo de irracional, baseando-se em produtos da imaginação pré-lógica:

> Por que rimos de uma cabeleira que passou do castanho ao loiro? De onde provém a comicidade de um nariz rubicundo? E por que se ri de um negro? Pergunta difícil, parece, pois psicólogos como Hecker, Kraepelin e Lipps a formularam e a responderam de maneiras diferentes. Não sei, porém, se ela não foi respondida certo dia diante de mim, na rua, por um simples cocheiro, que tachava de "mal lavado" o cliente negro sentado em sua carruagem. Mal lavado! Um rosto negro seria portanto, para nossa imaginação, um rosto lambuzado de tinta ou de fuligem. E, consequentemente, um nariz vermelho só pode ser um nariz sobre o qual foi passada uma camada de vermelhão. Portanto, o disfarce passou algo de sua virtude cômica para outros casos em que não há disfarce, mas poderia haver. [...] "Um nariz vermelho é um nariz pintado", "um negro é um branco disfarçado", absurdos também para a razão que raciocina, mas verdades certíssimas para a simples imaginação. (BERGSON, 2004, p. 30-31)

O contrário deve ter ocorrido. Para os negros que viram pela primeira vez um branco, devem tê-lo imaginado um negro descascado ou um albino. Contudo, em pleno século XIX e início do século XX, a história já deixara para o inconsciente coletivo tais bases iniciais da estranheza. São as posições na sociedade, configuradas pelos séculos anteriores, é que influenciarão para definir por que, em termos raciais, o negro será cômico; por que sobre o branco não incidirão os anátemas jocosos em termos de características físicas, como, por exemplo, "cabelo ruim", "nariz chato", "beiço" e "bodum"; por que anedotas sobre os brancos não farão parte do repertório da cultura popular.

Desprovidos de leitores negros ou mulatos para rirem das personagens brancas, delas Cruz e Lima tentaram fazer rir o leitor branco. Cruz, timidamente, Lima com maior desenvoltura, utilizando as vias de acesso comuns à organização da sociedade: as instituições, os costumes e as situações. Empregou os recursos estilísticos próprios à escritura cômica: ironia, quiproquó, chiste, acentuação na linguagem falada, rima, onomatopeia, palavras de duplo sentido, etc. Mas, como dissemos, negros e mulatos não passaram ilesos, e os brancos não foram denominados como tais.

Já na titulação dos livros de Lima, fica aberta a possibilidade de uma comicidade prévia, embora muitas vezes sutil, como podemos inferir: *Recordações do escrivão* (o pretenso escritor é chamado de escrivão, aquele que escreve sem criatividade, o burocrático) *Isaías Caminha* (de cama no sentido de alguém que procurou acomodar-se na vida, entregou-se ao contexto que ele próprio criticava); *Vida e morte* (referência irônica à distância da personagem à legenda de Cristo) *de M. J.* (mijota – mijo curto, provável alusão à apatia filosófica da personagem que nega a interferência na vida prática como possibilidade de melhora da sociedade) *Gonzaga de Sá*; *Triste fim de Policarpo* ("poli", de várias formas, e "carpo", de carpir: chorar ou capinar – alusão à tentativa frustrada da personagem de plantar e instaurar costumes indígenas como chorar ao invés de rir) *Quaresma* (referência a certa rigidez beata da personagem); *Clara* (não é clara, mas mulata) *dos Anjos* (não se manteve virgem – anjo); *Numa* (nuvem, sem qualquer consistência) *e a Ninfa* (a ideia de divindade jovem que, se por um lado realça-lhe a capacidade de elaborar discursos para o marido, disfarçando-lhe a incultura, por outro lado contrasta com a figura da mulher que "já tinha passado dos vinte anos" e torna-se adúltera); *Coisas do Reino do Jambon* (presunto em francês e espanhol – referência ao formato comestível – pernil – do mapa do Brasil: alusão à exploração do país, interna e externamente); *Os bruzundangas* (falta de ordem, bagunça, palavrório, coisas inúteis: referência à má organização dos brasileiros baseada em discursos vazios), *Feiras e mafuás* (a ideia de feira pressupõe ordem para comerciar e mafuás a desordem, bagunça e diversão), *Bagatelas* (bugiganga, soma irrisória de dinheiro – que o autor deve ter recebido dos jornais para os quais escreveu as tais crônicas).

Ainda que do contexto interno à obra dependa o ponto de partida da produção de situação engraçada, no caso da literatura, a "opacificação cômica" – "o caráter de técnica fundamental do gênero cômico na linguagem" (CAMBOIM, 1999, p. 100) – é relativa, pois

> [...] o referente e outros fatores não deixam de concorrer simultaneamente no efeito cômico: a opacificação, por mais "opaca" que resulte não encobre absolutamente a referencialidade, o sentido do texto, mas como uma espécie de "olho-mágico", de "desenho em terceira dimensão", faz a visão cambiar entre a superfície e o fundo. (CAMBOIM, 1999, p. 102)

A referencialidade para a sátira é o fundamento. Se lograr ir além é porque atingiu o cerne das características do gênero humano. Mas seu propósito é imediato. A sátira tem pressa. A sátira é seta no arco que precisa ser desfechada antes que o alvo saia de cena.

O recurso básico de *Os bruzundangas* é a comparação, daquela terra imaginária com o Brasil, o que aponta desde o prefácio, e o intuito é moralizador. Ao destacar o estado de decadência moral da Bruzundanga, o texto finaliza:

> Contudo, e talvez por isso mesmo, os seus costumes e hábitos podem servir-nos de ensinamento, pois, conforme a *Arte de furtar* diz: "Os maiores ladrões são os que têm por ofício livrar-nos de outros ladrões".
>
> Por intermédio dos dela, dos dessa velha e ainda rica terra da Bruzundanga, livremo-nos dos nossos: é o escopo deste pequeno livro. (BARRETO, BZ, 1956, p. 30, grifo do autor)

De pronto, o autor já remete o leitor para a predisposição de leitura que o gênero condiciona. Não haverá, pois, a surpresa. O cômico está proposto como princípio. O sorriso e o riso podem contemporizar, já que a gargalhada não se fará pela surpresa. A citação do livro *Arte de furtar* indica o caminho do contraste entre o que deve ser e o que é. Portanto, o sério e o jocoso atuarão lado a lado. O referido bovarismo é colocado de pronto na mira.

Para os literatos: o capítulo dos samoiedas. Sobre as obras literárias valorizadas naquele país, "quanto mais incompreensível é ela, mais admirado é o escritor que a escreve, por todos que não lhe entenderam o escrito" (BARRETO, BZ, 1956, p. 31). O conluio hipócrita entre o escritor e seu público é caro para Lima Barreto, talvez mesmo por não se constituir aquele o seu leitor ideal, capaz de compreendê-lo em profundidade e ser solidário ao conteúdo, principalmente dramático, que as contingências tornavam importantes comunicar.[142] Aos samoiedas, dos quais são adeptos os vates bruzundanguenses, são atribuídos os pressupostos da pretensa superioridade racial e sua teoria climática, visto que aqueles que têm como referencial são "... os mais belos espécimes da raça humana, possuindo uma civilização digna da Grécia. [...] ... pois quanto mais fria é a região, mais belos são os seus tipos, mais altos, mais louros, e os samoiedas vivem em zona frigidíssima" (BARRETO, BZ, 1956, p. 31).

A imitação do estrangeiro marca a dessintonia com a realidade nacional. Reflete-se no plano literário e deste estende-se à moda, que se pretende atributo de valor artístico. A discrepância maior dá-se num crescendo. A alienação chega à falta de percepção do próprio clima:

> A Bruzundanga, como sabem, fica nas zonas tropical e subtropical, mas a estética da escola pedia que eles se vestissem com peles de urso, de renas, de martas e raposas árticas.
>
> É um vestuário barato para os samoiedas autênticos, mas caríssimo para os seus parentes literários dos trópicos.
>
> Estes, porém, crentes na eficácia da vestimenta para a criação artística, morrem de fome, mas vestem-se à moda da Sibéria. (BARRETO, BZ, 1956, p. 42)

O cômico d'*Os bruzundangas* só se dá pela prática da comparação com o referencial. A sociedade brasileira da época, em especial a concentrada no Rio de Janeiro, pelo prisma ficcional destorcido, é iluminada em seus diversos aspectos. Abrangendo a economia, onde o doutor Karpatoso apresenta as ideias mais esdrúxulas "para não esvaziar" o Tesouro; a "nobreza doutoral", para a qual as reverências são gerais e as dissonâncias avultam: "Quando lá estive, conheci um bacharel em direito que era consultor jurídico da principal estrada de ferro pertencente ao governo, inspetor dos serviços metalúrgicos do Estado e examinador das candidatas a irmãs de caridade" (BARRETO, BZ, 1956, p. 58).

A "superstição doutoral", assunto bastante atacado pelo autor em vários momentos de sua obra, na Bruzundanga vai ensejar a "nobreza doutoral" (BARRETO, BZ, 1956, p. 58). Para esta, uma hierarquia de pedras para os anéis será apresentada segundo a profissão. Dessa nobreza, passa para a "de palpite", aquela forjada com mudança de nome e hipotéticas árvores

---

[142] Na crônica "A mulher brasileira", Lima Barreto escreve: "... dor confessada é já meia dor e tortura menos. A alegria de viver vem e o sorumbatismo, o mazombo, a melancolia, o pessimismo e a fuga do real vão-se" (BARRETO, VU, 1956, p. 52).

genealógicas. A tal "mistura de ingenuidade infantil e idiotice senil" (BARRETO, BZ, 1956, p. 64) não escapa como exemplo comparativo o Príncipe Ubá II, d'África.[143]

O caráter descritivo do livro, entretanto, é estruturado no contexto da paródia, o que leva o processo comparativo a exaustão, chegando o texto a ser tragado pela referencialidade. "A Bruzundanga, como o Brasil, é um país essencialmente agrícola; e, como o Brasil, pode-se dizer que não tem agricultura" (BARRETO, BZ, 1956, p. 97). Consequentemente, cede o espaço do cômico para a seriedade. O próprio narrador dá mostras de que está envolvido em uma tarefa árdua: "A República dos Estados Unidos da Bruzundanga tem o governo que merece. Não devemos estar a perder o latim com semelhante gente; eu, porém, que me propus a estudar os seus usos e costumes, tenho que ir até ao fim" (BARRETO, BZ, 1956, p. 68). Talvez aqui possamos verificar que a sátira não tem por finalidade divertir através do riso, mas utilizar o seu potencial para atacar, ferir pelo ridículo. É por essa ótica que freiras, políticos, latifundiários, diplomatas, oficiais militares, médicos, comerciantes vão sendo atacados como representação profissional e como indivíduos, cujos nomes surgem, aqui e ali, adornados pela pilhéria neologista.[144] Exemplos de abuso, de gente que se autopromove visando à cavação, são citados em eventos promovidos por seus amigos. No caso de políticos, chegavam a redundar em situações hilárias, como esta:

> Muitas vezes até os organizadores verificavam que os manifestantes não sabiam bem o nome do grande homem a festejar. Era uma lástima! Uma vergonha!
>
> Acontecia em certas ocasiões que um grupo gritava: – Viva o doutor Clarindo! – e outro exclamava: – Viva o doutor Carlindo! – e um terceiro

---

[143] Eduardo Silva, em estudo sobre a figura polêmica, assinala: "Cândido da Fonseca Galvão tornou-se popularíssimo no Rio de Janeiro no tempo do Segundo Império, tido por muitos como 'um homem meio amalucado; entre os escravos, libertos e homens livres de cor, ao contrário, ele era reverenciado como príncipe real [...]'" (SILVA, 1997, p. 11).

[144] Tuque-Tuque, Karpatoso, Kamisão, Phrancisco Novilho Ben Kosta, Cracho Ben Mathos, Jalaké Ben Thoreca, Kasthriotoh, Adhil Ben Thaft, Krat Ben Suza, Deputado Fur-hi-Bhundo, Visconde Pancome são alguns dos nomes próprios de indivíduos, além dos institucionais como Harapuka-Palace e Secretaria de Estado de Mesuras e Salamaleques, que aparecem nos relatos sobre a República dos Estados Unidos da Bruzundanga. Aliás, em outras obras, este recurso de apelo ao ridículo ou ao pitoresco também se fará presente em nomes tais como: Cogominho, Lucrécio Barba-de-Bode (NN); Ricardo Coração dos Outros (PQ); Nove-Dedos, Floc (IC); "Seu" Lafões, Ataliba do Timbó (CA); Seu Zuzu (CV); Bogóloff (BZ, "Aventuras do Dr. Bogóloff").

expectorava: – Viva o doutor Arlindo! – quando o verdadeiro nome do doutor era – Gracindo! (BARRETO, BZ, 1956, p. 126)

Em relação às instituições, o funcionamento contrário ao que deveriam ser marca a discrepância. Atenção especial é dada para os cargos públicos. Na parte, intitulada "Outras histórias da Bruzundanga", o narrador destaca ter recibo várias cartas daquele "país", e ressalta:

> Muitas outras me chegaram às mãos; a mais curiosa, porém, é a que me narra a nomeação de um papagaio para um cargo público, feita pelo poder executivo, sem que houvesse lei regular para que a permitisse. (BARRETO, BZ, 1956, p. 194-195)

A prova de capacidade e a interpretação absurda da legislação redundam em parecer de "um ministro de lá muito jeitoso" que garante ao animal o cargo de "arauto d'armas da Secretaria de Estado de Mesuras e Salamaleques da República dos Estados Unidos da Bruzundanga" (BARRETO, BZ, 1956, p. 195). Paralelo a situações como essa, o preconceito de cor naquela república também é contemplado. A referência do texto à Marinha, após elogios aos oficiais do Exército, "que têm sempre um sincero respeito pelas manifestações da inteligência" (BARRETO, BZ, 1956, p. 95), é enfática:

> O mesmo não se pode dizer da Marinha. Ela é estritamente militar e os seus oficiais julgam-se descendentes dos primeiros homens que saíram de Pamir. Não há neles preocupação de constante mudança de fardamento; mas há a de raça, para que a Bruzundanga não seja envergonhada no estrangeiro possuindo entre os seus oficiais de mar alguns de origem javanesa. Os mestiços de javaneses, entretanto, têm dado grandes inteligências ao país, e muitas. (BARRETO, BZ, 1956, p. 95-96)

Também na diplomacia, a mesma postura é atribuída ao Ministério dos Estrangeiros, dirigido pelo visconde de Pancome, cujas atitudes refletem um pensamento racista declarado:

> Uma de suas quizílias era com os feios e, sobretudo, com os bruzundanguenses de origem javanesa – cousa que equivale aqui aos nossos mulatos.
>
> Constituíam o seu pesadelo, o seu desgosto e não julgava os indivíduos dessas duas espécies apresentáveis aos estrangeiros, constituindo eles a vergonha da Bruzundanga, no seu secreto entender. [...] o visconde era ministro para evitar aos estranhos, aos *touristes*, contratempos e maus encontros com javaneses. Ele chegou até a preparar uma guerra criminosa para ver se dava cabo destes últimos [...] (BARRETO, BZ, 1956, p. 144, grifo do autor)

O critério racista[145] de beleza está também pontilhado em outros livros de Lima Barreto, revelando que a "obsessão da cor", como diria o escritor em outras palavras, no prefácio de *Recordações do escrivão Isaías Caminha*, estava na sociedade.

Os bruzundangas traz em si, pelo gênero assumido, a possibilidade de fartamente o autor sistematizar suas críticas, sem a preocupação formal de outros gêneros. O conjunto social ficou em bloco sob sua mira e foi esmiuçado pela crítica mordaz. E os representantes da organização política, responsáveis pelos destinos da população, sintetizam o processo de ridicularização que o autor moveu:

> A política não é aí uma grande cogitação de guiar os nossos destinos; porém, uma vulgar especulação de cargos e propinas. [...]
>
> ... a exigência principal para ser ministro era a de que o candidato não entendesse nada das cousas da pasta que ia gerir. [...] Os deputados não deviam ter opinião alguma, senão aquelas dos governadores das províncias... [...]
>
> A Constituição da Bruzundanga era sábia no que tocava às condições para elegibilidade do mandachuva, isto é, o presidente.
>
> Estabelecia que devia unicamente saber ler e escrever; que nunca tivesse mostrado ou procurado mostrar que tinha alguma inteligência; que não tivesse vontade própria; que fosse, enfim, de uma mediocridade total.
>
> Nessa parte a constituição foi sempre obedecida. (BARRETO, BZ, 1956, p. 108, 85, 87)

Se o livro *Os bruzundangas* promove a crítica em bloco, *Coisas do Reino do Jambon* atua no sentido de completá-lo. A própria publicação deste foi, a princípio, juntamente com aquele, na editora Mérito. Entretanto, este último livro não ficcionaliza, não busca a paródia, a invenção. Nele a busca de referencialidade constitui a própria estrutura. É obra de polemista da

---

[145]No conto "Um especialista", o comendador, um branco, assim descreve a mulata que conquistara: "[...] cabelos negros corridos, bem corridos; olhos pardos. É bem fornida de carnes, roliça; nariz não muito afilado, mas bom! E que boca, Chico! Uma boca breve, pequena, com uns lábios roxos, bem quentes [...]" (BARRETO, CA, 1956, p. 202). No conto "O homem que sabia javanês", quando a personagem-narradora, que se dizia descendente de Java, apresenta-se com recomendação à Secretaria dos Estrangeiros e relata: "Bem, disse-me o ministro, o senhor não deve ir para a diplomacia; o seu físico não se presta [...]" (BARRETO, CA, 1956, p. 244). O narrador de *Clara dos Anjos*, ao descrever o pai da personagem, diz: "O carteiro era pardo claro, mas com cabelo ruim, como se diz; a mulher, porém, apesar de mais escura, tinha o cabelo liso" (BARRETO, CA, 1956, p. 71). Nem o próprio Lima escapou da absurda assertiva "ruim" para seu cabelo, que lhe atribuiu o seu mais importante biógrafo: "Lima Barreto era, de fato, pronunciadamente mulato, sem disfarce, cabelo ruim, pele azeitonada" (BARBOSA, 1975, p. 89).

imprensa, não de literato. A crítica é direta, os nomes são reais, sem nenhuma preocupação de disfarce. A distorção verbal desnuda a sátira. Assim, o cômico, gerado pela comparação exercida no livro *Os bruzundangas*, cede completamente seu lugar para o sério. A sátira, portanto, perde a sua comicidade em sua deliberação de choque frontal com a realidade, mas não de todo. Ainda assim, continua seu propósito de ridicularizar:

> A troça é a maior arma de que nós podemos dispor e sempre que a pudermos empregar, é bom e útil.
> Nada de violências, nem barbaridades. Troça e simplesmente troça, para que tudo caia pelo ridículo.
> O ridículo mata e mata sem sangue.
> É o que aconselho a todos os revolucionários de todo o jaez.
> (BARRETO, RJ, 1956, p. 119-120)

O livro, um conjunto de artigos publicados na pequena imprensa carioca, marca a posição de uma preferência. Os temas reunidos são, na linha de *Os bruzundangas*, amplos, enfocando a sociedade brasileira em suas relações internas e com o mundo. É o livro no qual a misoginia do autor está mais exposta e controversa em sua oposição à mulher no serviço público, manifestando um recorte de classe e raça em suas reflexões quando, dirigindo-se à Dona (Adal) Berta Lu(t)z, presidenta da "Liga pela Manumissão da Mulher Branca",[146] por exemplo, narra uma visita feita a uma fábrica de tecidos por volta das vinte e duas horas:

> Havia muitas mulheres junto aos teares e outros maquinismos cujos nomes não sei. Uma delas, porém, chamou-me a atenção: era uma negra velha que, sentada no chão, tinha diante de si um monte de lã, limpa, alva, recentemente lavada quimicamente, e o seu cabelo, o da negra, era já tão branco e encaracolado que desafiava a alvura da lã que estava diante dela.
>
> Pergunto: esta mulher precisou do feminismo burocrata para trabalhar, e não trabalhava ainda, apesar de sua adiantada velhice? (BARRETO, RJ, 1956, p. 63)

---

[146] O título da associação consta do artigo "O feminismo invasor" (BARRETO, RJ, 1956, p. 70). Quanto ao nome da presidente, no artigo "A poliantéia das burocratas", é Dona Berta Lutz (BARRETO, RJ, 1956, p. 62). No artigo "O feminismo invasor", é grafado como Dona Adalberta Luz (BARRETO, RJ, 1956, p. 70). Essa senhora será ridicularizada neste último artigo quando, para mostrar a insignificância da instituição que ela presidia, assim descreve o fim de sua eleição para a referida entidade: "A presidente, Dona Adalberta Luz, terminando, ergueu um viva à libertação da mulher, que foi seguido do de Dona Adalberta Luz, primeiro secretário; do de Dona Adalberta Luz, segundo secretário; e do de todo o auditório, composto unanimemente de Dona Adalberta Luz" (BARRETO, RJ, 1956, p. 73). A manifestação do cômico, pela repetição, demonstra que o livro não está de todo desprovido dele.

E nesse aspecto polêmico da obra de Lima que, dizendo-se contra o feminismo, acaba por afirmá-lo, tanto sendo contra o uxoricídio quanto manifestando abertamente sua contrariedade, como ao escrever sobre assassinatos cometidos por mulheres:

> Mostram-se os jornalistas alarmados pela recrudescência de crimes praticados por mulheres sobre homens indefesos. [...]
>
> Não é possível que ela só tenha as vantagens dos homens, equiparando-se a eles; devem ter também os ônus da vida masculina e um deles é a cadeia, por homicídio.
>
> Eu, que sou anti-feminista, à vista do que está acontecendo, me julgo completamente satisfeito. A mulher tem as mesmas capacidades que o homem e pode exercer todas as funções que ele exerce, inclusive a de assassínio. (BARRETO, RJ, 1956, p. 73, 74)

Em *Coisas do Reino do Jambon*, o "eu" não é de um narrador. O autor chama para si a polêmica e expressa sua opinião sobre diversos assuntos, e como o fez em toda a sua obra, a questão racial não passou incólume em trechos de vários artigos, como em "O patriotismo", no qual ataca a concepção embutida no título, nele destacando o racismo:

> Quanto à raça, os repetidores das estúpidas teorias alemãs são completamente destituídos das mais elementares noções da ciência, senão saberiam perfeitamente que a raça é uma abstração, uma criação lógica, cujo fim é fazer o inventário da natureza viva, dos homens, dos animais, das plantas e que, saindo do campo da história natural, não tem mais razão de ser. (BARRETO, BZ, 1956, p. 75)

Ainda que tais repetidores tenham prosseguido em sua sanha, para o autor, satirizar, mesmo sem a deliberada busca do riso, era a forma despojada que permitia participar ativamente da vida cotidiana e acalentar o sonho de que as palavras são capazes de mudar comportamento ou contribuir para tanto.

Seu estro satírico, ainda em livros sem tal denominação, perpassou na caricatura animalesca, utilizando parâmetros como macaco e porco, nas ilusões populares sobre o destino, religiosidade, etc., demonstrando uma boa disposição para a vida,[147] muito própria para quem, além de criticar, se

---

[147] Apesar do pessimismo de muitos momentos de sua obra, Lima Barreto também deixava fluir nas palavras, como no artigo "Nosso secretário", sua alegria de viver: "[...] quando se festeja mais um ano de vida, não é o caminho para a Morte que se tem em vista. É a vida que já se viveu, pois morrer deve ser bom, mas viver é melhor e, ao se notar que já completamos mais um ano de existência, temos certeza de que gozamos alguma coisa" (BARRETO, VU, 1956, p. 75-76).

preocupa com o humor, no sentido descrito por Jean-Marc Defays, defendido por Sören Kierkegaard e Vladimir Jankélévitch que:

> ...vont valoriser certaines formes de comique comme l'humour et l'ironie pour la possibilité qu'ils offrent à l'homme de **dépasser sa condition**, d'aiguiser sa lucidité, de célébrer sa conscience souveraine (et, pour Freud, son ego narcissique), de retrouver, après la mise distance, une certaine harmonie avec soi-même et une certaine solidarité avec le genre humain. (DEFAYS, 1966, p. 17, grifo do autor) [148]

A consciência crítica de Lima permitiu que aflorasse não apenas seu intento de se defender e ferir pelo ridículo, mas também o grande desejo de distensão de seu humanismo renitente, o que é reflexo dos espíritos hipersensíveis, como Cruz e Sousa, vibrando de indignação ao acionarem o ataque.

---

[148] "... vão valorizar certas formas cômicas, tais como o humor e a ironia, pela possibilidade que oferecem ao homem *superar sua condição*, estimular sua lucidez, celebrar sua consciência soberana (e, para Freud, seu ego narcísico), reencontrar, depois de se ter colocado à distância, uma certa harmonia consigo mesmo e uma certa solidariedade com o gênero humano" (tradução).

PARTE IV
O BECO E A SAÍDA

Notes

As obras de Cruz e Sousa e as de Lima Barreto foram novidades no seu tempo. Tal afirmação relativa a um momento conturbado como o final do século XIX e início do XX necessita de algumas considerações, uma vez que a produção literária de ambos foi silenciada quando surgiram, para serem reabilitadas depois.

A razão do silêncio inicial que se fez apresenta duas facetas: uma racial e outra estética. Quanto à primeira, todo o capítulo inicial nos serviu de guia para avaliar em que terreno pantanoso a etnicidade assumida naquelas obras teve de percorrer. Tornaram-se novidade, portanto, porque o processo de conscientização transmitido por elas cumpriu as seguintes etapas: consciência de si, em face do impacto racial; consciência acerca do branco enquanto discriminador; consciência da amplitude existencial e histórica do racismo; consciência de linguagem, do como a literatura serviria como práxis de uma evolução que encetasse uma revolta íntima cujo significado fosse o de que o indivíduo não se dissolveria nos estereótipos imputados ao seu grupo e, assim, firmando-se, fincaria na cultura a representatividade coletiva.

Quanto à faceta estética, o que se coloca é o conjunto de possibilidades em jogo e a necessidade de se dar um passo adiante do parnasianismo comportado, moralizante, raso do ponto de vista existencial, de concepção estreita e ufanista da linguagem literária como representação fiel da realidade e responsável pela contribuição para a nacionalidade idealizada.

Rejeitados *in limine*, aos dois autores só restava esporear a ambiguidade se quisessem prosseguir. A situação que se colocava para os escritores em geral na encruzilhada de dois séculos seria absorvida por eles de forma diferente:

> Do ponto de vista literário, o impacto dos letrados pode ser resumido num dilema: afinal, a literatura é imagem da sociedade e do povo ou é atividade criadora? Essa tensão aparece até mesmo nos textos decadentistas. Pela primeira opção, qual "sociedade" e qual "povo" a literatura deveria então representar? O Brasil real? Ou aquele Brasil que pertencia a um desejo de país próspero e moderno ou, pelo menos, de país com "condições naturais" de força e progresso? (CARA, 1988, p. 66)

O dilema, apresentado por Salete de Almeida Cara, em que medida afetava autores rejeitados socialmente pelo racismo e que descendentes de escravizados estavam, no imaginário das elites, situados fora das expectativas de êxito e dentro de uma expectativa de êxodo? À margem é possível olhar o rio com outros olhos, inclusive saber melhor o seu curso e até mesmo vislumbrar seus obstáculos. Contudo, só dentro dele é possível navegar.

A literatura, como questiona as obras de Cruz e Lima, é antes a extensão do corpo. É por ele, pela sua representação social, que a arte da palavra alcança outro olhar, um novo prisma lírico.

Estava presente na literatura o clima arrivista da época, já bastante atestado pelos estudiosos, resultado da herança da exploração brutal escravista e, consequentemente, da ideia de ganhar dinheiro fácil, bem como da expectativa generalizada dos avanços tecnológicos da indústria e também da maior presença do mundo nos meios de informação nacionais com suas novidades de consumo. A modernidade também expunha nas ruas e nos textos a cotovelada tática para se vencer na corrida. Antes de propor para onde segue o rio, a pergunta que as duas obras se colocam é: "para onde vou?" Há muitos caminhantes nas obras de Cruz e Sousa e de Lima Barreto. Entre a repartição pública e o hospício, a casa e o cemitério, o silêncio e o grito, a terra e o céu, o dia e a noite, a senzala e o quilombo, na busca de um lugar que só na fabulação era possível conceber, mesmo que, em muitos momentos, o que é sugerido seja o lugar nenhum. O mar, que surge em vários textos, não suscita para onde se vai, mas ganha a dimensão do lugar de onde se veio tal o seu encantamento que, por vezes, se transfigura em ondas de memória do indivíduo ficcionalizado, ponta de um *iceberg* cujas dimensões fazem parte da resposta para a pergunta: "qual povo a literatura deveria então representar?" As dimensões inimagináveis de uma memória, submersa desde os tempos da Colônia, aguardavam aparições literárias de envergadura.

Daí que a literatura, como atividade criadora, será pautada pela busca de caminhos, desenhada nos textos como prova da ilusão transgressora. O sujeito encena a sua integração, experimenta a desintegração e promove o próprio reencontro. Para tanto, foi preciso que os textos poéticos e ficcionais fossem situados dentro e fora da literatura, assumissem o cânone e rejeitassem-no, em um movimento intenso da crispação das formas. É aí que a literatura como "força produtora de sentidos" (CARA, 1988, p. 69) vai encetar novas funções dissonantes no ambiente, enfatizando a auto-reflexão como plataforma inicial para a compreensão do lugar social que se ocupa. O sujeito centraliza-se e, pela indignação e entrega, permite-se contemplar, divagar e, ao mesmo tempo, sondar seus abismos. A obra literária torna-se o lugar do possível encontro íntimo do deleite, da paixão e da angústia de viver. Neste ponto, é o cruzamento entre a identidade e a resistência que tece os fios da rebeldia estética. A própria necessidade do real, nas duas obras, será perpassada pelo gratuito, pelo compromisso com o deleite e também pela intimidade do sujeito que enfrenta o pudor de se desnudar.

IDENTIDADE DESPOJADA

Salete de Almeida Cara, analisando a busca do nacional em Elísio de Carvalho, severo crítico do Simbolismo, e o reflexo daquela iniciativa em Plínio Salgado, atenta para a confluência entre aquele intento e a modernidade, apontando o sentido de seu propósito: "Em ambos os casos, o nacionalismo autoritário pode usar tanto modernas correntes estéticas quanto vanguardas ou cosmopolitismo, como argumentos a favor dos interesses das elites, da criação de uma mítica das oligarquias" (CARA, 1988, p. 73). O "nacionalismo autoritário" a que se refere a autora teve como um de seus principais alvos aqueles que trabalhavam, descuidados das preocupações cívicas, voltando-se para a intimidade individual. Por isso cabe a pergunta: Por que o subjetivismo simbolista incomodou tanto? Entre os conceitos de nacionalismo e individualidade explorados pelo Romantismo, o Parnasianismo adotou o primeiro, mantendo sob controle racional o estro subjetivista daquela corrente. No Parnasianismo, a dimensão individual será reduzida para não dar vazão às alteridades, as quais dificultavam o projeto de nação que a intelectualidade brasileira elaborava. A síntese vai predominar, pois, sobre a análise. O detalhe deve ceder à visão global. A brasilidade cunhada sob o enfoque do meio e da raça será um rolo compressor acionado para adentrar o século XX com o propósito de consolidar o Estado e uma homogeneização populacional.

Regularidade será, pois, um valor estético a ser defendido, como a síntese. Daí a forma rígida do soneto parnasiano e seu propósito ideal "grego" de lapidação, afeito à modernização arquitetônica da capital do País.

O sujeito em alta deverá ser aquele pautado pela racionalidade e pela coerência, ou seja, apresentar-se-á monolítico e centrado. Mas o sujeito étnico negro-brasileiro, pela própria posição social imposta, é cindido, plural e contraditório. E só por essa via encontrará a própria constituição enquanto forma de representar um dado de humanidade. Nessa pluralidade, o sujeito étnico negro-brasileiro será concebido no discurso como negação, enquanto o "Outro" de si, e afirmação, enquanto "Ele Mesmo" e seus referenciais étnicos. O movimento para integrar-se ao meio social legitimador atuará na primeira concepção; o de encontrar-se em profundidade, na segunda. Essa dialética transgride o monologismo, já que exige o cotejo constante com a realidade e pressupõe a mutação no âmbito da subjetividade. Haverá, desta feita, um dialogismo estrutural nas obras de Cruz e Sousa e nas de Lima Barreto, uma vez que, entendendo o império do "ouvido de mercador", farão coro com as demais vozes que bradam pela pluralidade ideológica, pelo questionamento horizontal e vertical da realidade brasileira.

A identidade nacional enquanto representação mantinha hegemonicamente, como o ideal de brasileiro, o branco. Esse ideal de branquitude, para manter-se intacto não se pronunciava, criava o vazio para qualquer reivindicação de alteridade. Falava-se do brasileiro. Entretanto, esse brasileiro ancorava-se na projeção de um futuro geneticamente branco. Na tessitura do cotidiano, os indivíduos negros vão desenvolvendo um processo de autorreificação, ao se posicionarem como pessoas brancas, processo que clama pela caiação subjetiva, social e cultural, pois: "Na construção de um Ideal de Ego branco, a primeira regra básica que ao negro se impõe é a negação, o expurgo de qualquer 'mancha negra'" (SOUZA, 1983, p. 34). Mas essa autorrecusa não demove o branco de seu empenho de fazer do jogo do contraste, em todas as classes, um degrau exclusivo para a sua ascensão social e manutenção dos poderes, tanto mais quanto dele o negro se aproxime, visto que aquele trunfo foi construído durante séculos e faz parte do próprio mito fundador da nação brasileira:

> ... esse mito impõe um vínculo interno com o passado como origem, isto é, com um passado que não cessa nunca, que se conserva perenemente presente e, por isso mesmo, não permite o trabalho da diferença temporal e da compreensão do presente enquanto tal. Nesse sentido, falamos em mito também na acepção psicanalítica, ou seja, como impulso à repetição de algo imaginário, que cria um bloqueio à percepção da realidade e impede lidar com ela. (CHAUÍ, 2004, p. 9)

Como é apresentado por Marilena Chauí, em *Mito fundador e sociedade autoritária*, trata-se de um apelo a um conjunto de narrativas sobre o passado para se tentar destensionar as relações sociais no presente. O conteúdo de tais narrativas não está necessariamente localizado no passado, já que o mito é dinâmico, recicla-se, adquirindo novas configurações, adaptando-se ao progresso que ocorre em todas as áreas da atividade humana.

Faz parte da consciência do impacto que compõe as obras de Cruz e Lima a apreensão de tal circularidade mítica. As preocupações com o futuro, que em seus textos são enfatizadas, detectam aquela capacidade de refazimento mascarado do mito fundador que naturalizou a incapacidade africana e a de sua descendência (nos termos aparentes do discurso, capacidade exclusiva ou preferencial para o trabalho não remunerado ou mal remunerado, para os esportes e as artes) para as atividades de maior poder social.

A mudança, pela intelectualidade brasileira, do paradigma "raça" para o de "cultura" dar-se-á lentamente a partir do início do século XX. Até 1922, ano da morte de Lima Barreto, ainda a mestiçagem não firmara o mito das três raças, que daria uma nacionalidade a todos os brasileiros, mas salvaguardaria, em seu íntimo, a relação entre escravo e senhor. Através da sucessão do processo de mestiçagem, o antigo escravizado seria derrotado definitivamente enquanto marca visível, com o completo desaparecimento de seus vestígios étnicos. Assim, sucessivamente, a literatura brasileira vai branqueando o futuro do Brasil, mesmo de forma alegórica como o fez Monteiro Lobato em o *Presidente negro ou o choque das raças*, de 1926, projetando, nos Estados Unidos, a destruição genética do negro por meio de um implacável veneno adicionado nos produtos para alisamento de cabelo. Lobato extravasava de seu inconsciente elitista brasileiro o desejo genocida contra o negro, pelo expediente costumeiro dos intelectuais do período de comparar a situação racial estadunidense com a do Brasil, no intuito de caracterizar esta como branda e confortável para os negros.

A subjetividade negro-brasileira assumida na vertigem da palavra revelaria pela vertente especular os traços daquele inconsciente branco, alertando para a sua destrutividade. Um alerta veemente que expôs a diferença entre o grito e o lamento. Por mais que seja de dor, o grito não é simpático. Por mais que seja de ódio, o lamento inferioriza quem lamenta, mas sem provocar em seu interlocutor a reação brutal, uma vez que o ódio está edulcorado por uma postura subserviente de alguém que solicita uma espórtula. O grito reacende, no contexto das obras de Lima e Cruz, a memória dos negros incendiários, sua vingança e constituição de quilombos. O lamento é um parente da cantiga de ninar, com que a senzala embalou durante séculos a casa-grande. Cruz e Sousa e Lima

Barreto entoaram menos lamentos ou loas do que dilataram as pulsões para fazer vibrar com intensidade as cordas do grito. Cruz, acusado de cultivar a arte pela arte, só o foi porque se permitiu ir além das receitas disponíveis no nacionalismo branco, que atrelava a literatura a um projeto educativo mistificador. Se Lima fez do libelo o arcabouço de várias obras suas, foi pelo mesmo motivo.

Na análise genética das ideias a obsessão de caracterizar o intelectual brasileiro, do período entre os séculos XIX e XX, como mero imitador de teorias europeias, aportadas no Brasil, sobre raça, nacionalidade e estética, nem sempre atentou para o fato de que elas eram adotadas por servirem a fins almejados e a necessidades subjetivas.[149] Baudelaire, para Cruz e Sousa, e Tolstói, para Lima Barreto, assim como Renan, para ambos, por exemplo, não eram influências adquiridas inocentemente, assim como a escolha de Gobineau, por um grande número de intelectuais, para auxiliar na explicação da inferioridade brasileira, que justificasse medidas políticas, em vista do ideal de nação, não eram adotadas cegamente. Um pensador destoante, como Manuel Bomfim, vai assumir outros referenciais como Paul Topinar, que estabelecia "a distinção entre raça e 'tipo', e argumenta o sentido da dificuldade de se falar em raças biológicas" (ORTIZ, 2003, p. 29). A noção de "parasitismo social", de Bonfim, em *América Latina – males de origem,* se, por um lado, diferenciava do modelo racista de Silvio Romero, Euclides da Cunha, Nina Rodrigues e tantos outros, dando conta, em um patamar mais próximo da realidade brasileira, através da ideia de o colonizador engendrar no colonizado as "doenças" (ORTIZ, 2003, p. 23) sociais, por outro, minimizou o parasitismo racial interno, o grande entrave histórico para a evolução social, a outra face do então discutido atraso brasileiro, não só por gerar a desvalorização do trabalho manual, enquanto atividade digna, mas, sobretudo, pelo desperdício do potencial negro-brasileiro – que se tornaria crônico –, desconsiderado enquanto parte do povo, e por isso protelado para a representação artística pelo Romantismo, surgindo no Realismo/Naturalismo para reforçar

---

[149] As identidades plurais e a branquitude predominante são os elementos básicos da autodesvalorização dos brasileiros em geral. Os "brancos" mantêm sua dose de recusa ao nacional porque ele abriga negros e mestiços. A identidade daqueles para com os países de seus avós leva-os a falar do Brasil como se estrangeiros fossem e, mesmo como "força de expressão", mantêm o tom da superioridade da sua identidade preferencial, sobretudo no tocante à esfera intelectual. Daí que a investigação genética das ideias encontra ampla guarida na *intelligentsia* brasileira, sobretudo quando da crítica ao passado nacional. É possível encontrarmos expressões como esta: "[...] Nina Rodrigues *só faz repetir* os mestres da sua ciência, que mediam crânios e pesavam cérebros para neles encontrar as provas de uma delinquência orgânica ou atávica" (BOSI, 2002, p. 167, o grifo é nosso).

a ideologia racista e, mais tarde, aparecendo como exótico no Modernismo e, na atualidade, como ilustrador dos índices de violência do País.

As chamadas influências são, na verdade, encontros de interesses, identidades de ideias e subjetividades.

A aproximação das obras de Cruz e Lima, ainda que não tenha se dado por contato direto dos autores, mostra-se pelo mergulho de ambas no contexto adverso e nivelador, pela negatividade, para negros e mulatos. O determinismo possibilitava que prostitutas, como Lola, do conto de Lima intitulado "Um e outro", invejando uma rival que passava, fizesse a fusão, bem demarcada pelo texto:

> Num dado momento, alguém passou que lhe fez crispar a fisionomia. Era a Rita. Onde ia àquela hora? Não lhe foi dado ver bem o vestuário dela, mas viu o chapéu, cuja *pleureuse* lhe pareceu mais cara que a do seu. Como é que arranjara aquilo? Como é que havia homens que dessem tal luxo a uma mulher daquelas? Uma mulata...
>
> O seu desgosto sossegou com essa verificação e ficou possuída de um contentamento de vitória. A sociedade regular dera-lhe a arma infalível...
>
> [...]
>
> Passou de novo a Rita. Lola aproveitou o momento e disse:
>
> – Lá vai aquela "negra". (BARRETO, CA, 1956, p. 252-253, grifo do autor)

O determinismo atuou nas obras de nossos autores pelo viés da denúncia de seu caráter equívoco e sem fundamento no discurso do opressor, incrustado em qualquer vestimenta social. As aspas sutis têm o mesmo propósito de demarcação do ponto nevrálgico do discurso do outro, como ocorre no texto "Emparedado", de Cruz e Sousa, para introduzir "a voz ignota" (SOUSA, EV, 2000, p. 672) anunciadora das paredes intransponíveis.

A história do tráfico e da escravidão, ainda que constituísse um conjunto precário de informações, contava com os relatos e a presença viva dos remanescentes do cativeiro, desde a memória pessoal até a coletiva no seio do grupo que, pelas vias da pobreza e do racismo, lhes forçava o contato. A transfiguração da travessia do Atlântico apresenta a simbologia dos caminhantes referidos anteriormente. A identificação dá-se pelo desejo da procura. No pós-Abolição, os deslocamentos da massa de ex-escravizados do campo para a cidade ensejam não apenas uma identidade com o factual, mas com todo o processo das travessias das personagens, fazendo do texto também uma travessia, cujos exemplos abundam: no sentido cifrado de um Policarpo Quaresma; aberto em Isaías Caminha; nebuloso em Clara dos Anjos e sua vida reclusa; histórico pela mãe de Alice ("Um especialista" – conto), que vindo da África chegou ao Brasil com o português (comendador); dramático, em "Iniciado", de Cruz e Sousa, que teve de abandonar a família para se dedicar à arte. Também as imagens do deserto e outros amplos espaços em "O triste" e as caminhadas incessantes, sob o sol, da personagem Lúcia ("Sensibilidade") têm como substrato a experiência coletiva do deslocamento. A presença do mar, enquanto fator de contemplação e destinatário dos apelos íntimos das personagens, corrobora o sentido amplo da identidade dos sujeitos com a grande saga africana no Brasil.

Por outro lado, a identidade pela via do social configura-se na presença dos marginalizados, permeada pelos significados raciais enfeixados no contraste entre luz e sombra:

> CLARO E ESCURO
>
> Dentro – os cristais dos templos fulgurantes,
> Músicas, pompas, fartos esplendores,
> Luzes, radiando em prismas multicores,
> Jarras formosas, lustres coruscantes,
>
> Púrpuras ricas, galas flamejantes,
> Cintilações e cânticos e flores;
> Promiscuamente férvidos odores,
> Mórbidos, quentes, finos, penetrantes,
>
> Por entre o incenso, em límpida cascata,
> Dos siderais turíbulos de prata,
> Das sedas raras das mulheres nobres;
>
> Clara explosão fantástica de aurora,
> Deslumbramentos, nos altares! – Fora,
> Uma falange intérmina de pobres. (Sousa, LD, 2000, p. 286)

A identidade negro-brasileira na obra de Cruz e na de Lima alimenta-se do contraste, fazendo emergir uma consciência inconformada.

A engrenagem ideológica do racismo atuando no campo da criação literária promove, contraditoriamente, a apropriação do sujeito étnico negro-brasileiro por si mesmo. Mas essa apropriação não esconde a carência de romper com o processo de representação. Haverá, pois, um movimento interno contra a descentralização do "eu", a partir do autorreconhecimento de sua causa externa. Mas tal recentralização pressupõe uma aventura da consciência no não saber, pois

> Quer consideremos a identidade como um sentimento íntimo da unidade consigo mesmo, quer a consideremos como um conjunto predicativo estável ao sujeito, ela é sempre referida a conteúdos disponíveis para a

consciência, implicando, portanto, uma relação de desconhecimento e alienação face ao inconsciente, determinante último da vida psíquica de cada um. (SOUSA, 1994, *Anexo*, p. i)

O significante "negro", pela sua historicidade, torna mais visível a impossibilidade que Octavio Souza aponta em Lacan para que qualquer significante seja unificador.

A identidade que perpassa nas obras de Lima e de Cruz dá-se no sentido de situar o negro brasileiro como identidade imaginária, "que se traduz pela permanência de um objeto no campo perceptivo" (SOUSA, 1994, Anexo, p. v), e um desejo de transposição em busca de uma impermutabilidade que se revela abissal e que carrega consigo a recusa radical de não ser branco, não como predicado. Quando Lima escreveu que era triste não ser branco, e Cruz se disse ariano pela cultura adquirida, os elementos da individuação constituem o próprio reconhecimento íntimo da negação como um estar em si. Os termos "negro" e "mulato" deixam de ser necessários para que no texto tal *neg(r)ação* afirmativa surja como permanente, mesmo que haja seu constante deslocamento na multiplicidade textual. É que a desilusão impregnou o tecido artístico de uma consciência racial possível, nos limites do amor e da morte.

Ter consciência do enfrentamento a se empreender durante a vida levou nossos escritores ao encontro desafiador de experimentar algo novo na forma de dizer tal enfrentamento.

Entre o interdito da fala, o medo faz desviar também o pensamento. A presença de intimidações, acompanhada de uma necessidade expressa de revide, demonstra um movimento de resistência na performance de personagens e propostas de compreensão da realidade.

Quando não logrou situar-se na pele do texto, o sujeito étnico tornou-se subcutâneo:

> Custa-se a entender que o escritor não é um homem destinado a evadir-se do mundo, e sim a mergulhar profundamente no mundo. Tem-se dificuldade em perceber que ele não é um ser feito de sonhos, incapaz de encarar decididamente a vida, mas exatamente o contrário: laboriosamente, através do exercício com as palavras, ele aprende a ver. (LINS, 1977, p. 44)

A demora na compreensão mais aprofundada das obras de Cruz e de Lima – pela crítica e pelo público brasileiro – foi proporcional ao processo de redescoberta da branquitude nacional enquanto ilusão histórica. O sujeito étnico negro-brasileiro, traduzindo-se em não branco, pôde desnudar o sentido racial da dominação em vários quadrantes. O teor de tal desvendamento ilustra-se com a perplexidade da personagem Isaías Caminha em face da imprensa como falseadora da realidade:

> Naquela hora, presenciando tudo aquilo eu senti que tinha travado conhecimento com um engenhoso aparelho de aparições e eclipses, espécie complicada de tablado de mágica e espelho de prestidigitador, provocando ilusões, fantasmagorias, ressurgimentos, glorificações e apoteoses com pedacinhos de chumbo, uma máquina Marinoni e a estupidez das multidões. (BARRETO, IC, 1956, p. 174)

Em visadas desse naipe é que se pode perceber uma presença outra no quadro das representações da sociedade brasileira do período. Nelas importa descobrir a engrenagem que tritura silenciosamente a possibilidade de uma consciência das massas. Em um tempo no qual nem sequer era vislumbrada a hipótese de cidadania para os afrodescendentes, Cruz e Lima muniram-se do instrumental crítico para brandir antecipadamente um não ao exotismo, o chicote que, no convés dos futuros tumbeiros, faria de novo a afrodescendência dançar.

Ao assumirem o diferente, o poeta e o romancista legitimam a alteridade e o estranhamento como a via de acesso ao novo que representam, ficcionalizando a estratégia para uma sobrevivência que se quer no futuro. Em "Dentes negros e cabelos azuis" (HSo – *Outras histórias*), Lima Barreto chega próximo à ideia das pressões propostas por Cruz e Sousa no "Emparedado" (EV), quando o narrador-personagem reflete:

> No entanto tenho que ir na vida pela senda estreita da prudência e da humildade, não me afastarei dela uma linha, porque à direita há os espeques dos imbecis, e à esquerda, a mó da sabedoria mandarinata ameaça triturar-me. Tenho que avançar como um acrobata no arame. Inclino-me daqui; inclino-me dali; e em torno recebo a carícia do ilimitado, do vago, do imenso... Se a corda estremece acovardo-me logo, o ponto de mira me surge recordado pelo berreiro que vem de baixo, em redor aos gritos: homem de cabelos azuis, monstro, neurastênico. E entre todos os gritos soa mais alto o de um senhor de cartola, parece oco, assemelhando-se a um grande corvo, não voa, anda chumbado à terra, segue um trilho certo cravado ao solo com firmeza – esse berra alto, muito alto: "Posso lhe afirmar que é um degenerado, um inferior, as modificações que ele apresenta correspondem a diferenças bastardas, desprezíveis de estrutura física; vinte mil sábios alemães, ingleses, belgas, afirmam e sustentam" [...] Assim vivo. (BARRETO, 1956, HSo, p. 231)

> Se caminhares para a direita baterás e esbarrarás ansioso, aflito, numa parede horrendamente incomensurável de Egoísmos e Preconceitos! Se caminhares para a esquerda, outra parede, de Ciências e Críticas,

mais alta do que a primeira, te mergulhará profundamente no espanto! Se caminhares para a frente, ainda nova parede, feita de Despeitos e Impotências, tremenda, de granito, broncamente se elevará ao alto! Se caminhares, enfim, para trás, ah! ainda, uma derradeira parede, fechando tudo, fechando tudo – horrível! – parede de Imbecilidade e Ignorância, te deixará num frio espasmo de terror absoluto...". (Sousa, EV, 2000, p. 273)

O acrobata, de Lima, além do exercício de viver sobre um fio, tem à direita e à esquerda obstáculos. Sua figura, entretanto, remete-nos ao texto "Psicologia do feio" (MI, p. 473), de Cruz, em que o processo de rejeição social é enfrentado pelo sujeito do discurso, que expressa o reconhecimento do rejeitado e sua opção por ele:

> Tu vens exata e diretamente do Darwin, da forma ancestral comum dos seres organizados: eu te vejo bem as saliências cranianas do Orango, o gesto lascivo, o ar animal e rapace do símio. [...]
>
> Entretanto, eu gosto de ti, Feio! porque és a escalpelante ironia da Formosura, a sombra da aurora da Carne, o luto da matéria doirada ao sol, a cal fulgurante da sátira sobre a ostentosa podridão da beleza pintada. Gosto de ti porque negas a infalível, a absoluta correção das formas perfeitas e consagradas [...]. (Sousa, MI, 2000, p. 473, 474).

A identidade calcada na oposição íntima realiza-se na exposição dos contrastes, para a qual, apesar dos limites da época, o aspecto racial torna-se vetor fundamental.

CONSCIÊNCIA RACIAL
POSSÍVEL CONTRA O RECALQUE

O assunto sobre raça é mostrado como atual, fazendo parte do cotidiano. Machado, narrador de *Vida e morte de M. J. Gonzaga de Sá*, ausculta a vida enquanto faz suas travessias pela cidade. Ao relatar pessoas conversando no trem, observa:

> A princípio, não ouvi bem o que diziam; mas, por fim, entendi que discutiam a grande tese das raças. Dizia um com um grande anel simbólico no indicador:
>
> – Tem a capacidade mental, intelectual limitada; a ciência já mostrou isso.
>
> E o outro, mais moço, ouvia religiosamente tão transcendente senhor. As ferragens do comboio faziam ruído de ensurdecer; nada mais escutei. (BARRETO, GS, 1956, p. 111)

Em *Numa e a Ninfa*, Lima Barreto, relatando como os brasileiros se ofendiam com a visão que os estrangeiros tinham do País ao relacioná-los aos índios, acrescenta:

> Outra fonte de irritação para esses espíritos diplomáticos estava nos pretos. Dizer um viajante que vira pretos, perguntar uma senhora num *hall* de hotel se os brasileiros eram pretos, dizer que o Brasil tinha uma grande população de cor, eram causa para zangas fortes e tirar o sono a estadistas aclamados. (BARRETO, NN, 1956, p. 167)

O poder de indignar-se está no fundo da visão repulsiva de "Asco e dor", poema em prosa de Cruz e Sousa. Surpreendendo o processo de degradação de sua gente, o narrador entra num turbilhão de angústia:

> Levaram-me para ali não sei que desencontrados sentimentos, que emoções opostas, que vagos pressentimentos... A verdade é que eu para ali fora, talvez fascinado por certo encanto misterioso dessa miséria cega: para embriagar-me de asco, para envenenar-me de asco e tédio e desse tédio e desse asco talvez arrancar os astros e ferir as harpas de alguma curiosa sensação. (Sousa, EV, 2000, p. 573)

A manipulação das massas pelas elites, gerando nelas profundo processo de alienação, é também apresentada pelo narrador-personagem de Lima Barreto, em "Aventuras do Doutor Bogóloff", que, mostrando um grupo de pessoas que se apresentam em seus trajes sofríveis[150] para uma manifestação de apoio a político, ressalta:

> Vendo essa gente miserável, esfaimada, degradada física e moralmente, o que se sentia era um imenso nojo pela política, pelo sufrágio universal, pelas câmaras, pelos tribunais, pelos ministros, pelo presidente, enfim pela poderosa ilusão da Pátria que criava, alimentava e se aproveitava de tamanha degradação." (Barreto, BZ, 1956, p. 273)

Esse tédio, essa aversão do sujeito refina a sua percepção do contexto racial. De um lado, vê a elite com seus procedimentos antiéticos a dar continuidade ao parasitismo escravista; de outro, a miséria com seu rol de formas de alienação das massas. Nesse meio, ergue-se o sujeito étnico negro-brasileiro com sua luz e seus anátemas.

---

[150] "Havia um preto com uma sobrecasaca cor de vinho, calçado com uma bota preta e outra amarela; um rapaz louro, um polaco do Paraná, com umas calças bicolor[es], uma perna preta e outra cinzenta; fraques antediluvianos, calças bombachas, outras a trair a origem reúna, coletes sarapintados" (BARRETO, BZ, 1956, p. 273).

Parte V
Conclusão

O sujeito étnico atuou em ambas as obras por um processo de irrupções, uma vez que a extração maior do texto precisava servir ao gosto prevalecente de um público escasso e educado para banir de seu imaginário a humanidade dos negros e dos mulatos.

Ambas as obras, em sua devida dimensão, não prescindem do contexto maior em que se inserem nas relações raciais de fato, pois

> A tradição letrada exige certas condições específicas de produção e de recepção para o seu exercício, condições essas também desfavoráveis ao negro africano e a seus descendentes. A escrita carece de leitores e interlocutores. Os lugares de enunciação do escritor e os sujeitos de recepção da escrita, a maior ou menor mobilidade social e econômica de brancos, mestiços e negros, na sociedade em geral e nos meios letrados em particular; o acesso à formação escolar e aos meios de produção, os preconceitos, discriminações e exclusões do sistema são alguns dos fatores que não podem ser relevados quando analisamos, diacronicamente, a produção literária afro-brasileira. (MARTINS, 2004, p. 264)

O sujeito étnico negro-brasileiro, na obra de Cruz e na de Lima, incorpora um sujeito ético quando elabora e reelabora a resistência ao racismo.

A esperança que se entrevê nas obras é exigente. Prevê um abandono da ingenuidade enquanto alienação ou má-fé, já que ela redunda na morte. Ela vislumbra também um estágio além das harmonias com a superação dos significados aprioristicos do corpo feito síntese de sinais de permissão para as injustiças. O corpo negro-brasileiro se fecha e expõe sua interioridade e nela a proposta de elevação moral por meio da metáfora das almas que se encontram entre as estrelas (Cruz e Sousa) – em um mundo macrodimensionado pela contemplação da paisagem física e da figura humana – e através da práxis transformadora, resultante da crítica analítica da realidade cotidiana e da exposição dos enganosos caminhos da ingenuidade (Lima Barreto).

A consciência do impacto do "eu" em face da discriminação racial levou-os a uma luta para encontrar os elementos estéticos da escrita capazes de dar conta da disposição íntima significativamente pautada pela indignação:

> [...] Escrever bem passa a ser um imperativo moral na medida em que o sentido requer uma rede de signos que o tragam à luz da comunicação.
>
> Em princípio, a margem de escolha do artista é maior do que a do homem-em-situação, ser amarrado ao cotidiano. Ao contrário da literatura de propaganda – que tem uma única escolha, a de apresentar a mercadoria ou a política oficial sob as espécies da alegoria do bem – a arte pode escolher tudo quanto a ideologia dominante esquece, evita ou repele. (Bosi, 2002, p. 122)

A metalinguagem, como farol no oceano criativo, funcionou para objetivar a meta a ser atingida em termos de construção literária, cujo princípio foi norteado para a superação do impacto, absorvido e projetado. Pensar o fazer era um dos aspectos de atenção necessário em face das tensões. Diante da ideologização das formas, optam pelas sugestões transgressoras, mantendo-as como a garantia da revolta, enquanto dentro dos padrões procuram deslocar os limites conceptuais da poética conservadora.

O deslocamento do foco, no campo ideológico e estético, que realizam com suas obras, pela capacidade de entrar e sair das concepções canônicas da literatura, pode ser ilustrado pela comparação de dois poemas de Cruz e Sousa:

Doce abismo

Coração, coração! a suavidade,
Toda a doçura do teu nome santo
É como um cálix de falerno e pranto,
De sangue, de luar e de saudade.

Como um beijo de mágoa e de ansiedade,
Como um terno crepúsculo d'encanto,
Como uma sombra de celeste manto,
Um soluço subindo à Eternidade.

Como um sudário de Jesus magoado,
Lividamente morto, desolado,
Nas auréolas das flores da amargura,

> Coração, coração! onda chorosa,
> Sinfonia gemente, dolorosa,
> Acerba e melancólica doçura. (SOUSA, LD, 2000, p. 294)

Acrobata da dor

> Gargalha, ri, num riso de tormenta,
> Como um palhaço, que desengonçado,
> Nervoso, ri, num riso absurdo, inflado
> De uma ironia e de uma dor violenta.
>
> Da gargalhada atroz, sanguinolenta,
> Agita os guizos, e convulsionado
> Salta, gavroche, salta *clown*, varado
> Pelo estertor dessa agonia lenta...
>
> Pedem-te bis e um bis não se despreza!
> Vamos! retesa os músculos, retesa
> Nessas macabras piruetas d'aço...
>
> E embora caias sobre o chão, fremente,
> Afogado em teu sangue estuoso e quente,
> Ri! Coração, tristíssimo palhaço. (SOUSA, BR, 2000, p. 89, grifo do autor)

O "coração", enquanto núcleo das emoções, é uma das metáforas mais recorrentes na cultura brasileira desde o Romantismo, herdada por todas as correntes subsequentes e inserta na cultura popular. No segundo poema, ele é apresentado a partir das alterações significativas desencadeadas pelo desencantamento do mundo que a obra de Cruz e Sousa tanto trouxe para reflexão. A "Sinfonia gemente" passa a ser um "tristíssimo palhaço", marionete de um poder indeterminado. A idealização acaba enfrentando a irrisão. Nesse mesmo sentido, a peripécia que envolve a personagem Policarpo Quaresma, de Lima Barreto, propõe que, no processo de conscientização de si e do mundo, o espaço para a ingenuidade é a loucura e a morte, temas desenvolvidos pelos autores na perspectiva de remover o véu da alienação.

Constituída, pela ideologia dominante, como um tabu para a expressão negro-brasileira – pois redundaria em reação às avessas como plataforma da mera vingança –, a discriminação racial e seu processo de conscientização nas obras dos autores estudados formou a base para a captação de outros aspectos da injustiça no multifacetado tecido social, que foram incorporados em suas visões do mundo. Essa performance do sujeito étnico negro-brasileiro fica bastante visível em trecho da análise crítica intitulada "História de um mulato", por Lima Barreto, do livro *História de João Crispim*, de Enéas Ferraz, em que são feitas as seguintes observações em torno da personagem central:

> Há nessas almas, nesses homens assim alanceados, muito orgulho e muito sofrimento. Orgulho que lhes vem da consciência da sua superioridade intrínseca, comparada com os demais semelhantes que os cercam; e sofrimento por perceber que essa superioridade não se pode manifestar plenamente, completamente, pois há, para eles, nas nossas sociedades democraticamente niveladas, limites tacitamente impostos e intransponíveis para a sua expansão em qualquer sentido.
>
> De resto, com o sofrimento, um homem que possui uma alma dessa natureza enche-se de bondade, de afetuosidade, de necessidade de simpatizar com todos, pois acaba, por sua vez, compreendendo a dor dos outros; de forma que, bem cedo, está ele cheio de amizades, de dedicações de toda a sorte e espécie, que lhe tiram o direito de uma completa e total revolta contra a sociedade que o cerca, para não ferir os amigos.
>
> João Crispim é assim [...]. (BARRETO, IL, 1956, p. 93)

Ao invés da inversão simples dos valores para uma oposição contrastante, superficial entre brancos e negros, optaram pela problematização daquela relação antitética, adentrando o amplo celeiro das contradições humanas. Cruz e Sousa e Lima Barreto realizaram, assim, uma resistência no plano temático, ingressando no debate racial para enfocá-lo a partir do lugar do oprimido, e uma resistência imanente da escrita, nos mesmos termos sintetizados por Alfredo Bosi:

> A resistência é um movimento interno ao foco narrativo, uma luz que ilumina o nó inextricável que ata o sujeito ao seu contexto existencial e histórico. Momento negativo de um processo dialético no qual o sujeito, em vez de reproduzir mecanicamente o esquema das interações onde se insere, dá um salto para uma posição de distância e, deste ângulo, se vê a si mesmo e reconhece e põe em crise os laços apertados que o prendem à teia das instituições. (BOSI, 2002, p. 134)

O propósito da aproximação dessas duas obras tão diversificadas e complexas pretendeu trilhar o caminho inverso que costumeiramente visa à busca da diferença entre a experiência subjetiva do negro e do mulato no campo da criação literária, bem como manter afastados os gêneros. Pretendeu o sentido profundo de suas semelhanças, a capacidade conjunta de esfacelar o estigma e poder mostrar a constituição humana comum a todos.

REFERÊNCIAS

A BÍBLIA na Linguagem de Hoje: o Novo Testamento. 3. ed. Brasília: Sociedade Bíblica do Brasil, 1975.

ARANTES, Marco Antonio. *Loucura e racismo em Lima Barreto*. 1999. Dissertação (Mestrado em Ciências Sociais) – Pontifícia Universidade Católica, São Paulo, 1999.

ARIÈS, Philippe. *O Homem diante da morte*. Rio de Janeiro: Francisco Alves, 1990. v. 2.

ARRIGUCCI JR., Davi. *Outros achados e perdidos*. São Paulo: Companhia das Letras, 1999.

ASSUMPÇÃO, Carlos de. *Protesto*: Poemas. São Paulo, [1982].

BACZKO, Bronislaw. *Les imaginaires sociaux*: Mémoires et espoirs colectifs. Paris: Payot, 1984.

BAKHTIN, Mikhail. *Questões de literatura e de estética*. São Paulo: Unesp; Hucitec, 1988.

BALAKIAN, Anna. *O Simbolismo*. São Paulo: Perspectiva, 1985.

BARBOSA, Francisco de Assis. *A vida de Lima Barreto:* (1881-1922). 5. ed. Rio de Janeiro: José Olympio; INL-MEC, 1975.

BARRETO, Lima. *Clara dos Anjos*. São Paulo: Brasiliense, 1956.

BARRETO, Lima. *Coisas do Reino do Jambon:* Sátira e Folclore. São Paulo: Brasiliense, 1956.

BARRETO, Lima. *Correspondência*. São Paulo: Brasiliense, 1956. Tomo II.

BARRETO, Lima. *Diário íntimo:* Memórias. São Paulo: Brasiliense, 1956.

BARRETO, Lima. *Histórias e sonhos*. São Paulo: Brasiliense, 1956.

BARRETO, Lima. *Impressões de leitura*. São Paulo: Brasiliense, 1956.

BARRETO, Lima. *Marginália:* Artigos e Crônicas. São Paulo: Brasiliense, 1956.

BARRETO, Lima. *Numa e a Ninfa*. São Paulo: Brasiliense, 1956.

BARRETO, Lima. *O cemitério dos vivos: memórias*. São Paulo: Brasiliense, 1956.

BARRETO, Lima. *O subterrâneo do Morro do Castelo*. 3. ed. Rio de Janeiro: Dantes, 1999.

BARRETO, Lima. *Os bruzundangas: Sátira*. São Paulo: Brasiliense, 1956.

BARRETO, Lima. *Recordações do escrivão Isaías Caminha*. São Paulo: Brasiliense, 1956.

BARRETO, Lima. *Triste fim de Policarpo Quaresma*. 2. ed. São Paulo: Brasiliense, 1956.

BARRETO, Lima. *Vida e morte de M. J. Gonzaga de Sá*. São Paulo: Brasiliense, 1956.

BARRETO, Lima. *Vida urbana: Artigos e Crônicas*. São Paulo: Brasiliense, 1956.

BARROS, Myriam M. L. de. Memória e Família. *Estudos Históricos*, Rio de Janeiro, v. 2, n. 3, p. 29-42, 1989. Título do fascículo: Memória.

BENTO, Maria Aparecida S. Branqueamento e branquitude no Brasil. In: CARONE, Iray; BENTO, Maria Aparecida S. (Org.). *Psicologia social do racismo*. Petrópolis, RJ: Vozes, 2002. p. 25-57.

BERGSON, Henri. *O riso: ensaio sobre a significação da comicidade*. São Paulo: Martins Fontes, 2004.

BERNARD, Suzanne. *Le poème en prose de Baudelaire jusqu'a nos jours*. Paris: A.-G. Nizet, 1994.

BHABHA, Homi K. *O local da cultura*. Belo Horizonte: UFMG, 1998.

BLANCHOT, Maurice. *O livro por vir*. Lisboa: Relógio d'Água, 1984.

BOSI, Alfredo. *Dialética da colonização*. 3. ed. 2. reimpr. São Paulo: Companhia das Letras, 1998.

BOSI, Alfredo. *Literatura e resistência*. São Paulo: Companhia das Letras, 2002.

BRAYNER, Sonia. *Labirinto do espaço romanesco*. Rio de Janeiro: Civilização Brasileira, 1979.

BROCA, Brito. *A vida literária no Brasil: 1900*. 2. ed. rev. e aum. Rio de Janeiro: José Olympio, 1960.

BROCA, Brito. *Naturalistas, parnasianos e decadistas: vida literária do Realismo ao Pré-Modernismo*. Campinas, SP: Editora da Unicamp, 1991.

BROOKSHAW, David. *Raça & cor na Literatura Brasileira*. Porto Alegre: Mercado Aberto, 1983.

BUENO, Alexei. Augusto dos Anjos: Origens de uma poética. In: ANJOS, Augusto dos. *Obra completa*. Rio de Janeiro: Nova Aguilar, 1994. Volume único, p. 21-34.

CAMBOIM, José Afonso de Sousa. *Língua hílare língua: ensaio sobre o riso e a técnica da opacificação cômica na performance linguística de José Cândido de Carvalho*. Brasília: Bárbara Bela, 1999.

CAMUS, Albert. *O homem revoltado*. 5. ed. Rio de Janeiro: Record, 2003.

CARA, Salete de Almeida. *A recepção crítica: o momento parnasiano-simbolista no Brasil*. São Paulo: Ática, 1983.

CARA, Salete de Almeida. Pré-modernismo: Poesia e Crítica Literária. In: FUNDAÇÃO CASA DE RUI BARBOSA. Centro de Pesquisas. Setor de Filologia. *Sobre o Pré-Modernismo*. Rio de Janeiro, 1988. p.65-74.

CARRETER, Fernando Lázaro. *Estudios de Poética:* La Obra en Sí. Madri: Taurus, 1986.

CHARAUDEAU, Patrick; MAINGUENEAU, Dominique. *Dicionário de análise do discurso*. São Paulo: Contexto, 2004.

CHALHOUB, Sidney. *Cidade febril: cortiços e epidemias na corte imperial*. São Paulo: Companhia das Letras, 1996.

CHALHOUB, Sidney. *Visões da liberdade: uma história das últimas décadas da escravidão na corte*. São Paulo: Companhia das Letras, 1990.

CHAUÍ, Marilena. *Brasil: mito fundador e sociedade autoritária*. São Paulo: Fundação Perseu Abramo, 2004.

COELHO NETO. *Rei negro*. Rio de Janeiro: Tecnoprint, [19--].

COSTA, Emília Viotti da. *Da Monarquia à república: momentos decisivos*. 6. ed. São Paulo: Unesp, 1999.

COSTA, Emília Viotti da. Introdução ao estudo da emancipação política do brasil. In: DIAS, Manuel N. et al. *Brasil em perspectiva*. São Paulo: Difel, 1968. p. 136-139.

CRESTANI, Celia Regina; JACINSKI, Edson. *Aproximações teóricas entre a perspectiva foucaultiana e do círculo de Bakhtin para estudos da linguagem*. [199-?]. Não paginado. Disponível em: www.cefetpr.br/deptos/dacex/celia5.htm. Acesso em: 09. mai. 2005.

D'ADESKY, Jacques. *Racismos e anti-racismos no Brasil*. Rio de Janeiro: Pallas, 2001.

D'ONOFRIO, Salvatore. *O texto literário: teoria e aplicação*. São Paulo: Duas Cidades, 1983.

DEFAYS, Jean-Marc. *Le comique: principes, procédés, processus*. Paris: Seuil, 1996.

DIAS, Luiz Sérgio. A turma da lira: sobrevivência negra no Rio de Janeiro pós-abolicionista. *Revista do patrimônio histórico e artístico nacional*, [Brasília], n. 25, p. 327-333, 1997. Título do fascículo: Negro Brasileiro Negro.

DIAS, Maria Amélia Lozano. *A recepção crítica da obra de lima barreto: 1907-1987*. 1988. Dissertação (Mestrado em Teoria Literária) – Instituto de Letras e Artes, Pontifícia Universidade Católica do Rio Grande do Sul, Porto Alegre, 1988.

DOR, Joël. *Introdução à leitura de Lacan: o inconsciente estruturado como linguagem*. Porto Alegre: Artes Médicas, 1989.

DURKHEIM, Émile. *Sociologia e filosofia*. Rio de Janeiro: Forense, 1970.

EAGLETON, Terry. *Ideologia*. São Paulo: Editora da Universidade Estadual Paulista: Boitempo, 1997.

FANON, Frantz. *Pele negra, máscaras brancas*. Rio de Janeiro: Fator, 1983.

FERNANDES, Florestan. *A integração do negro na sociedade de classes*. 3.ed. São Paulo: Ática, 1978. v.1.

FERREIRA, Ligia Fonseca. Introdução. In: GAMA, Luiz. *Primeiras trovas burlescas & outros poemas*. Edição preparada por Ligia Fonseca Ferreira. São Paulo: Martins Fontes, 2000. p.XIII-LXXI.

FERREIRA, Ligia Fonseca. *Luiz Gama (1832-1882): étude sur la vie et l'oeuvre d'un Noir citoyen, poète et militant de la cause antiesclavagiste au Brésil*. 2001. Tese (Doutorado em Estudos do Mundo Lusófono) – U.F.R. Études Ibériques et Latino-Américaines, Universidade de Paris III-Sorbonne Nouvelle, Paris, 2001.

FOUCAULT, Michel. *A arqueologia do saber*. Rio de Janeiro: Forense Universitária, 2004.

FREUD, Sigmund. *Além do princípio de prazer*. Rio de Janeiro: Imago, 1998.

FREUD, Sigmund. *O mal-estar na civilização*. Rio de Janeiro: Imago, 1997.

FREUD, Sigmund. *Psicologia das massas e análise do eu*. Rio de Janeiro: Delta, [19--].

FREYRE, Gilberto. *Casa grande & senzala*. 43. ed. Rio de Janeiro: Record, 2001.

FROMM, Erich. *Psicanálise da sociedade contemporânea*. Rio de Janeiro: Zahar, 1965.

GAMA, Luiz. *Primeiras trovas burlescas & outros poemas*. Edição preparada por Ligia Fonseca Ferreira. São Paulo: Martins Fontes, 2000.

GOFFMAN, Erving. *Estigma: notas sobre a manipulação da identidade deteriorada*. 4. ed. Rio de Janeiro: LTC, [c1988].

GRIECO, Donatello. *História sincera da Inconfidência*. Rio de Janeiro: Record, 1990.

HALBWACHS, Maurice. *A memória coletiva*. São Paulo: Vértice, 1990.

HEGEL, Georg Wilhelm Friedrich. *Fenomenologia do espírito*. 7. ed. rev. Petrópolis, RJ: Vozes; Bragança Paulista, SP: Universidade São Francisco, 2002.

HENRY, Paul. Os fundamentos teóricos da "análise automática do discurso" de michel pêcheux (1969). In: GADET, Françoise; HAK, Tony (Org.). *Por uma análise automática do discurso – uma introdução à obra de Michel Pêcheux*. Campinas, SP: Unicamp, 1990, p.13-38.

HOSSNE, Andrea Saad. *A angústia da forma e o bovarismo: Lima Barreto, romancista*. 1999. Tese (Doutorado Letras) – Departamento de Teoria Literária e Literatura Comparada, Faculdade de Filosofia, Letras e Ciências Humanas, Universidade de São Paulo, São Paulo, 1999.

IANNI, Octavio. *Enigmas da modernidade-mundo*. Rio de Janeiro: Civilização Brasileira, 2000.

IANNI, Octavio. *Escravidão e racismo*. São Paulo: Hucitec, 1978.

IANNI, Octavio. Sociologia e Literatura. In: SEGATTO, José Antonio; BALDAN, Ude (Org.). *Sociedade e literatura no Brasil*. São Paulo: Unesp, 1999. p.9-42. (Prismas).

ISER, Wolfgang. *O ato da leitura: uma teoria do efeito estético*. São Paulo: Editora 34, 1996. v. 1.

ISER, Wolfgang. O Jogo do texto. In: LIMA, Luiz C. (Org.). *A literatura e o leitor: textos de estética da recepção*. 2. ed. rev. e amp. São Paulo: Paz e Terra, 2002. p. 105-118.

ITAÚNA, Barão de. *Regulamento da instrução pública da província de S. Paulo confeccionado pelo exm. Sr. Presidente barão de itaúna*. São Paulo: Typographia Americana, 1869.

JAUSS, Jans Robert. *A história da literatura como provocação à teoria literária*. São Paulo: Ática, 1994.

JENNY, Laurent. O poético e o narrativo. In: TODOROV, Tzvetan *et al. O discurso da poesia*. Coimbra: Almedina, 1982. p. 95-109.

KARASCH, Mary C. *A vida dos escravos no Rio de Janeiro*. São Paulo: Companhia das Letras, 2000.

LACAN, Jacques. *Escritos*. Rio de Janeiro: Jorge Zahar, 1998.

LAJOLO, Marisa; ZILBERMAN, Regina. *A formação da leitura no Brasil*. 3. ed. São Paulo: Ática, 1999.

LIMA, Luiz Costa. (Org.). *A literatura e o leitor: textos de estética da recepção*. 2. ed. rev. e amp. São Paulo: Paz e Terra, 2002.

LINS, Osman. *Do ideal e da glória: problemas inculturais brasileiros*. São Paulo: Summus, 1977.

MACHADO, Ubiratan. *A vida literária no Brasil durante o romantismo*. Rio de Janeiro: Ed.Uerj, 2001.

MAESTRI, Mário. *Império*. São Paulo: Contexto, 1997.

MAN, Paul de. A epistemologia da metáfora. In: SACKS, Sheldon (Org.). *Da metáfora*. São Paulo: EDUC/Pontes, 1992. p.19-34.

MARTINS, Leda. A fina lâmina da palavra. In: MUNANGA, Kabengele (Org.). *História do negro no Brasil*. Brasília: Fundação Palmares, 2004. p. 262-285.

MENDES, Miriam Garcia. *A personagem negra no teatro brasileiro*. São Paulo: Ática, 1982.

MOISÉS, Massaud. *História da literatura brasileira: simbolismo*. Cultrix: Ed. da Universidade de São Paulo, 1984.

MONTELLO, Josué. *Aluísio Azevedo e a polêmica d "O mulato"*. Rio de Janeiro: José Olympio; Brasília: INL, 1975.

MORAES, Denis de. Notas sobre o Imaginário e Hegemonia Cultural. In: *Gramsci e o Brasil*: textos: temas/gramsci. [Juiz de Fora]: [International Gramsci Society], [199-?]. Não paginado. Disponível em: http://www.artnet.com.br/gramsci/ arquiv44.htm. Acesso em: 10 jan. 2005.

MORIN, Edgar. *L'homme et la mort*. Paris: Seuil, 1970.

MOURA, Denise Aparecida Soares de. *Saindo das sombras: homens livres no declínio do escravismo*. Campinas: Área de Publicações CMU, Unicamp, 1998.

MOYSÉS, Sarita Maria Affonso. Literatura e História: imagens de leitura e de leitores no Brasil do século XIX. In: LEENHARDT, Jacques; PESAVENTO, Sandra J. (Org.). *Discurso histórico e narrativa literária*. Campinas, SP: Editora da Unicamp, 1998. p. 93-109.

MUNANGA, Kabengele. *Rediscutindo a mestiçagem no Brasil: identidade nacional versus identidade negra*. Petrópolis, RJ: Vozes, 1999.

MURICI, Andrade. Atualidade de Cruz e Sousa. In: SOUSA, Cruz e. *Obra completa*. Organização e introdução de Andrade Murici. Atualização e notas: Alexei Bueno. 2ª reimpr. Rio de Janeiro: Nova Aguilar, 2000.

NABUCO, Joaquim. *Minha formação*. Rio de Janeiro: W.M.Jackson, [1949].

NABUCO, Joaquim. *O abolicionismo*. Rio de Janeiro: Nova Fronteira; São Paulo: Publifolha, 2000.

NAFFAH NETO, Alfredo. Violência e ressentimento: psicanálise diante do niilismo contemporâneo. In: CARDOSO, Irene; SILVEIRA, Paulo (Orgs.). *Utopia e mal-estar na cultura: perspectivas psicanalíticas*. São Paulo: Hucitec, 1997.

NASCIMENTO, Abdias do. *O negro revoltado*. Rio de Janeiro: GRD, 1968.

NASCIMENTO, Abdias do. *O genocídio do negro brasileiro: processo de um racismo mascarado*. Rio de Janeiro: Paz e Terra, 1978.

ORLANDI, Eni P. *Discurso e texto: formulação e circulação dos sentidos*. Campinas,SP: Pontes, 2001.

ORTIZ, Renato. *Cultura brasileira & identidade nacional*. 4ª reimpr. São Paulo: Brasiliense, 2003.

PÊCHEUX, Michel. Análise Automática do Discurso. In: GADET, Françoise; HAK, Tony (Org.). *Por uma análise automática do discurso – uma introdução à obra de Michel Pêcheux*. Campinas, SP: Unicamp, 1990, p.61-161.

PÊCHEUX, Michel; FUCHS, Catherine. A propósito da análise automática do discurso: atualização e perspectivas. In: GADET, Françoise; HAK, Tony (Org.). *Por uma análise automática do discurso – uma introdução à obra de Michel Pêcheux*. Campinas, SP: Unicamp, 1990, p.163-252.

PEREIRA, Edimilson de Almeida; GOMES, Núbia Pereira de Magalhães. *Ardis da imagem: exclusão étnica e violência nos discursos da cultura brasileira*. Belo Horizonte: Mazza: PUCMinas, 2001.

PERRIM, Dimas. *Inconfidência mineira: causas e consequências*. Brasília: Coordenada, 1969.

PINHO, Wanderley. *Salões e damas do segundo reinado*. 4. ed. rev. e ampl. São Paulo: Martins, [1970].

PINTO, L. A. Costa. *O negro no Rio de Janeiro: relações de raças numa sociedade em mudança*. 2. ed. Rio de Janeiro: Editora UFRJ, 1998.

POLLAK, Michael. Memória, esquecimento, silêncio. *Estudos históricos*, Rio de Janeiro, v. 2, n. 3, p. 3-15, 1989. Título do fascículo: Memória.

PRADO, Antonio Arnoni. *Lima Barreto: o crítico e a crise*. Rio de Janeiro: Cátedra ; Brasília: INL, 1976.

PRADO, Antonio Arnoni. *Trincheira, palco e letras: crítica, literatura e utopia no Brasil*. São Paulo: Csac & Naify, 2004.

QUEIROZ JÚNIOR, Teófilo de. *Preconceito de cor e a mulata na literatura brasileira*. São Paulo: Ática, 1975.

RABELLO, Ivone Daré. *Um canto à margem: uma leitura da poética de Cruz e Sousa*. 1997. Tese (Doutorado em Letras) – Faculdade de Filosofia, Letras e Ciências Humanas, Universidade de São Paulo, São Paulo, 1997.

RAMOS, Guerreiro. *Introdução Crítica à Sociologia brasileira*. Rio de Janeiro: Editora UFRJ, 1995.

RIO, João do. *O momento literário*. Rio de Janeiro: Garnier, [1905].

RUFFIÉ, Jacques. *O sexo e a morte*. Rio de Janeiro: Nova Fronteira, 1988.

SACHET, Celestino. O "Inditoso" Cruz e Sousa de Silvio Romero e o "Malogrado Poeta Negro" de José Veríssimo. *Travessia: revista do curso de pós-graduação em letras*, n.26, UFSC, Florianópolis, 1993. p.59-72.

SANT'ANNA, Affonso Romano de. *O canibalismo amoroso: o desejo e a interdição em nossa cultura através da poesia*. São Paulo: Brasiliense, 1984.

SANTOS, Boaventura de Sousa. *A crítica da razão indolente: contra o desperdício da experiência*. São Paulo: Cortez, 2000.

SANTOS, Gislene Aparecida dos. *A invenção do ser negro*. São Paulo: Educ: Fapesp; Rio de Janeiro: Pallas, 2002.

SARTRE, Jean Paul. *O que é a literatura*. São Paulo: Ática, 1999.

SCHOPENHAUER, Arthur. *O mundo como vontade e representação (III parte); crítica da filosofia kantiana; parerga e paralipomena (capítulos V, VII, XII, XIV)*. 2. ed. São Paulo: Abril Cultural, 1985.

SCHWARCZ, Lilia Moritz. *Racismo no Brasil*. São Paulo: Publifolha, 2001.

SENABRE, Ricardo. Necesidad de la sátira. *El cultural*, Madrid, 27 jan. 2005. Letras. Disponível em: http://www.elcultural.es/HTML/20050127/Letras/ LETRAS11218.asp. Acesso em: 05 fev. 2005.

SEVCENKO, Nicolau. *Literatura como missão: tensões sociais e criação cultural na primeira república*. 4. ed. 1ª reimpr. São Paulo: Brasiliense, 1999.

SILVA, Eduardo. *Dom Obá ii d'África, o príncipe do povo: vida, tempo e pensamento de um homem livre de cor*. São Paulo: Companhia das Letras, 1997.

SILVA, Luiz. *Um desafio submerso: evocações, de Cruz e Sousa, e seus aspectos de construção poética*. 1999. Dissertação (Mestrado em Teoria Literária) – Instituto de Estudos da Linguagem, Universidade Estadual de Campinas, Campinas, SP, 1999.

SLENES, Robert W. *Na senzala, uma flor: esperanças e recordações na formação da família escrava, Brasil Sudeste, Século XIX*. Rio de Janeiro: Nova Fronteira, 1999.

SOUSA, Cruz e. *Obra completa*. Organização e introdução de Andrade Murici. Atualização e notas: Alexei Bueno. 2ª reimpr. Rio de Janeiro: Nova Aguilar, 2000.

SOUZA, Neusa Santos. *Tornar-se negro ou as vicissitudes da identidade do negro brasileiro em ascensão social*. Rio de Janeiro: Graal, 1983.

SOUZA, Octavio. *Fantasia de Brasil: as identificações na busca da identidade nacional*. São Paulo: Escuta, 1994.

SÜSSEKIND, Flora. O figurino e a forja. In: FUNDAÇÃO CASA DE RUI BARBOSA. Centro de pesquisas.Setor de Filologia. *Sobre o pré-modernismo*. Rio de Janeiro, 1988. p. 31-47.

TODOROV, Tzvetan. *Os gêneros do discurso*. São Paulo: Martins Fontes, 1980.

TRAGTENBERG, Maurício. A contribuição de Freud para o esclarecimento do fenômeno político. *Revista espaço acadêmico*, Maringá, ano 2, n. 23, abr. 2003. Disponível em: http://www.espacoacademico. com.br/023/23mt_220979.thm. Acesso em: 08 jan. 2005.

VAINER, Carlos B. Estado e raça no Brasil: notas exploratórias. *Estudos afro-asiáticos*, Rio de Janeiro, n. 18, p.103-118, maio 1990.

VASCONCELLOS, Eliane. *Entre a agulha e a caneta: a mulher na obra de Lima Barreto*. Rio de Janeiro: Lacerda, 1999.

VENTURA, Roberto. *Estilo tropical: história cultural e polêmicas literárias no Brasil: 1870-1914*. São Paulo: Companhia das Letras, 1991.

O AUTOR

Cuti é pseudônimo de Luiz Silva. Nasceu em Ourinhos-SP, a 31.10.51. Formou-se em Letras (Português-Francês) na Universidade de São Paulo, em 1980. É Mestre em Teoria da Literatura (1999) e Doutor em Literatura Brasileira (2005), pelo Instituto de Estudos da Linguagem da Unicamp. Foi um dos fundadores e membro do Quilombhoje-Literatura (de 1983 a 1994) e um dos criadores e mantenedores dos Cadernos Negros (de 1978 a 1993), série na qual publicou seus poemas e contos em 31 dos 32 volumes lançados (até 2009). Tem também publicado diversos textos em antologias, incluindo ensaios.

Obra poética e ficcional: *Poemas da carapinha.*(1978); *Batuque de tocaia.*(1982 – poemas); *Suspensão.*(1983 – teatro); *Flash crioulo sobre o sangue e o sonho* (1987 – poemas); *Quizila.* (contos – 1987) *A pelada peluda no Largo da Bola.* (1988 – novela juvenil); *Dois nós na noite e outras peças de teatro negro-brasileiro.*(1991; 2. ed., 2009); *Negros em contos.*(1996); *Sanga.* (2002 – poemas); *Negroesia.*(2007 – poemas); *Contos crespos* (2008); *Poemaryprosa.* (2009 - poema).

Coautoria: com Miriam Alves e Arnaldo Xavier – *Terramara.* (1988 – teatro); com José Correia – *...E disse o velho militante José Correia Leite.* (1992 – memórias); com Carlos de Assumpção – *Quilombo de palavras.* (1997 – CD – poemas).

Produção acadêmica: *Um desafio submerso:* Evocações, *de Cruz e Sousa, e seus aspectos de construção poética.*(dissertação de mestrado); *A consciência do impacto nas obras de Cruz e Sousa e de Lima Barreto* (tese de doutorado);

Sites:www.cuti.com.br; www.lyrikline.org; www.quilombhoje.com.br ; www.letras.ufmg.br/literafro

Qualquer livro do nosso catálogo não encontrado nas livrarias pode ser pedido por carta, fax, telefone ou pela Internet.

Rua Aimorés, 981, 8º andar – Funcionários
Belo Horizonte-MG – CEP 30140-071

Tel: (31) 3222 6819
Fax: (31) 3224 6087
Televendas (gratuito): 0800 2831322

vendas@autenticaeditora.com.br
www.autenticaeditora.com.br

Este livro foi composto com tipografia Times New Roman e impresso em papel Off Set 75 g. na Formato Artes Gráficas.